2018[1]

Das Glas - Das Erdbeben - Das Sandwich

Christian Seegert
Phantastisches Tagebuch - Band 10

Bibliografische Information der Deutschen Nationalbibliothek:
Die Deutsche Nationalbibliothek verzeichnet diese Publikation
in der Deutschen Nationalbibliografie; detaillierte bibliografische
Daten sind im Internet über *dnb.dnb.de* abrufbar.

Impressum

Band 10 (2018[1] – erster Teil Januar – Juni)
© 2018 Christian Seegert, Ritterhude, *cseegert.tbc@web.de*
Alle Rechte liegen beim Autor.
Herstellung und Verlag: BoD – Books on Demand, Norderstedt
Satz & Layout: Martin Labedat, Northeim
Titelbild: „Warrior", Christian Seegert 2000, Acryl auf Papier, 42 x 57 cm

Phantastische Tagebücher
Bisher erschienen: Band 1 (1985–1989) und Band 9 (2017)
in Vorbereitung: Band 11 (2018[2]) und Band 8 (2016)

ISBN: 9783752830149

Vorwort

Das Glas – Das Erdbeben – Das Sandwich

Band 10 beginnt mit der Erdbebenkarte Deutschlands – wegen Band 9! Der verkündete, das Glas sei voll. Mit vollem Glas laufen Sie bestimmt nicht über den Bahnhofsvorplatz, ja nicht mal quer über die Terrasse, die gemütliche – es schwappt im Nu über.

Was diese Metapher für das Land bedeutet, weiß ich nicht. Ich bin weder Prophet, dem ein Kornfeld in der hohlen Hand wächst, noch auch nur Ansager. Wir werden es erfahren, in immer kürzeren Abständen. Das ist wie mit der Digitalisierung, die kommt auch in immer kürzeren Abständen.

Aber die Karte erinnert, es ist unser Gebiet, das zu erhalten ist und Aussicht bieten soll. Mehr haben wir nicht. Doch der Drang zur grenzenlosen Auslieferung ist groß. Was ihn treibt, steht nicht fest – vieles ist beteiligt.

Kein Jahr ist wie das andere, welch ein Glück, aber vieles ist gleich. Hierbei gibt es sowohl das Verstetigende, das Gewährleistende, welches den Lauf des Lebens flankiert, ja vertrauensbildend sein wirkt.

Und es gibt auch das sich ewig Wiederholende, das Intransigente, das unbeirrbar Wiederkäuende. Davon hallt der öffentliche Raum wider. Es sind diese galaktischen Amplituden, worin die großen, aber häufig auch kleine Ereignisse getaucht werden – etwa so, als sei es ministerielle Anordnung, jeden Käufer von Zigaretten zu fünfminütiger Belehrung über mögliche Gesundheitsfolgen zu zwingen, sagen wir, in kleinen Zellen neben der Kasse mit Kopfhörern, wo dann die Suchtbeauftragte, die Gesundheitsministerin, die Krankenkasse und andere das Wort haben.

Als werde das Volk für die weltpolitische Ohnmacht der Republik bestraft, mit dieser endlosen Weltanschauungs-, Werte- und historischen Verantwortungsdebatte. Davon ist der öffentliche Raum voll, also die Volksparteien, die grade Teile desselben verlieren, weiter die ideologisch gesteuerten Linksausleger und große Flächen des Informationsapparates. – Nach außen wird unter der Allwetterfahne ‚Menschenrechte‘ und westliche Werte in entfernten Regionen mitgemacht, soweit das Material es ermöglicht und andere das Sagen haben.

Und zu allem Unglück, fast weiß ich nicht, war die Henne *first* oder das Ei, überwölbt diesen deutschen Werte-Stadl ein Regime, in dem alles, dessen das Volk müde ist, ich jedenfalls, ins Extra-Terrestrische getrieben wird.

Dazu bewirkt dieses Bestechungs- und Verführungsregime ein zunehmendes Leerlaufen all dessen, was den Wert unseres errichteten Gesellschaftsvertrages ‚nach dem Ende der Kampfhandlungen‘ ausmachte – mit enteignungsgleichen Folgen, des Einzelnen, der Institutionen, am Ende für den staats- und verfassungsrechtlichen Aufbau – alles absorbiert vom Fluchtreflex Europa.
Das notiere ich, weiterhin, und verliere die Fassung dabei – das machts erträglich. Halten Sie einfach Abstand beim Lesen. – Die Themen dieses Zusammenhangs bleiben also nicht nur – hinzu kommt monatlich mehr. Die Aufmerksamkeit für China etwa liegt, gefühlt, bei 200 % mindestens, gegen 2017.

So bleibt der Neigungswinkel eher stabil, was im Rausch von Konjunktur und Rentendynamik nicht stört. – Die Aussichten werden intern durch Verschiebung politischer Gewichtungen, also Wahlergebnisse, geprägt, auch wenn stumpfes Verharren dominiert, vergleiche Koalition und Koalitionsvertrag.

Die Aussichten werden nachhaltiger noch geprägt durch Externes, also die zwei Hälften des ‚Sandwich‘. Kein schönes Gefühl fürs Würstchen mittendrin – das so voller Potenzial steckt!

Wenn Manches nicht gleich verständlich, erkennbar ist, ja unscharf bleibt wie das erste Bild, bitte ich um Nachsicht. Auch das ist ein Spiegel der Welt. Wie ich.

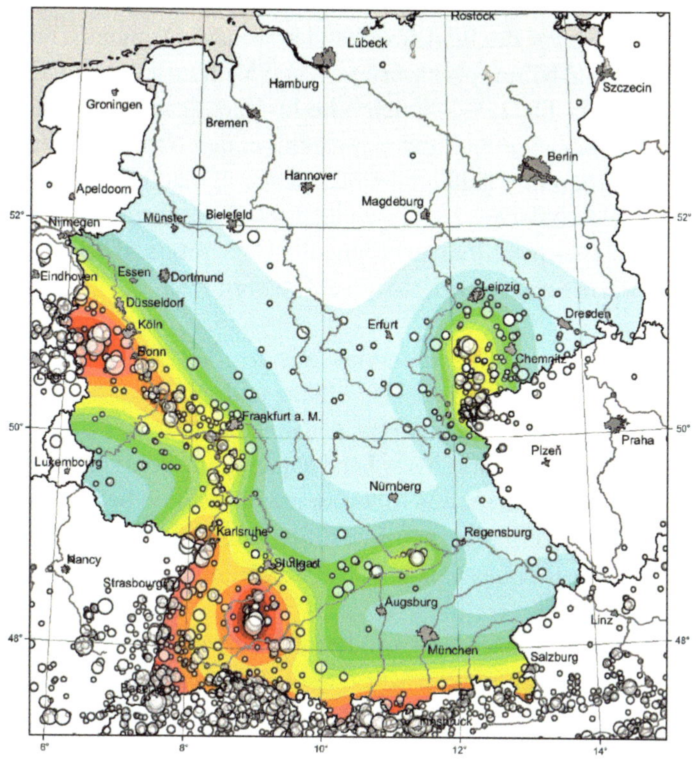

,Deutsches Erdbebengebiet'

1.1. Freier Himmel und Sonne am Frühstücksplatz – Marion zitiert aus dem gleißend schönen Magazin der Zeitung: ,das Leben ist wie ein Brot – irgendwann wird es hart' – das darfst du nicht wegwerfen, Segi, das ist ja schöner als ein Buch!

Aus der Sylvesternacht hängt einiges nach: Leon fing kurzzeitig Feuer an der Schlachte, konnte aber schnell löschen – und zur letzten Unterhaltung 2017 dieser Kabarettist mit dem aufgestellten Haarkranz – der machte sich über ,die Börse vor acht' her, die doch das Volk gar nicht interessiere sondern nur die Reichen, also die Halsabschneider! Wie einfach der ist in seinem Propaganda-Modus fürs All-Gleiche, sodann für die schöne neue Welt der Bürgerversicherung -hat den Kanal seit Dezenien und immer noch nicht voll. – Kennt er? – nein, kennt er nicht! – die Umfrage des Bankenverbandes, wonach Ökonomisches ein Verbund böhmischer Dörfer bei den Millionen ist – Inflation? weiß nicht für 25 % – gesetzliche Einlagensicherung? 60 % weißned – Börse? 50 % – und was erzählt er den Nichtwissenden? – Sein Programm läuft leer! Uraltes Bauernfängern! Das isja dümmer, als ich dachte. In Hessen heißt es ‚Dummbeutel‘, mit Sendezeit. – Gleichwohl, auf grassierender Unkenntnis läßt sich gut einheizen. Einst setzte Kabarett auf Kenntnis auf.

Da erfrischt das Interview mit dem Vertreter großen Kapitals: OLIVER BÄTE ist Chefe Allianz und spricht vom Entwicklungsbedarf der Organisation, sodann vom Berg des Unsäglichen im Umfeld – wie sich das Land abhängt, im Gesundheitssystem, im Totalversagen, was Innovation & Investition betrifft, schließlich beim Verhältnis von Investition und Konsumtion, wo er grässliche Inkompetenz in Berlin wahrnimmt.

Auch dort ist der Grundstock häufig das Unwissen, das Nichts wissen, drauf gesattelt ist das ‚es interessiert auch nicht‘, also das nicht wollen, die fröhliche Ignoranz, schließlich das ‚wir sind reich, uns geht’s doch gut‘. Maßgeblich ist die Wählerneigung – also füttern wir den demografischen Bauch, dann wählt der uns und geht zum Arzt bei Beschwerde. Und den Bauch interessiert nicht Zukunft, da isser ja weg!, sondern verteiltes Geld. So könnte das Weltbild verblassender Hirne aussehen, die für andere denken. Soweit der Pöbel zum Start. – Vielleicht hats ja was zu tun mit dieser Sehnsucht nach Staatsdienst bei Studenten.

Immer noch an JEAN GENETS ‚Notre Dame des Fleurs‘, drei Seiten pro Abend, langsam komme ich in seinen Fluß, bisher konnte ich es nur nicht weglegen.

‚Big Data‘ generiert einen Paradigmenwechsel in der Wissenschaft: Datenmengen sollen Lösungen für alles schaffen, notfalls Unmengen. Theorien und ihre Baupläne daher überflüssig werden, Korrelation an die Stelle von Kausalität treten. Die Welt werde zur Geisel von ‚GAFAM‘, den ‚Big Five‘ der Datenagglomeration, so GERD ANTES – Ministerien, Großforschungseinrichtungen und Universitäten beugten sich unter diese Sicht.

Begeisterung fürs Digitale erfreut sich nicht nur an den Sammelkapazitäten, mehr noch am Sortierungspotenzial komplexer Prozesse, wie sie ja unüberbietbar zwischen Menschen ablaufen. Dieses Potenzial hat im Algorithmus seinen Meister, der gern zum multiplen Entscheidungsgeber avanciert. Meine Meinung dazu interessiert nicht, mein Einwand würde milde belächelt. CATHY O'NEILS ‚Weapons of Math Destruction‘ illustriert Einfluß und Entscheidungsmacht dieser Formeln im Tagesgeschäft von Politik, Wirtschaft – und Haushalt. Da kann sich der Fanatiker des Hausrechts in Scheiben legen, jawohl. Wie so häufig hat der Programmierer hier das letzte Wort – darüber, obs denn zur Wohltat oder zum kurzen Prozeß kommt.

Überhaupt – die Zeichen stehen auf Sturm, wie leichtsinnig war der Jahreswechsel. Nicht LEONARDO DA VINCI ist angesagt, sondern JEAN-MICHEL BASQUIAT, begleitet von FRANCIS BACON. Dabei ist das alles nicht neu, ‚Ich liebe den Betrug‘, sagte JEAN GENET bereits vor siebzig Jahren. Wir werden sehen.

3.1.   Elvis kackt schon wieder den ersten Stock dicht, was will er uns mitteilen, Gelegenheit für disziplinare Schranken. Wir sollen vielleicht da bleiben, packen aber und fahren hoch nach Dagebüll, Fähre, Moin, Moin, alles *in' Lout!*

KARL HEINZ GÖTZE war in Colombey-les-Deux-Églises, Wohnort des CHARLES DE GAULLE und macht eine schöne Geschichte über diesen Granden des Jahrhunderts, der seine Eltern bei Strafe siezte, ebenso seine Ehefrau und acht Attentate überlebte, nachdem er gegen Widerstand Algerien aus dem kolonialen Status entließ. Das Bild zeigt die DS bei der Einfahrt in den Park des Wohnortes.

Es braucht an die siebzig Jahr', bis die breite operative und verantwortliche Teilnahme der Verwaltungen und Beamtenschaft am Nazi-Projekt detailliert aufgelegt ist. ALEXANDER LÜTZENADEL versammelt in ,dreizehn Pionierstudien' Forschungsergebnisse, die fast durchweg gegen verbreitete Sichtweisen auf Rolle und Bedeutung des RAM <Reichsarbeitsministerium> bei der Verschleppung und Zuführung von 13 Millionen in die Vernichtung durch Arbeit stehen.

Nicht zuletzt das ,polykratische Chaos' mit seinem Konkurrenzkampf der ,Satrapen und Paladine' um die Gunst des ADOLF HITLER bewirkte einen „unendlichen Progressismus, ... der weder moralische noch legale Barrieren kannte", wie RAINER F. SCHMIDT in glänzender Rezension formuliert. Das kulminierte in kurzer Zeit in „einer neuen Form von Staatlichkeit ... < und > ... radikale(r) Effizienz des Regimes."

Das alles in den Nürnberger Prozessen erfolgreich verborgen zu haben, gab nachfolgender Rehabilitierung aller Täter und Teilnehmer mächtigen Schub. Waren 1953 bereits 50 % der Leitungsfunktionen des Bundesministeriums für Arbeit und Soziales aktive NSdAP-Mitglieder, so erhöhte sich dieser Anteil bis 1960 auf stolze 70 %. – Für den Kranz der Ministerien um die Regierungsspitze dürften die Ergebnisse nicht auffallend abweichen. – Mir bleibt in Erinnerung die Rolle etwa der Berliner Katasterämter, welche für die Judenreinheit des Berliner Grund & Boden sorgten, eine der bedeutenden Vorbereitungshandlungen für Deportation und Vernichtung.

Wie radikal diesen ministeriellen Apparaten aus den Kommunen zu-, ja entgegengearbeitet wurde, macht die Arbeit des PAULMORITZ RABE am Beispiel Münchens auf. In „forcierter" Selbstgleichschaltung wurde der Wille des Führers erahnt und vorauseilend umgesetzt. Der OB setzte die ,kommunale Ehebeigabe' durch, d.h. den Ankauf dieses ,Mein Kampf' und Überreichung auf dem Standesamt und empfahl solches allen Mitgliedsstädten des ,Deutschen Gemeindetages', bevor ein Erlass aus Berlin allen Standesämtern solches auftrug. – Die Millionentantiemen des ADOLF HITLER blieben unversteuert.

Um 17 Uhr dockt die Fähre mit kleinem Bums an. Sabine holt uns ab, Mimi freut sich, seit neun Monaten liegt sie nur noch. Nach Abendbrot, Krimi und Flens' ins Spitzwegzimmer hoch.

Darüber vergeht die Chance, der Portraitierung der GLORIA VON THURN UND TAXIS durch WOLFGANG BELTRACCHI zu folgen, was unbedingt mit galantem Austausch verbunden war.

4.1. Wir ziehen über die Südspitze zum Bäcker. Die Landschaft des Kniepsands hat sich vollkommen verändert, größtenteils unter Wasser, nach Süden hin dafür meterhohe Dünenböschung gegen die See, die Fähre auf gänzlich verschobener Zufahrt, die Sonne geht im Westen auf. Wo muß ich das melden! Sabine weist auf den Wintersonnenstand, das beruhigt mich.

Nachmittags über die Bohlenwege bis vor den Leuchtturm bei fünf Grad, absolute Windstille. Mimi erzählt – wie kamst du ins Auswärtige Amt? – Auf Amrum war das ‚Pflichtjahr‘ – wohl 1936 –, danach der Reichsarbeitsdienst, dann sollte ich ‚Führerin‘ werden, der Vater war aber strikt dagegen, sein Vater war bereits Regierungsdirektor im Auswärtigen Amt, so kam ich da hinein. – 1944 die Heirat des Pfarrers, der gleich darauf eingezogen wurde und in Gefangenschaft geriet. Von einem jüdischen Leiter befragt, antwortete er ‚Pfarrer‘, worauf der meinte, bestimmt sei er doch wohl als Helfer auf einem Bauernhof gefordert und seine Entlassung verfügte. Ich erfuhr, daß er nach Marburg entlassen sei und machte mich auf den Weg von Berlin, in vier Tagen zu Fuß nach Marburg. Dort traf ich das halbe Auswärtige Amt. Und drei Jahre drauf starb er binnen 24 Stunden. – So geht es über Stunden, bis zum Abschied.

Die moralische Aushöhlung des öffentlichen Raumes zeigt sich drastisch am Mord in Kandel. Ein Asylant aus Afghanistan wird von einer Familie aufgenommen. Es kommt zur Beziehung mit der 15-jährigen Tochter, die sie wieder abbricht. Da er nicht abläßt, wird er in eine Unterkunft anderenorts verbracht, fährt zurück ins 35 km entfernte Kandel und ersticht das Mädchen in einem Drogeriemarkt. – Die StA erläßt einen Haftbefehl wegen Totschlags – keine Notiz in der Tagesschau – ein Zweizeiler in der ‚TAZ‘, ansonsten das Weglassen aller Eigenschaften aus dem Herkunftsstatus, weil sie nichts beitrügen zur Erklärung. – Diese sind jedoch konstitutiv für das Verbrechen. – Das Entsetzen ist natürlich allgemein, gleichauf mit Warnungen vor voreiligen Rückschlüssen aus ebendem Migrantenstatus. Rückzüge auf Idiome wie ‚Beziehungstat‘ und die sattsamen ‚psychischen Probleme‘ finden statt. – Das ist der „Täterschutz einer link/sliberalen Öffentlichkeit, der ... die Verhältnisse auf den Kopf stellt“, so MICHAEL HANFELD.

Nach der ‚Gender-Enteignung‘ der sagenumwobene Blick auf diese archaischen Revolten gegen alles, was diese Gesellschaft einmal ausmachen sollte. Die gleichzeitig lebhafteste Befeuerung des ‚MeTwo‘-Syndroms steht dazu nicht in Widerspruch, ganz im Gegenteil. Sie befördert den Durchgriff auf die Beziehung von Mann und Frau auf der Grundlage eines generalisierten Opferstatus von Frauen. Die Einhegung dieses immer aufgeladenen Kerns menschlicher Existenz vertrüge glatt ein weiteres Gesetzeskaliber dieses angestrengten Justizministers, etwa als 10-Punkte-Abfolge eines Beziehungsregulats, einzufügen im Recht der Willenserklärungen, BGB, 1. Buch.

> JEAN GENET: „der ausgeplünderte Bürger wagt nicht zu schreien: Haltet den Dieb! Er dreht kaum den Kopf. Der Dieb dreht die Köpfe, läßt die Häuser schlingern, die Schlösser tanzen und die Gefängnisse fliegen.“

Ich stehe auf und verabschiede mich von Mimi, Marion beim Hinausgehen: wie Jochen. Jochen ist mein Vater und hatte einen krummen Rücken im Alter. In den Augen Anderer bin ich also weiter, als ich denke.

5.1. Mohoin, was solls denn sein, um 9 Uhr 15, kleiner Eiswind, Fähre legt an, hoch an den Platz, schon steht der Kellner, richtige Figur, einwandfreie breite Zahnreihe – wo kommt der her! Sprengstoff? Dabei ist der so nett, überhaupt, seit diese Ultrafriesen von Bord gingen und etwas Levante-Feeling geentert ist, macht das hier richtig Stimmung und Schiffahren Spaß! Muß der Leitung mal geschrieben werden. Besser mit Glatze als Haarschnitt mit der Heckenschere. Mein Muster-Stabilbaukasten spielt wieder fröhliches Kopfkino. Kommst du nicht raus!

Selbst beim Pokern treibt die KI, als Künstliche Intelligenz ohne Ansehen bekannt, im Zockermodus den Gegner in kürzester Zeit vom Hof. Sie inhaliert im Abstrakt-Modus die Regeln und stellt sich blitzschnell auf die Allüren des Gegenspielers ein. So schnell kannst du dich gar nicht verstellen.

Verwaltungsversagen als Spiegel einer anspruchslosen und geduldigen Kundschaft – wir haben die Zustände, die wir verdienen. GERALD WAGNER berichtet aus dem ‚REINHARR-KOSELLECK-Projekt‘ über die Ursachen systematischen Versagens der Verwaltung, also zur Verifizierung meiner Ergebnisformel: ‚was sie anpacken, wird zu Schrott‘. – Grundlage der ‚Standardpathologien moderner Verwaltungen‘ scheint der geradezu betriebene Verlust persönlicher Verantwortung zu sein. Darüber tritt die Frage der ‚ethischen Ausstattung des Führungspersonals in der öffentlichen Verwaltung‘ ins Rampenlicht. Dessen hellem Schein mit Schwarzlicht zu begegnen, wird dann schnell zum Haupteinsatzfeld Betroffener. Der Rezensent wünscht gutes Gelingen in diesem aussichtslosen Unterfangen. – Deshalb ist die Forderung ‚mehr Eurohba‘ ja eine Politik vorsätzlichen Desasters, Herrschaften.

Einmal Mond und zurück dauert sieben Tage, sagt ESA-Chefe. Ich frage Marion – ‚ich fahre nicht mal nach Kanada!‘

Ganz Anderes, als über ihn geschrieben wurde: RICHARD NIXON mit ELVIS vor der Kamera, 1970, in Ost-Berlin vor der Stasi 1963, auf der Motorhaube seiner Limousine vor kreischen-

den Berlinern bis zur Watergate-Paranoia – ein Aufsteiger aus
der *lower white middle class* mit Facetten, vielleicht ohne Format.

JOSPH BEUYS und JEAN GENET waren sich näher, als meine
Unkenntnis meint: ‚der größte Komponist der Gegenwart ist
das Contergankind‘. – Warum ist das von Bedeutung? Aus dem
gleichen Grund, weshalb der Rahmen wichtiger ist als die fünf
Kugeln des NEWTON-Pendels, die darin schwingen. Aus dem
gleichen Grund, der das Systemversagen der öffentlichen Ver-
waltung füttert, und die Taubheit des Publikums. Sie läßt allem
freien Raum, auch der Kreation von Eliten, die eine besondere
Ausgeburt des Publikums sind. In Ausnahmefällen seiner star-
ken Seiten.

Teile der Evolutionstheorie des CHARLES DARWIN läßt Türk-
Chefe aus einem Biologiebuch Oberstufe streichen, dem Einfluß
der ‚Kreationisten‘ folgend. Es scheint zu seinem Projekt passen,
könnte man denken. Ist aber viel einfacher: der DARWIN habe
sich brieflich einst antitürkisch geäußert, so um 1881. – Wahr-
scheinlich hat er einen Algorithmus mit Saubermachen beauf-
tragt.

Drei Folgen über das seit 1945 geteilte ‚Tannbach‘ korrigieren
den Abend und seine Pläne nach der Heimkehr aus Amrum.
– Die erste Folge zeigt die Zustände eines Dorfes in der letz-
ten Kriegswoche. Die Gefolgschaft in der ‚Volksgemeinschaft‘
war wie Pech & Schwefel, aus Angst oder Überzeugung, vom
80-jährigen Ortsgruppenleiter bis zum HJ-Pimpf, dazwischen
die Alten, die immer wieder die Hitler-Portrait-Postkarte hal-
ten, mit dem Finger darüberfahren. Die wenigen Hoffenden
sind in höchster Gefahr, noch rücklings erschossen zu werden
wegen Vaterlandsverrat. Diese Massivität hielt bis in die folgen-
den Selbstmorde. – In gleicher Dichte die SBZ-Farben, die Ent-
eignung als Bodenreform bis zur Deportierung ins Hinterland
unter dem zeitstabilen Namen ‚Aktion Ungeziefer‘. – Das geht
bis ein Uhr nachts, Zeit der Scham.

MARKUS LÜPERTZ wurde erneut bestohlen, eine 2,30 Meter

hohe Bronze von 230 kg transportierten die Diebe ab. Ob der Rohstoff oder die Gestalt beauftragt waren, ist unklar.

Mir fliegen – ganz analog – drei Briefe mit Auszügen ins Haus – für ein (bitte in Worten!) Darlehenskonto. Massive Transparenzausweitung bahnt sich an. – Nochmal von vorne: die Bank weitet den Jahresauszug für ein Darlehenskonto auf sechzehn Blatt Papier aus – versandt in drei Briefen – jeder Monat mit acht Zeilen pro Blatt plus Zusammenfassung plus Mitteilung, hier handele es sich um eine Teilsendung. Da ist wenig Digitales dran, ich vergewissere mich durch Griff in die Steckdose. – Diese Monstranz von ‚mehr Eurohba‘ muß Personal mit Standard-Auffassungsgabe direkt an die Flasche bringen. Leider steht die Richtlinie über Alkohol am Arbeitsplatz wieder mal im Weg. Die gilt nicht im Privathaushalt, mein Trost.

7.1. Ist das Eis gebrochen, kennt das System kein Halten, Leute! – Mir schlägt ein 22-seitiges Machwerk mit dem Titel ‚Lizenzvertrag‘ ins Elektro-Postfach, vollgestellt mit 8714 Wörtern und angeführt mit dem Späßchen, das Zeug ‚bitte aufmerksam‘ durchzulesen. – *Shit*, denke ich, wir müssen wieder nach Amsterdam. – Meinten die das ernst, könnten sie den Laden dichtmachen. – So wird der Kunde, dieser Idiot, das Opfer von ‚mehr Eurohba‘ – merken Sie eigentlich langsam irgendwas!

Vor der Brüsseler Kommissionsbude wird der 230. Container für Altpapier aufgemacht: zehn Jahre nach dem Bankenklaps zieht der Desaster-Club daraus die Konsequenzen. Rausgekommen sind 20.000 Seiten an Daumenkino für eine Milliarde, Abgeltung für die zehn Jahre. – Zur Unterhaltung: wir befinden uns längst abseits der Transparenz-Register, der neue 10-Teiler heißt ‚Mifid 2‘, *‚ei wie die tausend Ausschüßcher, Ihr Bappsäck!‘* Mir gefiele ‚Misfits‘ besser.

Dagegen ist das neue ‚Abbeidnehmergesetz‘ der ANDREA NAHLES ein Schnäppchen. FRANK FERCHAU rennt gleichwohl ‚schreiend vom Hof‘. Wer hier wen inspiriert, klärt sich in der 10. Folge von ‚Game of Thrones‘ auf. – Im Schatten solch organisierten Wahnsinns gehen die Anwendungsblüten des – Vorsicht, es spricht der Minister ins Einhorn – ‚Netzwerkdurchsetzungsgesetzes‘ als Kalauer durch. Und HEIKO MAAS sitzt längst an der nächsten Betreuungsfibel. Auch er muß die verbleibende Zeit nutzen.

OTTO SCHILY (85) interessiert solches nicht, er dirigierte vorgestern in Borken ein Neujahrskonzert vor ausverkauftem Haus, BRAHMS, STRAUSS, MOZART und so. Ich kann nicht umhin, das zu notieren. Weil es sich so kompakt anfühlt. Wo es mich zerriß.

>Nach dem Gang über den Deich treibt uns Jonas ein zweites Mal über den Gassiweg. Er wünscht sich ein Essen bei Anna.

Targetsaldo 907, Forderungen an Überschuldete, Target Italien 439, Verpflichtungen aus leeren Kassen.

8.1. Kristallklar das Licht, schneidend die Konturen, welche die Sonne kurz über dem Horizont ins Haus treibt – es gibt keine Übergänge, keine Chance, wie für FRANCE GALL, die am Sonntagmorgen ‚ins weiße Paradies eingezogen ist‘. Sie hat eine Sprecherin, die das sagt.

Abends wieder ‚Tannbach‘, ‚LPG Hoffnung‘. Es kann keine Sehnsucht zurück in diese Zeit geben, auch auf westlicher Seite. Der Film zeigt – zugleich – die erreichten Abstände in 60 Jahren, diesen abgründigen Autoritarismus in allen Beziehungen, den Familien insbesondere, diese Respektlosigkeit im Umgang, weil der Mann der Ansager war – über Leben und Tod, insbesondere in der Nazi-Attitüde, im Westen offen, im Osten unter der neuen Tarnkappe. – Auf den Nazi-Vorwurf von jenseits des Zauns kommt die Antwort: hier wissen wir wenigstens, wer Nazi war.

9.1. In Sachen Sondierung kennt das ‚HB‘-Briefing kein Halten: die Verlierer verhandeln ihre politische Restlaufzeit, der Bundestag gähnt wie im Vorruhestand bei vollem Lohnausgleich. Für etliche der Genannten werde bereits nach ‚geeigneten Endlagerstätten‘ gesucht, die voraussichtlich in Brüssel liegen, diesem politischen Altenwohnheim. Und die EU-Endlagerung, dieses abstrahlsichere und bewährte Verfahren, sei ‚komfortabler als jedes Pharaonengrab, weil sie bei lebendigem Leib und hohen Bezügen stattfindet.‘ – Fein beobachtet.

Abends zum Empfang bei der Bürgermeisterin – die läßt es sich nicht nehmen, bis abgeklatscht wird.

10.1. Um 9 Uhr im ‚Café4You‘ mit Tim, der sucht, wo's lang geht. Die glänzende Aussicht löst mehr Unsicherheit als Zuversicht aus. Ich stürze ihn vor die Basisnahrung ‚erkenne dich selbst‘, ohne Sättigungsbeilage, versalze ihm leicht das Erlebnis der ‚jeunesse d'orée‘ und ende mit kurzem Palaver über verbreitete Denkfaulheit, also die ‚Analyse‘: wird schon! … und emotionale Faulheit, Analyse: ich nehm‘ den nächsten Flieger und bin dann einfach mal woanders. – Sodann schleppe ich die ‚Startkiste 2018‘ in die Personalentwicklung und mache mich auf zum ‚Performance Review‘ beim Bankhaus am Marktplatz. Dem brachialen Konjunktur-*up lift* entspricht meine zufriedene Miene.

Das Betreten einer Bank kann voller Überraschung sein. Kaum in der Eingangshalle, werde ich namentlich begrüßt, mit Titel, high heels führen mich die Treppe hoch, darin schöne Beine, ich blicke zu Boden, ich werde meines Mantels entkleidet, in den Sitzungsraum geleitet. Das Namensschild vom Vorabend ziert noch die linke Seite meines Jacketts. Soll ich, kommt die Frage der großen Frau mit langen rot lackierten Fingernägeln – Sie haben eine bessere Ausstattung, entführt es mir – leicht fährt ihr roter Nagel unter das kleine Schild, sie zieht es ab – auch das ist Übergriff, er ist in der Welt – und zwar täglich, ihr schlechten Tragödisten, du mußt nur stillhalten können – sie meint es nicht so, wie es ist – sie würde sich alles verbitten, so wie es passiert. Sie könnte auch gar nichts tun, wie sie den Kunden bedient, Teil ihres Jobs – könnte sich dessen Nesteln am Frack auch ansehen, es wäre nicht anders. – Der Übergriff ist Existenz, ist die Anwesenheit der Frau. Leute!

Sie bringt Kaffee, sehr schnell – oh, Sie haben sich schon ein-
geschenkt, Wasser – ich werde das nicht zulassen, daß sie mir
auch noch das Wasser reicht, es wäre mir peinlich. Weil es nicht
stimmt. Dann kommt der Mann, Volkswirt, und die Beanspru-
chung wechselt.

Also dieser Aufschrei am Hollywood Set war pädagogisch sinn-
voll, ja fällig. Jetzt heißt es aber ‚Fresse halten‘, sonst franst es
wieder aus zum schalen Bestandteil des bigotten Amerika, hier
des großdeutschen Moralismus. Forget it!

Es hilft, für einen Moment die Frauen nach Ländern zu sortieren,
das schärft Profile: nach den Frauen Rußlands sind es die ‚Cent
de France‘ unter Führung der CATHERINE DENEUVE (74), die
sich gegen Opferkult und Regulatorik im Zentralmassiv der Lie-
be stellen. Sie verteidigen ‚die Freiheit behelligt zu werden‘, jenes
schon im höfischen Reich von Versailles und der Salons entstan-
dene Selbstbewußtsein, Ausdruck und Teil eines regelrechten
‚Zivilisationsschubs‘ jenseits des Rheins, wie NORBERT ELIAS
zitiert wird. Und der sitzt, diese ‚Freude schöner Götterfunken‘,
auch wenn dortiges Frauenrechtlertum jetzt unter #balanceton-
porc eine Denunziationsoffensive gestartet hat, so MICHAELA
WIEGEL. BRIGITTE BARDOT (83) nimmt auch kein Blatt vor
den Mund, ‚scheinheilig und lächerlich ... sie seien belästigt wor-
den, damit wir über sie reden‘.

OPRAH WINFREY (63) nutzte ihre flammende Rede beim ‚Gol-
den Globe‘ zur Abrechnung, wobei dem DONALD TRUMP als
‚Archetypus des zu überwindenden weißen Mannes‘, so URSU-
LA SCHEER, bereits die Nachfolgerin in den Weg gestellt wur-
de. – Derweil spricht der Präsident der Vereinigten Staaten von
gewissen ‚Dreckslochländern‘, deren Abkömmlinge kein Bleibe-
recht haben sollten, petzt die Zeitung. Er ist eben Vertreter des
Packs, das ihn wählte. Drauf watet CHRISTIAN GEYER durch
die lange Spur zurück, woraus der Dreck kommt, gegen den die
Reinigung machtlos ist, Mr. President. Daß 50 afrikanische Re-
gierungen um Entschuldigung bitten, zeige nun wieder mehr
ihre Einwicklung in solche Erdkreis-Vorgaben. So bleiben sie ‚his
negro‘, könnte es auch heißen.

Das sind Spannbreiten, die es hier nicht gibt. Es lebe die nationale Abgrenzung, ja die Grenze, ihr Europaflüchtlinge. – Und FRIEDERIKE HAUPT ergänzt das Thema durch das Porno- und Prostitutionsmilieu, wo die gnadenlose Vernutzung der Frau nie Aufsehen erregt. Wie bitte soll das gesäubert werden! – Bevor alles im Vor-, Zu- und Abrechnen untergeht, stellt TILMAN ALLERT dem kleinen Manifest der Französinnen das geistige Arrangement zur Seite, das Handwerkszeug von Charme, Diskretion und Takt, welches dem Grundverhältnis auf diesem Planeten erst zur Betriebstemperatur verhilft, dann gerne zum Rausch. Ein schöner Schlag ins deutsche Kontor.

Und wie diese Ahnung, daß der ‚me too‘-Aufstand mit all seinem Widerstand, Widerspruch und Unvereinbarkeiten nicht das ist, um was es geht! Also, als hätte ich es geahnt, ziehe ich die ‚Muse & Musées‘ des DIDIER BAY aus dem Regal. Das steht dort seit 24 Jahren, seit dieser Ausstellung in Freiburg, kleines Beiheft zum Katalog. Und BAY schreibt über 2017, über jedes dieser 5000 Jahre. Er benennt, was ist,

> ‚die Anziehungskraft des weiblichen Körpers – seine Schönheit, aus der Liebe kommt, ist zu ergänzen – und die besonderen Merkmale der Weiblichkeit als Dominante, von der viele sich niemals erholen/befreien können.‘ –

Diese Franzosen. Sodann:

> ‚... der Neurotiker/Nekrotiker der Sexualität hat kein anderes Sublimationsfeld als das des Moralisierens, des Zensierens, wobei er den anderen das zu verbieten sucht, dem er selbst nicht gewachsen ist.‘

– Ein verbreiteter Vorgang. – Und:

> ‚In den Jahrhunderten ihrer Unterordnung hat die Frau gelernt, wie man verleitet, verführt, denn -ihm täglich dienend- hat sie alle Schwächen des Mannes kennengelernt.‘

– Schließlich:

> ‚Die Ausreden der Emanzipation .. machen die Frau nur noch verfügbarer – für den Mann, und zwar durch den längst für alle Konsumgüter (also Lustgüter) üblichen latenten Erotismus.‘

Deutschland und die USA scheinen als Weltmarktführer in Sachen Moralisieren und Bigotterie beste Anschauung solchen Zustands zu geben. – Gegen solche Zustände wächst Widerstand, so grotesk er auch daherkommt: ‚Ein gefeuerter Programmierer klagt gegen Google wegen Diskriminierung von Männern, Weißen und Konservativen‘, titelt es. Auch ein Weg, Erkenntnis zu entwickeln. Die Aufteilung des Gebiets gelingt immer nur auf Zeit, ihr Putzkolonialisten – oder: Dreck frißt sich durch.

Soweit der Mann das Sagen hat, organisiert er die Anziehung des weiblichen Körpers. Die Erscheinung der Hostess ist bekanntlich eine einzige Attraktion. Daher mietet der ‚Presidents Club‘, eine Organisation britischer Geschäftsleute, 130 davon zum ‚Charity Dinner‘. Kostümierung und Farbe der Unterwäsche werden vorgegeben, also

    ‚skimpy black outfits with matching underwear and high heels‘.

Das strapaziert natürlich bis zum Anschlag und es kommt zu kleineren Ereignissen – und steht am Folgetag in der ‚Financial Times‘.

PS.:
Und der ‚kulturelle Überzug‘ als historische Langzeiteinübung übergriffiger Hinnahme hat größere Tiefe, als meine aufs Pädagogische reduzierte Einhegung. Das zeichnet Tage drauf UTE FREVERT nach: ‚Die Scham < wird zur > Komplizin der Männer‘. Der Mißbrauch moralischer Aufladung in der Antinomie (Geschlechts-) ‚Ehre oder Schande‘ wird auch hier zur ‚materiellen Gewalt‘, die beim unfertigen Mann liegt. Die Nazis nutzten dieses finstere Wortspiel, damit das Äußerste zum Einsatz kam bei der Eroberung, Unterwerfung und Vernichtung für das Paket von Rasse, Lebensraum und Minderwertigem. Hier wird das Duopol zur Falle für die mißbrauchte Frau: sie schämt sich ihres Versagens im Bewußtsein des moralischen Vorhalts einer formatierten Öffentlichkeit. Sie lebt im Bewußtsein solcher Verfügbarkeit wie mißbrauchte Kinder. Dieser Einbruch in das Selbst kann nur vernarben durch blanke Konfrontation, wie die Autorin no-

tiert. Trostloses bleibt. – Daß die Vergewaltigung in der Ehe auch in den USA seit 1996 strafbar ist, kennzeichnet mehr als es hilft.

immer noch 10.1.   Abends 5. Staffel ‚Tannbach‘ – konzentriert unerträglich. Ein Dorf kurz vor Kriegsende und auf der Demarkationslinie. Alles ist infiziert mit dem Antagonismus, alle Beziehungen kontaminiert, im Gift von Vergangenheit und Gegenwart – es ist ein ‚Geheimnis-Vorwurf- und Flucht-Regime‘ im Dreieck von gemeinsamer Vergangenheit, Nazigegenwart und Feindprojektion. In Abständen fegt Liebe dazwischen, bis sie im Gift des Mißtrauens und der Denunziation zerfällt. Unvorstellbar, da gelebt zu haben. Das ist wie ein Gefühl von Magengeschwür, das ich nicht kenne. – Mehr denn je tritt die Einheit dieser Gegensätze des Graben- und Mauerkrieges, dieser Weltanschauungsmordlust hervor, in den Kapuzen vormaliger Herrenmenschen. Jetzt Volksverräter und Klassenfeind, treten sie miteinander und gegeneinander an und schießen, verhaften, deportieren und denunzieren in die Familien, die Nachbarn hinein, in alles, was menschlich ist.

Es ist wie Sintflut, Strafe Gottes über ein Volk, welches das Böse herein- und an die Macht gelassen und sich ihm unterworfen hat. Ja soweit mit ihm verschmolz, daß sich noch 80-jährige Frauen am Gardinenbrett aufhängen, als sie die Nachricht vom Tod des Anführers erreicht.

Und die Strafe über das Volk hat er zuverlässig über seinen Abgang hinaus verlängert. Der Organisator von Hysterie, Terror und Massenmord hat seinen Gegenspieler ins Land geholt, der mit anderem Notenbild auf der gleichen Klaviatur spielt. In das verwüstete Land zieht der Strafe zweiter Teil ein und für lange Zeit.

Nach Wochen, Monaten habe ich diesen JEAN GENET, seine ‚Notre Dame des Fleurs‘ durchgekaut, schwerste Kost, dieser aufrechte Gang durch das, was die abstinente Gesellschaft gern den Abschaum nennt, diese Gesellschaft, die aus dem Blickwinkel der Gosse, des Bekenntnisses zum ‚Verruchten‘ in besonders

scharfe Kontur getaucht wird. – So besehen wird das Schreiben
wie das Waten durch den Bergrutsch in Kalifornien.

1,2 Billionen umfassen die US-Bonds in den Händen Chinas
– eine sichere Bank im Spiel, oder auf dem ‚Weg zur Weltherrschaft‘, wie es HOLGER STELTZNER apostrophiert. Europa
wird mit ‚seiner doppelten Spaltung‘ befaßt und als respektable
Gegenkraft absorbiert sein. – Dieses Bewußtsein quält die Eliten-Vertreter und sie treten – im Schein der Öffentlichkeit unvermeidlich – die Flucht nach vorne an. Diese hat zwei Komponenten: Zugriff auf die Vermögen der angeschlossenen Länder
sowie regulative Zentralisierung. Deren Kehrseite ist weitere
staats- und verfassungsrechtliche Enteignung.

Beim Zugriff sind maßgebend: eigene Steuerkompetenz, europäischer Finanzminister, Aufstockung der Länderzuschüsse. –
Bereit dafür sind alle Staats- und Regulativparteien, voran die
Sozialdemokratie, weil mehr, am liebsten Nur-Staat ihr Nukleus
ist. Vertreter GABRIEL plädiert vorauseilend für Hochverpflichtungen, bestehende wie die Nato-2 %-Vereinbarung interessieren
ihn nicht. Die CDU-Eliten-Hasardeure geben sich ‚verhalten‘.
Das ist eingeübter Kanzler-Modus. Das neue ‚Deutsch-Französische‘ bildet die Abdeckung, hinter der das MACRON-Tableau
von der Staatslenkung der Gesellschaft assimiliert wird. Solche
politische Zangenbewegung markiert ein Land ohne Agenda.

Dann werden die Europa-Spiele des Sodom & Gomorrha, des
fetten Lebens in den Zentralen, des Ausbaus von Apparaten an
Fahrt gewinnen unter dem jederzeitigen Motto: wo's eng wird,
heißt es einstehen. Kreisläufe ohne Aussicht. Die Formeln dafür werden seit Olims Zeiten transportiert in allabendlicher öffentlich-rechtlicher Zubereitung: Solidarität & Gerechtigkeit, die
Reden und Erklärungen sind als Pauschal-Sprech verfügbar, die
schönste wird sein: ‚das ist EU-Entscheidung‘, also endlich wieder frei arbeiten – frei von Verantwortung.

Europa wird Blasen werfen – wie bei der Energiewende werden
kleine Gruppen bei diesem grandiosen Leerlauf profitieren. Die

Trainings im PEP-System© sind überbelegt – bewerben Sie sich – lassen Sie sich auf die Warteliste setzen – ohne Training geht das nicht, dazu gehört nämlich eine ‚Einstellung und Haltung‘ – es sind Könner am Start, *damned experienced guys‘!*

Werden Sie Latifundist! Seit Jahrzehnten ziehen die den Löwenanteil aus dem Haushalt, aus dem frommen Titel ‚Agrarpolitik‘, in 2016 fast 60 Milliarden von 160. Oder werden Sie Strukturförderer! Wie das geht? Antrag! Die ziehen 55 Milliarden aus diesem selbsterklärenden Titel ab, da fliegen die Geldsäcke nur so aus dem Fenster, über Land, so einen Transporter überfallen, ist wahrscheinlich die kleine, aber schnelle Lösung. Nachhaltigkeit? Am Arsch die Räuber! Überprüfung? Tote Hose, manchmal fährt einer über Land, der ist dann echt betroffen und schlägt die Hände überm Kopf zusammen. Kommt dann im Fernsehen, zum Aufregen. – An die Nummer zur ‚Steigerung der Wettbewerbsfähigkeit‘ kommen Sie nicht ran, das überfordert total: erst werden solche Agrarflächen ins EU-Regime geködert, fallen dann mangels Wettbewerbsfähigkeit ins Koma und werden mit diesen Wettbewerbs-Handsalben wieder zum Leben erweckt – viel zu strapaziös, wo Sie doch auch kurz vorm ‚psychischen Problem‘ stehen oder? Das ist schon genug Freibrief, ziehen Sie die Nummer erstmal durch.

Und hier ist *‚the proof oft he pudding‘*, ihr Hornigel! JCJ, wenn ihr endlich versteht, wen ich meine, hat die Feder geführt bei den Sondierungsmalern. Die haben ja ‚spezifische Haushaltsmittel‘ – guxdu! – fürs europäische Allerlei eingestellt. Dazu den Ausbau dieses ESM, so ein Geheimratsmonster, eher Staatsrat, aber mit ‚Fresse halten‘ – irgendwann, so nachts um eins, ist der EU-Währungsfonds einfach da! Und keiner wars, wenn du sie fragst. Kriegst du auch nicht raus, zu viele Abkürzungen, Zirkeltraining eben. Abstimmung in Straßburg und gut!

Immerhin, gestaunt wird anderenorts schon, selbst bei der Brüssel-Entourage: wie schnell Berlin alle Prinzipien aufgegeben habe, die ein WOLFGANG SCHÄUBLE ewig so hoch hielt. Den habe ich ja auch fertig gemacht, hat der nur wegen AM so geschwurbelt? Jedenfalls wußte er jetzt, warum er den Platz gewechselt hat. – Jetzt steht die Hecke! Paris-Brüssel-Berlin, das ist ‚mit der Tür ins Haus gefallen‘, aber sowas von!

Auch woanders endet die Flucht vor den Verhältnissen gerne im Alkohol, zu häufig allerdings in der Übertreibung, wenn Sie Ihre Lifo-Neigung bitte mal kurzschließen. – In der Kumulation des Jahreswechsels ist dann letaler Ausgang nicht selten, wie CHRISTOPH STRAUCH aus dem gebeutelten Osten zu berichten weiß. Dort kommt erschwerend, oder auch beflügelnd, hinzu, daß Neujahr und orthodoxes Weihnachtsfest am 7. Januar zu einem Raum arbeitsfreier Zeit verbunden werden. Den mit Leben zu füllen, wofür häufig Alkohol steht, gibt vielen den Rest. Die Abfolge ‚saufen – besoffen – Streit wegen Beschaffung – Exitus‘ hat hierbei Regelhaftes. – Im sibirischen Atschinsk verendet ein Mann im Streit und wird von den Weiterlebenden über den Balkon entsorgt. – Von seiner Frau weggesperrt, knüpft der Mann Bettlaken, um übers Fenster aus dem zehnten Stock an Nachschub zu gelangen. Abflug. – Im Gebiet Murmansk schließlich kapert ein Mann im Vollrausch schwere Technik: er durchquert im Panzer die Stadt und kommt in einem Supermarkt zum Halt. Beim Verpacken von Alkohol zur Fortsetzung einer unterbrochenen Feier fährt die Polizei dazwischen.

12.1.   Wir machen uns fein, etwas fein und wandern den Berg hinab zum Hamme-Forum, wo die Kirche Dank sagt für Puffer- und Würstchenverkauf sowie Größeres. ‚Ein Dorf sieht schwarz‘, wird gezeigt, französisch, d.h. die ‚St’iehs‘ machen die Grundierung, französische Leichtigkeit im Umgang mit dem Ressentiment. – Birgit folgt und zu Hause machen wir noch etwas in Rotwein, während Leverkusen diesen Bayern dann doch unterliegt.

13.1.   Auch in China steht ‚der weiße Mann‘ unter Beobachtung, ja unter Kopfgeld, das aufs Erwischtwerden beim Spionieren ausgesetzt ist. Chinas Frauen werden vor ihm gewarnt, ein radikal zuwucherndes Netz von Kameras, ich zähle acht auf drei Meter im Kreuzungsbereich. Die Abschaltung des Internets für Zugereiste wird vorbereitet. So folgt dem chinesischen Traum das böse

Erwachen. HENDRIK ANKENBRAND nennt den Smog, den Verkehr, die Zensur. – Im umgebenden Ausland, das er sich befreundet macht, expandiert der Riese mit billigem Geld, das bindet, unterwirft. Er baut überall Straßen und Häuser, ‚der ganze Pazifik ist voll mit diesen nutzlosen Bauten, die niemand unterhält‘, kommt es vom widerständigen Australien. – China braucht den weißen Mann nicht mehr, fast steht er schon im Weg.

14.1. Man hat dem Alter Weisheit, weise Voraussicht attestiert. Das gilt nicht im politischen Auftrieb. Die alten drei Sondierungspartner finden nur über weitere Sozialbudgets zusammen, so HEIKE GÖBEL, also über den Ausbau des Verzehrs von abgezweigtem Volkseinkommen. In serviler Manier gucken sie hinter sich, wo die Mehrheit der Stimmzettel weiterhin von Alten und Senioren gehalten werden. Ach, wären sie doch unter fünfzig wenigstens!

Um 11 fahren wir nach Hamburg in die Haynstraße zu Sigrids Neujahrsempfang. Es werden weniger, aber es ist nett. Es wird aufhören. – Später in die Kunsthalle, ihre unterirdischen Hallen, wo die Bilder der ANITA RÉE zu sehen sind, großes Portrait. Sie nahm sich 1933 auf Sylt das Leben.

15.1. Der moralische Eifer gebiert die Fratze der Verleugnung, des Wegsehens, ja der Ignoranz der Opfer und Angehörigen von Anschlägen. Von Taten, deren Motiv offensichtlich ist, sei es beim Täter, beim Ereignis oder beim Opfer. Dieses Gift, den Blick auf die Tatsachen absichtsvoll zu trüben, sickert ein in behördliches, ja justizielles Handeln. Beim Brandanschlag auf eine Düsseldorfer Synagoge durch drei Palästinenser mochte das Gericht kein antisemitisches Motiv erkennen. Auch bei der Statistik solcher Taten zeigt sich massive Diskrepanz in der Wahrnehmung. Zu den bereits 32 Beauftragten soll daher ein weiterer kommen, für Antisemitismus. Jüdisches, Juden und Frauen sind in Überzahl Ziele solcher Gewalttaten. Die Eiferer schweigen, gekreuzigt in der Falle ihres ideologischen Beritts.

16.1. GREGOR GYSI wird 70, ein starker Mann, ein starkes Leben, eben stark ins Leben gebracht.

Ignoranz seiner Katastrophen ist synonym für Berlin. Vierfache Arbeitslosigkeit der Jungen, Abbruchquote Ausbildung bei 20 %, weil die Schulabgänger nicht lesen, schreiben, rechnen können, also so wenig ausbildungsfähig sind wie die ‚forciert Akademisierten‘ studierfähig sind. Weder Ursachen, 50 % sind Migrantenhaushalte, werden benannt, noch Maßnahmen auf Wirksamkeit hin überprüft. – Nur die Warntafeln ‚Diskriminierung‘ und der Anklagemodus ‚Armut‘ geben den Raum für eine ‚harmonierte (chinesisch!) Öffentlichkeit‘.

Wenn ‚die Zukunft das Derivat der Gegenwart ist‘, dann ist das Berliner Sondierungsergebnis eine Großtat, frotzelt das Handelsblatt. Wie sollen aber auch zwei Verlierer in die Zukunft blicken können, die werden blind! Blind kommt von geblendet. Sie brauchen alle Kraft für die Haltegurte im Heute, unsere Führer dieses Landes.

‚Christian, nasse Lolita vögeln‘, werde ich im Netz angeschrieben. Ich hatte da jetzt keine Anfrage gestellt.

Mittags zum Zug nach Münster, die drei aus dem ‚Prälat-Diehl-Gymnasium zu Groß Gerau‘ treffen sich im Hotel Busche, wie jährlich, zum Austausch von Weltsicht, Vergangenem und Aussicht. – Von ARNO SCHMIDT übers Puppenspiel und die Welfen ins Antiquariat und zum Italiener. Zum Abschluß in die Studentenkneipe, Test auf die Sehnsucht, mehr die Erinnerungen.

17.1. Fortsetzung beim Frühstück, von den Vätern im Norwegenfeldzug. Obs Bilder gibt, Hartmut bittet um Recherche. Wen interessiert das, unsere Kinder nicht – die winken schon ab, wenn wir aus der Schulzeit erzählen. – Und vom sich gemein machen mit den Verhältnissen, wie beim evangelischen Kirchentag. Wie denn sonst, kommt der Einwand, niemals so, beharre ich … bis zum kulturellen Gerüst, das in Amerika wohl nicht so dicht sei wie hier … mmh, MATTHIAS CLAUDIUS ist wohl auch kulturelles Gerüst, welches der Akteur des Kirchentags mal eben einreißt, oder? (guxdu, Bd. 9, S. 150 ff.) So geht's zurück zum Zug.

18. 1. Was passiert, wenn Verlierer sich zusammentun? Sie spielen das Verlierer-Spiel! Wie das geht? Sie hantieren mit dem, womit sie verloren haben – sie wüßten auch nicht, was sie anders machen sollten!

Wenn sie miteinander sondieren, ist ein Sondierungsergebnis für sie Grund zur Freude. Für die Ausbadenden kommt hingegen mittlerer Flurschaden ins Haus. Denn Verlierer-Sondierer sind von Angst, Kurzsicht und Flucht aus Verantwortung getrieben, treiben das noch doller, weshalb sie ja ab-, jedenfalls runtergewählt wurden.

Daher schlägt alles, was Rang & Namen hat, Hände und Füße überm Kopf zusammen. Das illustriert heute zuerst JÜRGEN STARK, wieder auf die Beine gekommen, am Beispiel des Europazirkus ‚Brumbach‘, den das Sondierungspack mit Anführer und die Hand führender JEAN CLAUDE JUNCKER lostritt. Alles, was seit 20 Jahren diesen Brüsseler Schwertransport in die belgischen Sümpfe getrieben hat, machen die zum ‚Voll-Europa-Tirili‘. – Was dabei herauskommt? Plünderei und noch mehr Ablageflächen für verbrannte Karrieren und sehnsüchtige Staats-Diener. Ich sags, wie es ist.

Als zweiter unser Rechnungshof, diese treue Seele der Aufsicht. Der ruft die Renten-Feuerwerks-Euphorie auf, die sie aussondiert haben – ohne ein Wort, woher das Geld für diese neue Wähler-Bestechung denn kommen soll. Das zählt nicht, nur ein Argument: *‚ei, die Alde wähle uns doch!‘* (Mundart). Dagegen kommt ihr Jungspunde auf absehbare Zeit nicht an, was also ist angesagt? – Ich setze erstmals auf die Jusos. Denn in ihrem SPD-Zirkus wird schließlich jeder Ansager blitzschnell demontiert. Mal sehen, womit der Ex-Kandidat die einkauft. Oder verkauft wird, denn sie machen eine Werbekampagne für Anti-GroKo-Beitritte. Das sind die aktuellen Tricks im Parlamentarismus!

Und dann die 300. Notiz aus Senior Goldfingers Steilwandzelt in Frankfurt, wo er täglich vom Zehn-Meter-Brett in seine Papierschnipsel springt. Der soll aus der ‚Group of Thirty‘ raus, weil er die ja zugleich beaufsichtigt, also Interessenkonflikt hat. Das

Wort kennt da keiner, wette ich, in dieser ‚Dark Room'-Versammlung mit großem Finanz-Drehmoment. Seit fünf Jahren sitzt der Smartie da drin – und keinem fiels auf. Jetzt kam eine sogenannte EU-‚Bürgerbeauftragte' drauf – von der höre ich zum ersten Mal. Kennt jemand die Stellenbeschreibung von Emily, so heißt die mit Vornamen. Es muß jedenfalls ein harter Job sein, für so 280 Millionen Leute beauftragt zu sein, kommt die vorbei? Ich hätte auch gern mal ein Problem! – Alles Unsinn, wahrscheinlich ist das nur eine der zahllosen ‚PEP'©-Lachnummern. PEP ist, wenn der Job keinen Sinn macht, wenn der gemeine Bürger fragt: was soll das? Das ist dann ein Indiz für ‚Posten-Einkommen-Pensionen'. Von diesen Bereithalte-Flächen ist die EU voll.

Bei ‚EU' krieg ich Kollaps, den ich nur über eine Kaskade von Schreikrampf rausarbeite. Der Hausarzt hat schon ein Zimmer im ersten Stock. Denn hier kommt die nächste Nummer: das EU-Parlament verschärft die Klima-Ziele! – Da haben wir schon eine Billion im Land auf den Kopf gehauen, ohne daß ein Gramm CO^2 weggedrückt ist, die Welt steht am Zaun – sorry, der ist ja weg – und lacht sich tot – und die ziehen alle Schrauben an! – Erst ruinieren sie die Landwirtschaft mit diesem Scheiß-Biodiesel, dann werden die Urwälder fürs Palmöl gerodet und das beigemischt, um den Irrsinn zu bedienen – und nun kommen sie mit ihrer parlamentarischen Kernkompetenz ‚Anordnen-verbieten-sanktionieren-versenken' und verbieten die Beimischung dieses Palmolive. Was hat der Kreislauf gebracht? Na, verbrannte Erde, ihr Öko-Diesel!

Das machen die nur, um Futter fürs nächste Krawallschlagen zu haben, diese europäischen Spaßvögel. Seit diese ‚Heilige Allianz der Frommen', die Grünen, den Masochismus salonfähig gemacht haben, kriegen die auch noch Mehrheiten dafür.

Derweil, Achtung, EU, die Vierte, hat Griechenland das 34. Gesetzespalaver beschlossen, um endlich an den 19. Kredit zu kommen, wie immer so bummelige 8 Milliarden. Ein Paket, denn es hat 1500 Seiten für 400 Artikel. Das liest und versteht niemand, ihr sowieso nicht, das sind nur Papierflieger fürs Abnicken.

So, das war der ‚Frightening Thursday on Europe'. Davon steht natürlich nix auf euren Handys, euren Videospielen, Streamlinern, Wottsäppeln, Cookies & Selfies mit Kuchen und Urlaub. Allenfalls beim Kroizwortzräzel stoßt ihr bei ‚Papier mit vier Buchstaben' auf das Fremdwort „BUCH". Wegen Überschreitens des 10-Zeilen-Limits kommt sowas leider nicht in Frage. Darauf haben sich eure Abkassierer & Verführer längst eingestellt, ihr Sackgesichter!

19.1. Wir fahren ins Bankhaus zur kleinen Anlageeinweisung. Jonas muß weiter zur Kohlfahrt, Leon hat mich enterbt, weil ich im Auto blieb, statt zu gratulieren zur knappen 1 vor der Handelskammer. – Zurück, Essen herrichten, Gassi, Küche? Schmutzig!

Der ‚fake' ist uralt, wenigstens hundert Jahre – nachdem sie schon TROTZKI aus den Bildern holten, ist jetzt die Ikone des ‚Roten Oktober' als inszenierte Komparserie offenbart. Für den Sturm auf den Winterpalast wurden, drei Jahre nach dem Ereignis, zehntausend in Bewegung gesetzt unter der Regie von NIKOLAJ EVREINOV zur Musik des DMITRIJ TIOMKIN. Beide verließen kurz drauf das Land in Richtung Hollywood. – Diese ‚Forensik eines Bildes' im Dortmunder Hartware Medienkunstverein.

20.1. Ins ‚Zeus' im Nachbarort zur Nachbesprechung unserer Aktion im Kreisel, schrecklich diese Essensmengen.

Portrait GEORG BASELITZ – wieder dieses ‚urteile nie', denn es ist viel mehr da, er spricht, was hochkommt, was er hätte tun können, er wird achtzig. – Es ist Vorwurf in allem, statt bei sich zu bleiben – das Leben wird nicht stimmig durch Sortierung. – Er geht aus diesem West-Berlin nach Italien, Imperia – Eis essen auf der Straße in Florenz, unvorstellbar – er muß zurück nach Berlin, nicht zum Aushalten – zurück – aber Berlin – es sind noch zwei vor mir. – 2012, NYC, Gagosian Gallery, meat packing district 530 – bin ich noch da, lieben dich die Leute noch – ich bin grundätzlich unsicher – was ist mit den neuen Bildern. Die beiden Söhne sind Galeristen. – NY! Alle Bilder von 65 vergrößert auf vier Meter – ich habe den Faden verloren, der Plan war weg – ich arbeite sehr präzise – Salzburg 2012. In drei Tagen wird er achtzig.

21.1. Es war mir vergönnt, neben dir zu liegen, an Dir, umschlungen, als ich dein Gesicht sah, war Ende – Segi, es ist schon viertel nach acht, der Hund quietscht.

22.1. Mit meinen kleingeistigen Kocharrangements zähle ich nicht zum erwähnenswerten Bestand lokaler Kochkunst – der Nachruf des JAKOB STROBEL y SIERRA auf das Hinscheiden des PAUL BOCUSE jedoch treibt den Puls. Wie er den Lebensweg des im 92. Jahr Gegangenen herrichtet, darin dessen ‚Bande à Bocuse‘ plaziert und von seinem ‚gargantuesken Appetit‘ und den drei Frauen erzählt, mit denen er zeitgleich ‚in drei verschiedenen Haushalten zusammenlebte‘, das macht Appetit zu später Stunde. Das Leben sei, zitiert er den Koch jenseits des Rheins, ‚eine Farce, also genieße es in vollen Zügen.‘ – Und: der liebe Gott werde es sich kaum nehmen lassen, PAUL BOCUSE zu seinem Leibkoch zu ernennen. Genuß bis zur letzten Zeile.

Kampagnen-Treter ‚Oxfam‘ skandalisiert wie alljährlich alles arm bis auf 42 im Milliardenrausch. Satte Sendezeit in der Armuts-, sorry, Tagesschau, in 3sat erst!

Die konstante Unkenntnis wirtschaftlichen Zusammenhangs von Schülern wird nicht nur durch konstantes Unterlassen stabil gehalten. Die gebeutelten Eltern machen das vor, indem sie wie verrückt sparen, ohne daß was draus wird. So liegt das deutsche Median-Einkommen in dieser deutschen Weltklasse-Volkswirtschaft bei sparsamen (eben) 60 Tausend, knapp vor dem in Polen, weit hinter West- und Südeuropa. Die ‚Anlagestrategie sei konservativ‘, meint der Mann vom IfO – Quatsch! der Begriff verhöhnt doch die Leute, konservativ ist auch nix davon.

ANGELA MERKEL will EMMANUEL MACRON besuchen für einen ‚neuen Elysée-Vertrag‘, wer verlegt ihr den Weg. – Derweil setzt der Südeuropäer im Frankfurter Turm seiner Lui-Katorze-Attitude ein Blaulicht nach dem anderen auf: unter Bruch des

Kapitalschlüssels greift er den Brüdern & Schwestern Italiens und Spaniens so lange unter die Arme, bis der Pegel zurückgeht. Da er im obersten Stock präsidiert, kann ihm das Wasser nicht bis zum Hals stehen. Allen anderen schon. Der Finanzwissenschaftler sieht die ‚sichtbare Privilegierung der Schuldenstaaten – kritisch‘. – Von solchen sprachlichen Abstellgleisen ist die Berichterstattung voll, sie verkleiden eher ins Tragbare. Da sind die Latino-Kandidaten eloquenter als deutsches Abmahnen – und erfolgreicher als prozessierendes Nachgeben: Italien setzt den Aufschub schärferer Bilanzregeln durch, Frankreich seine Sonderquote bei der nationalen Einlagensicherung. – Das sind klinische Auswirkungen des moralischen Hochamts im deutschen Europa-Schwurbel. Darin gehen Interessen und ihre Artikulation und ihre Vertretung verloren, wie Schreibschrift.

26.1. Das machen Andere anders, wie der Bericht über ‚Xi-Jinping-Denken‘ zeigt. Der Neuschwurbel im Bibel-Format wird ungefragt in alle Sprachen übersetzt und allseits vorgetragen. Dem Slogan-Sprech liegt das Prinzip zugrunde: ‚je öfter und je länger etwas wiederholt wird, desto eher etabliert es sich‘, so die Expertin OHLBERG. Mir klingelts im Ohr, das kennen wir in Europa auch, gell Claudimir! Das ist fast zitiert. So stumpf sind Leute, die eine Agenda haben. Dem Anpasser bleibt das Silberfisch-Format.

Das organisierte Verbrechen redet nicht, es wäscht, so in der ‚moldauischen Waschmaschine‘. Geldwäsche ist dort zum low cost-Geschäftsmodell geworden, weiß PAUL RADU zu berichten. Er ist ‚Organized Crime Reporting-Director‘. Hinter Moldau sei die ‚aserbaidschanische Waschmaschine‘ aufgestellt, durch die Geld aus dem Iran in die Welt gehe. Rausgefunden werde wenig, wegen Datenschutz. Die Beauftragten kommen bestimmt aus Deutschland. So ist das mit Leuten, die nur Regeln, aber keine Agenda haben, die fahren sich mit Regelwerk an die Wand.

Womit wir wieder in Deutschland sind: hier macht OTMAR ISSING, vormals EZB-Volkswirt, ein vernichtendes Urteil. Er konfrontiert den klaren Plan des Franzosen mit dem deutschen ‚Wirrwarr‘, diesem Fehlen eines klaren Weges und dem Fehlen aller Zusagen, die dem Volk einst gegeben wurden. Der einzige hier mit klarem Blick ist der Ex-Straßburger, der graden Schritts in die Katastrophe des europäischen Projekts marschiert. Wer sich dieser Todessehnsucht nicht unterwirft, fliegt raus. Maddihn, du ahnst, wieviele Länder sich deinem nekrotischen Spiel entziehen werden! – Ja, und die Konservativen? Die Konturlosen tappen hinterher. Alle sind bereit, den verfassungsrechtlichen Kern parlamentarischer Souveränität zu schleifen: das Budgetrecht und damit die Entscheidung darüber, wofür und wohin das abgezweigte Volkseinkommen geht. Jeder Aufstand ist gerechtfertigt, Leute, hebt euren Arsch aus den Seifenkisten von Amazon und Google und füllt die Marktplätze. Dem Land fehlt Rückgrat. Dessen Bruch hält an.

27.1. Rechtsfreie Räume wie in westdeutschen Metropolen werde es in Cottbus nicht geben, meint der OB. Syrer mit Messer, woran der Widerstand wächst, selbstverständlich mit rechtsradikalem Kern. Der Freiburger Mörder 2016 aus dem Iran hatte bereits auf Korfu eine Frau über die Strandmauer geworfen. Die vernehmenden Beamten fragte er: was soll das alles, es war doch nur eine Frau. Er hatte die kulturelle Scheide guten Glaubens überschritten.

Wir wüten am Haus mit Kärcher, durch die Dachrinnen, Jonas steht in der neuen Wohnung wieder kurz vor dem Zerhacken der Möbel, nix paßt. Also ins Auto und ein paar Dinge zusammengebaut. Regal, Schrank, Sofa, danach absacken in die nächste Kneipe, Leon kommt um die Ecke. Zu Hause kreischt es aus dem Fernseher, ANJA PIEL schreit sich die Lunge frei, ROBERT HABECK, an sich Realist, schafft es in den Bundesvorstand, zetert sodann aber kräftig für mehr Umverteilung, doller treibens SPD und Linke auch nicht. Klingt nach linker Sammlung.

28.1. ECKART LOHSE vermißt das Raumklima der Republik, Diagnose: Führungsversagen. Und das beginnt an der Spitze. wo fast schon Verschwinden gegeben ist. Es geht durch die Parteien, durch die Apparate ohnehin, bis in die Schulen, ja in den Gottesdienst. Es ist so ein großes Ausweichen, Abstand von Entscheidung, nicht wissen, nicht können, nicht wollen. Dabei gerne feucht-fröhlich, ja quietsch-vergnügt. Bloß kein Innehalten, welches dem Wahrnehmen Raum gäbe. Und die grobe Spreizung offenbaren zwischen dem, was lokal manchen Themenführer schier aus dem Häuschen treibt und dem, was grundlegend ist für das Land, seine Aussichten, seine Aufgaben auf dem Planeten, mit Blick auf befreundetes und weiterliegendes Gestade. – Bisweilen wie die Logik des Kreises, der sich im Lauf erschöpft. Das machen Kinder, aus gutem Grund.

‚Union und SPD dürfen nicht zulassen, daß das Parlament in dieser wichtigen Frage übergangen wird‘, heißt es mit Blick auf den ESM, den die Kommission gerne an sich ziehen möchte. Als säßen die Ignoranten des Budgetrechts in der Mitte des Parlaments. – Dieses Verlierer-Spiel hat ja große Vorbilder im Europa-Zirkus, in dem irgendwann, wie Nirwana, alle sich wegducken können. JÖRG KRÄMER leuchtet das ‚MACRON-JUN-CKER-DRAGHI-Spiel‘ aus, dessen Thema ist, den Ausbruch zu verhindern, da man zu vereinbarten Regeln nicht zurückkehren will. Das sei ein ‚falsches Krisenverständnis‘, meint er. Die genannten Herren sind da anderer Meinung, denn sie kennen ihr Spiel. Das Brüssel-Regime ist ein Prozessionsmodus für die Enteignung der Nationen – über die 1000 verwobenen Mechanismen, die Fazilitäten und Ausschüßchen, newwa Genossen, wird alles versenkt in der großen Umwälzanlage. Bis zum ‚GAU‘ muß die Entkernung der Nation so weit sein, daß alle nur noch nach oben, also aufs Schwarze Loch verweisen können. Nationales Führungsversagen, besser – verweigern ist Grundlage solcher Transformation, dahinter der Gang des Jahrhunderts, fehlendes Selbstbewußtsein in der Vertretung der Nation.

So verwahrlosen die Eliten des Landes, die politischen wie in Teilen die wirtschaftlichen: Autobauer setzten Affen und Menschen vor die Dieselabgase, um Unschädlichkeit zu demonstrieren. Das ist so geschmacklos wies Rechtsradikale des Poggenburg. Solcher Erbärmlichkeit steht die einschlägige Politikerfronde in gespielter Ahnungslosigkeit zur Seite. Dem Dieselausschuß des Bundestages wurde davon berichtet, einem an solchem Versuchsauf-

bau beteiligten TU-München-Professor hing BARBARA HEN-
DRICKS das ,Große Bundesverdienstkreuz mit Stern‘ um, ab-
scheulich, bemerkte sie jetzt. – ,Die Empörung wurde jetzt nach-
gereicht‘, resümiert das Handelsblatt die Haltung der wissenden
Abgeordneten.

,Zum Plündern freigegeben‘ sind die Produzenten von Doku-
mentarfilmen unter der Regie des GEZ-Regimes, erläutert THO-
MAS FRICKEL, im Aufschrei-Format. Denn diesen Produktio-
nen von Qualität im Koch- und Tatort-Dickicht wird selten der
Aufwand erstattet, im Schnitt bringen sie Produktionskosten
mit, wie beim Banküberfall der ,EAV‘. Und jene Länder-Rund-
funk-Kommissions-Vorsitzende MALU DREYER verpackt sol-
che Knebelung als ,aufkommensneutrale Anforderung‘. Das
Monopol-Regime erwartet Arbeit ohne Entgelt, das ist beim Mo-
nopol natürlich. Beim Rechteerwerb wird – zur Verteidigung des
Monopols – nicht so gegeizt.

Der solche Nachteile kompensierende Ausweg eigener Ver-
marktung wird den Produzenten auch grade zugeschüttet: das
politische Konzert des Straßburg-Ladens plus deutscher Mi-
nisterpräsidentenkonferenz plus MALU DREYER plus expo-
nierter SPD-Abgeordneter schiebt den ,Telemedien-Auftrag‘ des
Funk-Konzerns grade neu an. Bei ,Arte 90+‘ ist das Abgreifen
dokumentarischer Produktionen schon für drei Monate nach
Sendung freigegeben. – Und zentral im Begründungsschwurbel
ist der gerne genommene, seichte Antikapitalismus. Informa-
tion müsse frei verfügbar sein, also keine Ware. Dafür langt man
dann bei der Ware Arbeitskraft schon mal verschärft hin. So be-
hält das Regime in seiner Einzigartigkeit die Zügel in der Hand,
dreist und respektlos, im gesicherten Kreislauf der Macht.

29.1. Das Saubermachen hält an, aktuell in Frankfurt: zwei ,Moh-
ren-Apotheken‘ sollen den Mohren im Namen streichen, fordert
der Ausländer-Beirat. Zur Vorbeugung weiterer Unbill solle der
öffentliche Raum nur noch mit Ziffern und Buchstaben beschil-
dert werden, empfiehlt JÜRGEN KAUBE – vielleicht unter Aus-
lassung von ,69‘, da hast du gleich die ,Ich-auch‘-Leute am Hals.

– Daß solchem Reinraum-Regime außer Scheuermitteln nichts mehr im Kopf ist bei seinem Weltbild-Skribbeln, sei doch erwähnt. Denn die Spur des Mohren führt ein Jahrtausend zurück zum Stauffer-Kaiser FRIEDRICH II., zugleich König von Sizilien. Der gab einem Mohren, einem schwarzen Herrscher, Sultan Malik al-Kamil von Ägypten einst höchste Ehre für dessen Weigerung, Weiße aus dem Abendland nur deshalb zu töten, weil sie Christen seien.

WINFRIED KRETZSCHMANN reist zum Ordensempfang nach Aachen, GREGOR GYSI ist Laudator. ‚Russenknecht der SED‘ sei er gewesen, spricht der Geehrte mit der Schellenkappe, als er den ‚Mao-Jünger im KBW‘ gab.

COCO SCHUMANN starb, 93. Auch er stand vor JOSEF MENGELE, nackt und nahm Haltung an auf die Frage nach seinem Alter hin. Der Schlächter schickte ihn nach rechts.

Aus den zahllosen gegebenen Anlässen zieht MARKUS GÜNTHER die Blutspur des Antisemitismus seit Mitte des 14. Jahrhunderts links und rechts des Rheins nach. Er war immer organisiert. Seine Hebel waren – immer – Angst, Neid und Gier, deren Ausleben freigegeben wurde: Pest und Brunnenvergiftung wurde auf eine ‚Verschwörung der Judenheit‘ zurückgeführt, in Straßburg wurden 1800 Juden bei lebendigem Leibe verbrannt, ihr Eigentum geraubt, christlichen Helfern die Haut abgezogen und der Leib geviertelt. Nürnberg holte sich bei KARL IV. die Genehmigung für einen neuen Markt. Drauf wurde das Judenviertel abgerissen, die Juden zusammengetrieben und verbrannt, ganz wie es die SS-Division ‚Das Reich‘ praktizierte. In Frankfurt verpfändete KARL IV. den jüdischen Besitz für den Fall des Todes der Eigentümer. Einen Monat später wurden alle ermordet. – Am Ende der Pestpogrome waren ‚etwa zwei Drittel aller Juden im Reich ermordet.‘

30.1. Die Folgen ihres Tuns zu bedenken, kann Menschen schlicht überfordern, auch wenn diese Anforderung in der Person der Kanzlerin von Amts wegen dramatisch höher anzusetzen ist. –

Daß also ihrem international hörbaren Aufruf ‚wir schaffen das‘ neben den fünfzehn bereits genannten Gründen, Bedenken und Einwänden ein bis dahin ungekannter ‚Zusammenprall extrem divergenter Kulturen‘ folgen werde, konnte, durfte, mußte ihr bewußt sein – muß ihr jedenfalls zugerechnet werden. Dieser Satz klingt sinnlos, er hat Bedeutung im Strafrecht und eben im Kanzlergebiet vor der Schadenspräventionsklausel. Es nicht gewußt, bedacht zu haben, entschuldet dann nicht.

Gleichwohl, beim inzwischen virulenten Familiennachzug, der die Gesamtzahl 2017 auf 300 Tausend anhob, neben dem daran haftenden reinen Mengengerüst – mal 0,35 oder mal 5? – nicht auch an Zweit- und Drittfrauen gedacht zu haben, kann kaum Teil dieses grundlegenden Vorhalts sein. Denn es ist Teil naiver Auffassung, Gutes ‚nach unseren Regeln‘ zu tun. Die Empörung wächst an der Forderung, daß Anpassung an unsere Standards nun doch wohl Grundlage zu sein habe. – Im Kreis Pinneberg wurde einem Syrer der Nachzug der Zweitfrau gestattet, ‚wegen außergewöhnlicher Härte‘, heißt es aus der SPD. – Wäre die schon näherer Befragung wert, es ist eher Fluchtargument vor der Öffentlichkeit, so greift die CSU, vollpopulistisch, wie es jetzt gerne heißt, ‚ins Clo‘ mit der Parole ‚keine Polygamie auf Kosten des Steuerzahlers‘. *Mir derfe des ja auch ned, gell!* –

Der kulturelle Zusammenprall geht nur auf Kosten des Steuerzahlers, ihr bayrischen Schlitzohren. Was die mitnehmen und was die Geflüchteten doch bitte zu Hause (sic!) lassen sollen, zu lassen haben, ist durchaus offen, wie das meiste in dieser Angelegenheit Deutschlands, dem mittels Flüchtlingsquoten und anderen Fluchtwegen nichts davon abgenommen wird.

Und daß dort, im Morgenland, die Unfertigkeit des Mannes nicht nur religiös drapiert sondern auch noch mit einem Strauß von ‚Sonderbefugnissen‘ eines ‚besonderen Gewaltverhältnisses‘ ausgestattet ist, mag den einen oder anderen Mann hier wurmen. Es als Pressemitteilung zu plazieren, ist dennoch einfach ‚uncool‘, Herr CSU.

Neue Applikationen von IBM können einen bevorstehenden Herzinfarkt anzeigen, solche von Google Brain gar den ins Haus stehenden Tod. Das ist starke Ergebnisorientierung, aber wer will das schon.

Jetzt muß es auch die Zeitung schreiben: die ,Tagesschau' sei Stimmungsmacher, ja oft Stimmungskanone. Meine Herzregulation springt Punkt acht im Dreieck. Buh-Rufe auf MR. TRUMP werden extrapoliert, das Jodelkonzert beim Krönungstreffen der Grünen gerät zum Aufruhr.

2.2. Heute im Angebot: ,Asiatische Frauen online' – SPD bei 18 %, nach Umfrage der ,Stuttgarter Zeitung' bei 12, AfD auch – 5700 Euro für jeden beim Daimler, soviel wie nie.

Deutschland in der NATO, mit gutem Willen. Es wird wohl neues Material angeschafft, aber nicht auf Einsatz hin. Die Hubschrauberflotte steht am Boden, ein Teil bildet Ersatzteillager, damit ein paar fliegen können. Die U-Bootflotte, 6, liegt komplett am Haken, weil es nie Ersatzteilbeschaffung gab. Funktionsfähige Boote werden ausgeschlachtet. Prekär seis, weil der Antriebsstrang vibriere, sodaß der Feind beim Heranpirschen durch erhebliches Knattern (Laiensphäre) frühzeitig informiert werde. Navigation und Radar seien instabil, die Batterien zu schwach, die Kommunikationsmasten ,nicht sendefähig'. Schließlich ständen die Soldaten bei der Essensausgabe ,in beißendem Qualm', weil die Abzugshaube am Herd zu klein sei (passiert kaum einem Küchenbauer). In Summe habe der Feind leichtes Spiel. – Sie tun nur so, erwecken einen Anschein, damit Ruhe ist.

Daß die U-Bootflotte auf Grund liegt, muß uns nicht stören, sagen die Landratten – es sei denn, es kennzeichnet Zustände des Landes: die Disfunktionalität seiner Operationen, die Unangemessenheit seiner Themen, ja die Absurdität seines Denkens. Je höher Sie steigen, desto mehr sehen Sie – 100 – 1000 – 5000 Meter, der Schrecken steigt mit, schlägt vielleicht um in Gelächter. Denn aus der täglichen Addition von Grenzwertigem bildet sich ein Zusammenhang, schlimmstenfalls organische Folgerichtigkeit, vor der die Datumsgrenze weichen sollte. Jetzt ist der Beobachter Teil des Problems.

Was fällt aus großer Höhe auf? Wir sind nicht allein auf diesem Planeten, auch wenn wir in fluchtartige Vermeidung gehen. – Und paß auf, Bleichgesicht, ich fange an mit euren Sonnenfinsternisgesprächen für diese Rot-Kohl-Ration, sorry Koalition. Was ist angerichtet, was wurde bisher angerichtet! – Ihr fordert das Volk, lässig genug, zur Wahl eures Angebots auf. Dafür habt ihr euch, eure Kandidaten, hübsch gemacht, kamerafein in Wort & Tritt, lauthals reisend, ‚talkend‘, voller Versprechen, voller Empörung, hier und da auch beeindruckend. Mit der Aussicht auf politische Elite. – Aber ich sage euch was, ich ziehe euren Anzug auf links, ihr Fadenscheinigen, mit meiner Folie „Geschäftsmodelle“ aus der Gesäßtasche.

Natürlich wollt auch ihr ‚mit dem Arsch an die Wand kommen‘, aber die Wand bietet keinen Halt, sie ist weich wie in ‚Rosemaries Baby‘, dahinter ist Neuland. – Beim Geschäftsmodell sag' ich zuerst Partei. Partei ist Zugriff, streng nach Gesetz meinetwegen. Ihr unterwerft euch den Apparat, baut ihn aus, das fängt bei der Bestuhlung an, über die Ministergärten, durch die Kabinettsapparate bis zurück in eure Stifungen und diesen Berg von Organisationen, die ihr Schicht um Schicht über das Land legt.

Und, gerade im Verliererpoker, treibt ihrs auf die Spitze. – Eure Suizid-SPD, von Mal zu Mal Verlierer, reißt sich und ihrem Kandidaten pro Parteitag den Arsch auf, liest ihm die Leviten, daß er, kaum noch auf den Füßen, im Hochgeschwindigkeitsmodus jede Schwingtür nimmt – bin ich schon Kanzler oder wollte ich das nie, noch drin oder schon wieder raus. Also, scheißt ihn zusammen, ob er noch ganz gerecht im Kopp ist. Und wenn er dann so ein Bullshit-Paket mit den anderen Sozen verklebt hat, dann holt ihr ihn zurück in euer Towabohu-Gehäuse und spielt mit ihm Urabstimmung. Vorher tretet ihr noch die Unterkampagne ‚Abstimmungsmitgliedschaft‘ los – als gehörte euch der Staat!

Derweil maniküren die 153 SPD-Fritzen, ja auch die Fritzinnen (dafür habt ihr auch noch Zeit), von fast 10 Millionen des Volks

für ihren Wahlschmonzes gewählt, im Zweifel für Regierungs-
bildung, die maniküren sich den Scheitel, oder was sie aufm
Kopp tragen und warten die grade eingeholte Parteimeinung ab.
Noch ganz frisch im Dachstuhl?

Dann holt euch doch so einen Mandatsschlüssel fürs Parlament,
der alle vier, besser acht Jahre aufgrund von Meinungsumfragen
angepaßt wird – oder besser, mietet gleich eure Parlamentssessel,
dann kann sich das Volk die Wahlen sparen und ihr erblindet in
den Pensionsmodus. An dem arbeitet ihr ja zuverlässig.

Verfassungswidrig nennts REINHARD MÜLLER, PAUL KIRCH-
HOF eh, schon 2013 wars das, aber nichts passiert. Weil ihr vom
gleichen Schlag seid, ihr Parlamentsbesetzer, jeder in seiner Sup-
pe rührt, in die kein anderer spuckt. – Eure Vor-, Haupt- und
Nachsondierungen mit 100er-Kommissionen und Halbjahres-
zeiten und dann diese Loseblatt-Sammlung! Was davon hat ei-
gentlich diese Energie gekostet, mir treibts den Stent ins Hirn.
Das ist organisierter Not-Aus-Modus.

Und dann die Ergebnisse, soweit bekannt – ganz vorne die Nach-
züge für Geflüchtete, 1000 pro Monat, am liebsten ohne Unter-
schied, also subsidiär, alles eingleichen, SPD wie immer. Was
hinten dran hängt, bis aus der Luftnummer ‚Integration‘ was
wird, interessiert die EVA HÖGL nicht, Millionen Wohnungen,
Zehntausende Kitaplätze, Schulen, Erzieher, Lehrer, die Sprach-
trainer arabisch-deutsch, schon mal probiert? Nichts da, ihr
Schwadroneure.

Sodann Europa-Wahn, der 50. Der Klumpfuß Euro wird zum
Vergemeinschaftungsmonster seiner Folgen. Das Ausland schun-
kelt: ‚dummes Schaf‘ sei Deutschland, findet MALCOLM
SCHAUF, Verbandschef der Volks- und Betriebswirte. Den
‚Sachverstand eines Grundschullehrers‘ habe die Kanzlerin, was
Ökonomie betrifft. Nun ja, als Kohls Mädchen paßte das aber! –
Dann die Breitseite Rentenniveau, alles für die Alten, die Jungen
sollen sparen. Überhaupt Zukunft – am Arsch die Räuber, ihr
Friedfertigen – Ausbau digitaler Netze, ihr denkt wohl an Fisch-

fang oder wie – Wagniskapital, die Start up-Vertreter zitieren nur Stillstand, ein Dutzend 5-Jahres-Pläne und schier unfaßbare Bürokratie. Ruf mal den RAMIN NIROUMAND an und frag ihn was, der fällt tot um! Der entwickelt nur noch ‚Herzschrittmacher ab 30‘ – Niveaugarantie, Alt-Mütterrenten hoch, Solidarrente für Geringverdiener, ein halbes Dutzend Freibeträge auf alles, ACHIM BERG aus der Bitkomlandschaft schüttelt sich vor dieser ‚seltsam entrückten‘ Erörterung von Einkommensambitionen, im übrigen ‚*Buzzword-Bingo*‘, schließt er seine Betrachtung.

Und die Steuern – kein Cent runter im Hochsteuer-Paradies und die Kohle mit der Akkordschaufel in die Konsumtion kippen. Eine Frechheit, die wortgleichen Forderungen der einfältigen Grünen daneben zu stellen – und die ökologische Landwirtschaft, wo ist mein *ghetto blast!*

So laboriert die blühende Landschaft an der Versorgung der Wählerklientel – feines Geschäftsmodell, aber den Neuen am rechten Rand was von Populismus erzählen, erzählt einfach eure Geschichte! Die von eurer populistischen Ignoranz der Billionenprogramme, welche die Zukunft hinreichend ins Dämmerlicht tauchen: das Euro-Korsett, die ergebnisfreie Klimawende und der Weltaufruf zum Herkommen – alles grundwälzende Großschäden für das Land, frei von substanzieller Befassung durch das Parlament. Einen umfassenderen Ruinierungsansatz verfolgen wenige Länder, na gut, Venezuela.

Da bietet sich ja ein Antrag an bei Chinas „Großem Wiederaufblühen“. Dort wird grade die ‚gemeinsame Zukunft der Menschheit‘ geplant. Das wär doch was, vielleicht einen Kiosk an der Seidenstraße aufmachen, mit Steckblumen. Wenns klamm wird, gibt's bestimmt Geld bei der Seidenstraßenbank, allerdings nicht zum Nulltarif, gell! Wenns Streß gibt, zum Beispiel Blumen geklaut, gibt's sogar ein Seidenstraßengericht, leider nur in Peking. Und dort weiß man, wo Bartel den Most holt!

<table>
<tr><td>3.2.</td><td>Unsere Kulturlosigkeit setzt sich schon wieder über allen Vorsatz hinweg – wohin heute Abend? Union im Krimi-</td></tr>
</table>

naltheater oder in die ‚Alte Molkerei‘ nach Worpswede. Dort geht's erst um halb acht los, also ab ins Land zu ‚Liebe, Lust & Lockenwickler‘. Klingt ja knattermäßig – wird aber sehr unterhaltsam, wie neulich Shakespeare hinterm Bode-Museum. Oder verstehen wir da was falsch? Dieser Markus Pickel als ‚sowas von schwul‘ trägt die krawallige Tour zu alten *motown songs*, dazu vier Frauen mit Biß. Er bringt sogar den fordenden Applaus zur Ruhe und wir rollen zufrieden zurück, ich in meiner Melancholie, denn er führte so beiläufig vor Augen, daß es vorbei ist, was alles vorbei ist und daß die Zeit vorbei ist und alles war, und nicht wieder kommt.

In der Manchester Art Gallery hängt ein Gemälde des JOHN WILLIAM WATERHOUSE. Darin stehen die Sirenen und Nymphen in einem Tümpel, unbekleidet und ziehen den Jüngling Hylas herab. Das Bild hängt die Leitung ab, um ‚dieser viktorianischen Phantasie entgegenzutreten‘. – Das Abhängen auch noch als künstlerischen Akt zu verkaufen, zeugt vom Zusammenbruch jeder Phantasie. – Es ist der bereits vielfach gegangene Weg zur ‚Entarteten Kunst‘, wie JÜRGEN KAUBE bemerkt, vielleicht noch den obskuren ‚sozialistischen Realismus‘ im Schlepp. So geht das Aufräumen durch die Welt, die Verwandlung des Menschseins in eine ‚moralische Kläranlage‘, wie es PHILIPP DEMANDT bezeichnet.

Wo der weltanschauliche Furor ‚die Massen ergreift‘, beginnt das Abschlachten durch maskierte Horden. Das trifft die Rohingya in Burma wie alles, was sich den SS-Divisionen in den Weg stellte, in gleichem Vorgehen: zusammentreiben – Männer und Frauen trennen – die Frauen vergewaltigen – mit Macheten, Messern und Stöcken zu Tode prügeln, zerstückeln, abschlachten – die Behausungen plündern und sodann niederbrennen. ‚Der Fluß war rot vor Blut‘, berichtet TILL FÄHNDERS. – Später heißt es, es war eine Antwort auf Gleiches – wieviele Segmente hat ein Ereignis!

4.2. Zurück zum Thema, also dem Land und seinen Eliten – womit wir beim nächsten Schuß in den Ofen sind. Was glaubt ihr Hir-

nis & Hornis eigentlich, wo der Begriff herkommt und was der
als Kernbestand einmal hatte! Mal abgesehen davon, daß sie es
immer in den Sand gesetzt oder schon vorher abgegeben haben.
– Mmmh, könnte den Puls senken – Quatsch, jede Zeit hat ihre
Last mit den Eliten. Nur werden die irgendwann zur Farce.

Mit ihrem Leib von kolossaler Wucht in Schönheit stellt sich
EMMA SULKOWICZ vor Arbeiten des CHUCK CLOSE, ‚to pro-
test CHUCK CLOSE at the Met (and PICASSO at MoMa)‘. – Die-
se im ‚Me Too‘-Furor stehende Frau verbreitet eine völlig andere
Botschaft, die allem zugrundeliegt! Es kann auch gar nicht an-
ders sein. Der Körper der Frau ist eine ‚ungeheure Macht‘, die
alles widerlegt, was geredet wird. Und aufgerufen wird. Aktuell
150.000.000 $.

Nu couché – Modigliani

– Da wird es Zeit, daß COURBETS ‚L'origine du Monde‘ endlich
einmal amtsärztlich und vor Gericht nach allen Regeln der arti-
gen Kunst und des sauberen Geschmacks rangenommen wird.
Die Sauerei – so wird es genannt – hing ja schon vor 150 Jahren
hinterm Vorhang und so hat es Facebook 2011 einem französi-
schen Lehrer ohne Worte aus dem Account entfernt. Mitte März
gibt's dazu ein Urteil in Paris.

> The much-anticipated Modigliani became the fourth most expensive work ever sold at auction – even if the rest of the sale felt sleepy.
> Eileen Kinsella, May 14, 2018

Zu alledem paßt, was die Schauspielerin CORINNA KIRCHHOFF im 60. Jahr äußert. Wie ein kleines Manifest kommt ihr kurzer Text am 9. Februar d.J. daher, worin sie die Demonstration des Leibes über den Protest der französischen Frauen hinaus in die Fähigkeiten des ‚Selbst' hereinholt. Von hier aus stellt sie der auch im Theaterbetrieb verbreiteten Lebensachse zwischen Missbrauch und Missachtung die Forderung nach Reifung gegenüber – damit Männer ‚uns kräftigere, ebenbürtigere Gefährten … werden'. – Jou. Schlag ins Kontor Männers. Nächste Generation.

Um Mitternacht hole ich Jonas von der Kohlfahrt ab, dazu Eindrücke aus Madagaskar.

5.2. Das Groß-Europa-Juncker-Schulz-Projekt geht *parforce*. Ganz Südost-Europa soll jetzt rein, bevor die Chinas ihre Seidenstraße da durchnageln. Noch größer aber ist die Bedeutung für die Abstimmungsmaschinerie im Schwarzen Loch: ein Land – eine Stimme, echt voll demokratisch, gell! Die Hungerleider werden mit Geld dichtgesetzt und dann stimmt die latino-balkanische Fronde ihr Geschäftsmodell durch. Ich sags, wies kommt.

Im übrigen spielt sich dort das Gleiche ab, wie in Richtung Türkei, Rumänien und Bulgarien & Consorten bereits abgefilmt: ein reißender Geldstrom gurgelt in die sklerotisch-korruptiven Staats- und Privateliten. Gedacht für eine effektivere Verwaltung, Rechtsstaatliches und Wettbewerbsresistenz und was noch an Zinnober in den Geheimschriften notiert ist, wird nichts davon angegangen und erreicht, wie akut an Serbien und seiner Umgebung festgestellt werden darf. Vom griechischen Kataster oder türkischen Ein-Mann-Festival abgesehen. – Tut nichts, auf fast 9.000.000.000 beläuft sich diese ‚Mittelausstattung', beschwurbelt als ‚Förder-, Heranführungs- und/oder Vorbereitungshilfen', die in mafiotischen Abwasserkanälen zügig abgezogen werden.

Wie aussichtslos es ist, mit Geld erwünschte Zustände zu kreieren, zeigt das beim weißen Mann beliebte Spiel der Entwicklungshilfe. Was in Europa in den Kanälen der Finsternis verschwindet, tuts auch anderswo.

THILO THIELKE hat einen Überblick vom afrikanischen Kontinent. Er beginnt ausgerechnet mit dem Sudan, unter der Scharia-Knute seit 1993, wo alles weg ist, die ganze Gegend treidelt in den Staatsbankrott, weil sie alle bis über den Scheitel verschuldet sind, also ‚hochgradig‘. – Weitere elf seien – nur, muß hier wohl ergänzt werden – ‚hochverschuldet‘, also zehn Meter weiter weg vom Kollaps. Diese Zustände wurden ‚zz‘, also ziemlich zügig erreicht, denn vor 20 Jahren wurden in drei Tranchen alle Schulden gestrichen. Geht doch, werden sich die Chefs gedacht haben und gruben neue Abzugskanäle, diesmal mehr von Privaten. – Mocambique halte einen ‚traurigen 142. Platz‘ auf der *corruption line*. Was daran traurig sein soll, erschließt sich nicht: die haben die Milliardenkredite gleich auf drei *corruption gangs* verteilt – und fort wars! 2,300.000.000 Veruntreute durch die Regierung – jahrelang die Leute belogen, IWF und so – zahlungsunfähig auf den 6. Schuldenerlaß wartend – aber aktiv im ‚Elite-Pakt‘ von Händlern und ‚Frelimo‘-Leuten, darunter ein Drogennetz, darüber ex-Staatschefe JOAQIUM CHISSANO. So geht das weiter durch den Kontinent mit Sambia, Kongo und Nigeria. Soll alles besser werden, heißt es. Alles Service fürs schlechte Gewissen, wie Immigration. Daher auch gleichermaßen konzeptlos, Hauptsache viel, gell Frau Merkel.

Da hätt’ ich doch glatt mein Lieblingsland vergessen: Angola mit Chefe EDUARDO DOS SANTOS! Also der kriegt jährlich extra Text! Der hat ja geschafft, was wenigen gelang: erst einen Probelauf in Kommenismus, reiner Plündermodus, dann Schwenk auf free wheeling, was hieß weiterplündern. Jetzt hats die ganze Familie erwischt: er mußte vom Hof, Töchterchen Isabella vom Ölfaß runter und Filomeno mußte die staatlichen Geldspeicher verlassen. Die letzte Überweisung war auch ein Schlag ins Kontor, da gingen 500 Millionen nach Europa – die sind wohl alle auch für mehr Europa – und der angolanische Staatsanwalt, auch neu besetzt, knöpft sich Valter Felipe da Silva vor, ex-Zentralbankchefe. Söhnchen von Eduardo, wird beiläufig bemerkt – das war echter Familienzusammenhalt, Leute.

Von Edes auf 20 Milliarden taxierter Privatkasse wird noch genug bleiben, gut verteilt auf die schönen Kontinente unseres Planeten. Der Nachfolger hat versprochen, an der geschätzt 70 %-Armutsquote zu arbeiten. – Ja und, wo Isabellas Name fällt, Reichste des Kontinents, ist Grace (52) nicht weit! Ihr Mann Robert mußte ja das Land zurückgeben, an wen, ist unklar. Aber es wird Schluß sein mit den regelmäßigen Paris-Touren wegen der Klunker. Jetzt wird ihr Beschaffungssystem weiter gelüftet: Chefin eines Schmugglerrings in Sachen Gold und Silber lieb' ich sehr, pardon, also noch Diamanten und Elfenbein, sei sie gewesen, Export unter Nutzung ihrer diplomatischen Immunität – ein sicher verbreiteter Vorgang. Alle Usancen halten nur auf Zeit, die Wenigsten gehen dahin, bevor es auffliegt. Isso.

Zurück ins Triviale unseres Daseins: viele haben gerechnet, jetzt ist es soweit: 10315 Tage ist das Land mauerfrei, nach 10315 mauervollen Tagen. Die Qualität im Barrikadenbau ist ungebrochen.

‚Der Staat liebt die Monopole‘, er ist seltener Hüter der Marktwirtschaft denn voller Mißtrauen gegen sie. So gab er der ‚Lufthansa‘ mal 150 Millionen, damit sie sich unter Mißbrauch neuen Insolvenzrechts den kleinen Wettbewerber ‚Air Berlin‘ unterwerfen darf. ‚Perle Niki‘, so SIMON SCHNABL, entging ihr nur wegen Verfahrensfehler. Solch staatlicher Frohsinn verträgt sich bestens mit privatem Kartell, hier als Insolvenzverwalter-Kartell. Der Kredit ist natürlich hops, echt wech. – Was solls auch, sind doch ‚pea nuts‘ gegen die zehn Milliarden, welche die Frischfarben-Europäer grade an DRAGHIS Mülltonnen-Combo adressiert haben.

HANS-OLAF HENKELS Tirade anläßlich des ‚Affenzirkus‘ bei VW: Bei VW kann man die deutsche Mitbestimmung in ihrer Perfektion und ihrer Perversion studieren – zehn Arbeitnehmer-Vertreter plus zwei SPD-Politiker gegenüber acht Vertretern des

Unternehmens – Kungelei, Korruption, Verwahrlosung der Sitten seien unvermeidliche Folgen.

NAVID KERMANIS Laudatio auf NORBERT LAMMERTS reden, wirken, Auftritt, aus Tradition, aus einer Tradition, die das ‚doppelte Erbe von Widerstand und Scham‘ als wesentliche Zähler in der geschichtlichen Rezeption nach vorne stellt. Und nur sie als substanziellen Bezug zuläßt, sofern über den Nazismus gesprochen wird. – Darunter liegt genug vom mentalen Dreck, der weit in die Geschichte zurückreicht. – Der Schuldkomplex dringt jedoch nicht durch zur Scham, er schirmt ab und verweigert das Stellungnehmen, ob er als Vorwurf oder persönliche Rechtfertigung daherkommt.

6.2. ‚Höchste Zeit für die Union, zum Arzt zu gehen‘, faßt MANFRED SCHÄFER das völlige Schweigen dieser Partei im Koalitionspapier zusammen. 30.000.000.000 Steuerzuwachs jährlich und null Entlastung für die, die das wuppen. Wer soll das sozialdemokratische Gebräu noch wählen. Dazu die fünfzig Prozent nach Brüssel Aufgesattelten, auf Zuruf von GABRIEL und SCHULZ, für ein abgewirtschaftetes Programm voll mit Sinnlosem. Seit 2005 die gleichen Themen, mit denen das politische Personal hausieren, besser bestechen geht. Dann fröhliches Durchstimmen im auf links gezogenen Parlament. ‚Eine programmatisch entkernte CDU und eine reideologisierte SPD sind zur ... Zukunftssicherung unfähig‘, so GERHARD WEGENER.

Es ist ein gnadenloses Verliererspiel, für welches die Institutionen dieses Gesellschaftssystems zur Verfügung stehen – in die Frühestrente mit dem Haufen! Auf diese 15. Sonderrentenzusage kommts auch nicht mehr an. Wer steht dagegen auf! – Oder bekommt weiterhin jedes Land die Spitze, die es verdient? Es scheint, als hätten wir schon wieder Schreckliches verdient. Ein kleingeistiges Arrangement wird geboten, so eine Art ‚Fürsorgestelle für die berechtigten sozialen Anliegen‘ gibt sich als Führung eines 80-Millionen-Volkes aus.

Des GAULANDS Feststellung trifft – den CDU-Status direkt:

substanzfrei, ausdruckslos. Wie anders ELON MUSK, der seinen Weg hat: gestern ein Dreistrahl-Ungetüm mit 60 *tons* Nutzlast hochgejagt – die Booster landen 10 Minuten später am gleichen Platz – nur sein feuerrotes Automobil donnert durch den Orbit. Gibt es konzentrierteren Unsinn? Oh diese Leichtigkeit des Seins, das Auto soll um den Mars kreisen, oder um die Sonne.

7.2.   FRANCIS BACON wird geliefert, aus NY, 326 greift der Zoll ab, Plünderer!

Abends zum Ski-Treff, der Pastor erneut ohne Ticket, ich muß ran – wenn die das aushalten.

Venezuela wertet um 100 % ab, das Land verschwindet, die Opposition auch.

Drei Schlüsselressorts an die SPD, Finanz, Außen, Justiz – die CDU versucht Wirtschaft.

Bewerten Sie bitte dieses Resultat mit Blick auf die planetare Umgebung, sprich die drei drängenden Potentaten Rußlands, Chinas und Amerikas. Was Rußland betrifft, das schwächere Riesenland: die Komödie ‚The Death of Stalin‘ scheitert dort grade am Stalinkult – welche Groteske! Die ‚subkutane Feigheit‘ verpuppte sich in der ‚neuen Spezies‘, die der paranoide Meister schuf. Der Westen begreife nicht das ‚Ausmaß der Unversöhnlichkeit‘, so VIKTOR JEROFEJEW. Seine militärischen Ausfälle ins befreundete Umland kalkuliert er präzise. – Aber dieses China ist doch auf großem Fuß unterwegs mit seinem Ausbau eines Tributsystems, wie in alter Zeit.

Welches persönliche Format ist da in der Lage, einen deutschen Standpunkt zu haben und zu verteidigen. Was bleibt außer dem organisierten Fluchtreflex nach Europa! Diesen Personalmangel räumt selbst der ZDF-Vize in seinem trotzigen Statement ein. Dem liegen Organisationen in desaströser Verfassung zugrunde, Parteien des Bundesparlaments. Sie bringen keine Inspiration hervor. Sie sind festgesetzt in einem engen Themenkanon, der das Öffentliche prägt, den das Informationssystem permanent wiederkäut, Kehrlauf meiner BIP-Formel, welche die Qualität des Bildungssystems mit jener des Informations- und schließlich Parteisystems zu verbinden behauptet. Also ‚©', capito?

Diesen Mahlstrom zu verlassen, aus dem System der Vorgaben und Vorlagen, der Bewertungen und Belohnungen auszusteigen, scheint mehr denn je ohne Chance, sie käme denn von außen – sowas wie LORD TRUMP. Das alles ist nicht unausweichlich, jedoch folgerichtig – Ergebnis großer Entscheidungen aus zwanzig Jahren. Diese sind bekannt. Zwei davon, die nächtliche Energiewende und die Masseneinwanderung, sind durch die Kanzlerin in ihren Legislaturperioden in großer Einsamkeit entschieden und mit großer Kraft verfolgt worden.

Das dritte Projekt, den Starrsinn des Eurosystems, hat jetzt PHILIP MANOW mit der Masseneinwanderung in fataler Verbindung miteinander verschränkt: das Aufreißen der Grenzen und der Appell an die Flüchtenden sei verbunden, ja erzwungen gewesen, um den Euro-Deal mit Griechenland zu sichern, also das Land von diesem Strom Flüchtender zu entlasten! So hätte diese Politik des Euro-Starrsinns, des Festhaltens überforderter Länder um jeden Preis, Deutschland und sein Volk mehrfach in den Zahlmeister-Status gebracht: über das Politbüro-Schulden-System, über das EZB-Fiskalregime und über die Einwanderungsmillionen. – Das mag die spezifische Differenz mit WOLFGANG SCHÄUBLE gewesen sein, der 2015 einen Austritt Griechenlands ansprach und damit den Kanon verließ. – Das Energiewende-Billionenspiel aus einer taktischen Laune heraus kommt obendrauf.

Vor diesem Berg auszehrender Sog-Themen führt die Auswertung des Wahlgangs 2017 in der Form des Koalitionsvertrages in eine Perspektive kumulierender weiterer Desaster. Die Themen, woran links-grün-sozialistisch runtergewählt wurde, konnte sich der größte Verlierer jetzt im substanzleeren Kanzleramt als Arbeitsprogramm ohne Gegenleistung abholen. Das ist ein GAU von Fremdschämen für das politische Personal der Republik.

Zu einigen Details: ‚Warburg von 1798‘ hat die 178 Seiten durchgenommen und erläutert sein ‚vernichtendes Ergebnis‘. Eine ‚Endlosschleife sich ständig wiederholender Aneinanderreihungen von Plattitüden, Phrasen und Allgemeinplätzen‘ trete dem geneigten Leser entgegen. – ‚Fast schon kindliche Vorstellungen von gesellschaftlichen und wirtschaftlichen Zusammenhängen‘ seien prägend. – Ich verweise auf BIP©, bei dem Schulsystem kommts eben etwas naiv daher.

Die großen Themen Einwanderung, Bildung und Europa seien ‚komplett inadäquat‘ behandelt, ausgiebigst hingegen ‚geschlechtliche Vielfalt, kranke Eltern, Förderung gefährdeter Forscher mit Migrationshintergrund, Game-Förderung‘ und weiter Peripheres. – Schlichter Realitätsverlust wird attestiert, Zukunft nur als Besitzstandswahrung thematisiert, was bei der Rentenpolitik – ‚grotesk‘ so richtig zu Tal schlage als Wählerhonorierung, jünger 40 hat schlechte Karten, jünger 30 gar keine. Forschungspolitik ‚nett und putzig‘ mit der bemühten deutsch-französischen Zusammenarbeit. Der Abstand zu den großen Wettbewerbern in plattformbasierter KI längst uneinholbar. Hier den ‚Innovationsmotor‘ zu geben, sei nur lächerlich.

Gleiches für die Industriepolitik: das Plädoyer für große Batterieproduktion scheitere schon an den weltmeisterlichen Umweltstandards, sodann an den energiewendehohen Kosten. Dazu: seichter Zeitgeist, den der nächste Technologiesprung fix überholen könne, bevor das zehnjährige Planungsverfahren für so eine Batteriehütte geschafft sei. – Von den 37 Milliarden jährlichen Verteidigungsaufwands für ‚fast nichts‘ nicht zu reden. – Zustände lassen sich verdichten – hier findet sich das Krähwinkel-System politischer Führungskompetenz auf kleinstem Raum. – Niemand würde sowas wählen! Das ist zum Glück lang hin. Pure Angst, die sowas diktiert. – Daß es im GEZ-Universum mit keinem Wort gewürdigt wird, ist sehr nachvollziehbar. Dabei könnte es glatt hektische Flecken ins blendende Aussehen der Eiferer zaubern: denn 70 % des Vertragsgewölk entstammt der SPD-Programmatik. Hat eine Maschine des KIT, Karlsruhe, in Sekunden ermittelt.

Die Reportagen atmen Verzweiflung, sprechen von ‚einer Reise in die Vergangenheit' und erinnern an den ‚Amtseid, die Interessen Deutschlands zu vertreten' unter der Überschrift ‚Die Genossen bestimmen jetzt die Wirtschaft'. – Und den letzten Posten, das Wirtschaftsministerium, wird der Kanzlerin-Adlatus PETER ALTMEIER schon als weitere Sozialstation führen – wie bisher. Das Land verkommt zur Kopie des EU-Apparates, dem freudig zugearbeitet wird. – Es riecht nach Aufstand. Da Aufständisches nicht in Sicht ist, werden andere die Drecksarbeit machen, vor oder nach dem nächsten Kollaps.

Das sind Ansichten zum Innenleben der Nation – der Planet hält noch ganz Anderes bereit, ihr Krähwinkel-Auguste!

„Wir realisieren den Traum des Generalsekretärs", erklärt der Großaktionär der Deutschen Bank und HNA-Chef – und meint seinen KP-China-Chefe. Der HNA-Schuldenberg soll so bei einer Billion dieser Yuans liegen, was Unruhe auslöst. – Das sei eine ‚Verschwörung gegen Xi Yinping', persönlich! – Wer sich solche Staatsakteure in den Eignerkreis holt, gerät selbst ins Korsett.

9.2.   Das Hörnchen kreuzt die Terrasse, die Elster hüpft hinterher – Elvis schläft.

Das doppelte Spiel des Sozialgetöses bei der ‚Befristung ohne Grund': konstant ist die staatliche Nutzung dieser Rechtsform von der gesetzlichen Wertung ausgenommen. Tausende Lehrer und 22.000 von 145.000 Regierungsbediensteten!

Im Süd-Euroraum ist das Aufatmen hörbar, nachdem PETER ALTMEIER in Finanz macht. Das Programm JCJ werde wohl nun umgesetzt. – Wie Latein-Europa freut sich FRANK BSIRSKE und setzt zum nächsten Schluck an aus den Steuertresoren: bis zu 11 % hoch geht's im Forderungspaket, 6 im Schnitt, 8,2 Milliarden in Summe, davon 6,2 für die Kommunen. Wird schon mit Horschdi S, dem Innenminister.

Meenz, wie es singt und lacht – es ist schrecklich – *wos Fähnsche wehd, die Hostess stehd* – ich könnte mitschreiben ...

Der Planetenputz ufert aus: zum Bürgermeister von Rio haben die Leute einen Evangelikalen gewählt. Der kupiert den Sambaaufzug, denn der beeinträchtige die Gottgefälligkeit – mit Sicherheit! Das gibt wieder Zirkus!

Der Monopolist pflügt durchs Land, mit der ihm eigenen Geschwindigkeit, sprich Trägheit. Daher nehmen Gemeinden die Breitbandkabelei auf eigene Kosten selbst in die Hand. Kaum sind die Gräben zugeschüttet, das Kabel in der Erde, rückt er an, der Monopoly, reißt die gleiche Spur wieder auf und plaziert sein Kabel daneben – so! – Auf Befragen tut er kund, er liebe den Wettbewerb. – Ich sags, wies is! – Bei der Bahn geht's so: der Bau eines zusätzlichen Haltepunktes auf einer Nebenstrecke bringt die Interessierten in den offenen Schreikrampf (was nicht stimmt, da eher geschluckt und somatisiert wird): die Bahnsteighöhe liegt planmäßig 30 bis 40 cm über der an den übrigen Haltepunkten, Ein- und Ausstieg gelänge nur Bergerfahrenen. Befragt, verweist der Verantwortliche auf ‚bestehende Regelungen‘. Auch hier bietet sich Flucht in den nächsten Abgrund an.

10.2. Das ist wie schlechte Begleitmusik zum Zustand des Landes. Der illuminierte Vorhang moralischen Großsprechs ist aufgezogen, sichtbar werden die Strippenzieher – in erbärmlicher Orientierungslosigkeit. Eine zerzauste Kanzlerin mit durchschweifender Entourage, vor der sich der zweite Verlierer im hellen Licht medialer Begleitung zerlegt. – Der politische Zwerg Deutschland verliert alle Façon.

Selbst Mainz startet darüber den großen Abend eher seicht, keiner möchte den Kollaps der politischen Mitte anpacken, also wird etwas dümmlich am rechten Rand rumgetöpfert, später geht's. Als der fünfte Auftritt mit der Äußerung vorstößt: ‚der hat nur noch Licht im Kühlschrank‘, geht's mir wieder besser vor der Größe solcher Zustandsbeschreibung. Aber das auf die Notbeleuchtung im Kanzleramt auszudehnen, bräuchts dann schon noch mehr. Und Leichenfledderei ist nicht statthaft, gell!

Wie kann man so einen zum Kanzlerkandidaten machen, keine

Frau kann den wählen, bemerkt Marion. Dann lieber den GAB-RIEL, der seine Tochter noch mit reinzieht, um sich an SCHULZ zu rächen.

ULRICH ALEXANDER BOSCHWITZ, ‚Der Reisende‘ von 1939: ‚Mir ist der Krieg erklärt worden, mir persönlich‘.

11.2. Die Kanzlerin im Interview, resistent. Die CDU sei im Verschwinden, käme es aus dem Inneren. Dann wäre das Volk seiner beiden ‚Volksparteien‘ verlustig. Und wieder diese Alternative: neues Volk wählen oder was? Was kann ein Volk dann tun – sich eine Regierung wählen aus dem, was übrig ist? Vielleicht der einfachere Weg.

HELMUT LETHENS ‚Staatsräte‘ waren Vier des von HERMANN GÖRING 1933 neu inthronisierten Staatsrates, Teil der ‚Blenderarchitektur des Dritten Reichs‘. Wie der ‚Tag von Potsdam‘, Jochen war 13 und begeistert. Die 200-jährige Versammlung der Staatsräte mit KONRAD ADENAUER als letztem Vorsitzenden wurde des Saales verwiesen und durch SA-Führer, Reichsführer SS und Gauleiter ersetzt, einschließlich CARL SCHMITT, WILHELM FURTWÄNGLER, GUSTAF GRÜNDGENS und FERDINAND SAUERBRUCH. Auf die Frage, was diese vier verbinde, kommt ein Zitat NIETZSCHES: ‚Die deutsche Bildung ist ein Handbuch der Innerlichkeit für äußere Barbaren‘. – Damit erklärte sich dem Autor etwas an diesen Staatsräten.

RAY KURZWEIL wird 70. Das Weltbild des Technischen Direktors bei Google von Mensch und Maschine benötigt keine Belehrung, keinen Einwand. Vor achtzehn Jahren las ich seinen ‚Homo@Sapiens‘, nicht ohne Ehrfurcht.

Was ist die Hälfte von 7. Halbsieben, war eine Antwort in einer Abiturklasse.

12.2. Um 6 Uhr zur Fähre, weiter nach Bad Zwischenahn mit dem Co-Trainer zu L.earn 2 und elegant durch den Tag. Feine Speisen, die Trainer ziehen sich frühzeitig zurück, abends! Ich muß noch die Faßnachtssitzung gucken: zwei bucklige alte Weiber, beide mit Handtasch', ziehen sich die Treppe hoch – wieder runter, betatschen den Kameramann und kriechen wieder die Treppe hoch, kreischend, zeternd, lachend, nein gackernd. Mir laufen die Tränen, isso.

> Zweiter Tag, ich muß früher weg, um 15 Uhr zur Fähre, zu Hause Fahrerwechsel, die Freunde abgeholt und nach Hamburg! Marion hatte eine Geschenkidee zum allseits 60. Geburtstag. So kamen vier Karten für HELGE SCHNEIDER ins Haus, knapp vierhundert wurden fällig. – Nun, das sollte für feinen Platz so knapp am Bühnenrand reichen, denken wir, so ein face to face-Ereignis werden. In der Post waren jedoch Karten zu 26, also so für hundert. Die übrigen dreihundert wurden zu ‚windfall profits‘. – Je nun, wir nehmen die Garage im Madison Hotel und wandern zur Neuen Philharmonie. Im gewaltigen Rund finden 2100 Platz, für 26 allerdings nicht im Angesicht des Künstlers. Wir klettern über großzügige Treppen auf Ebene 16 des Prachtbaus, wobei es zu grundstürzenden Dialogen kommt – geht's – muß ja – und selbst – läuft. Langen Aufstiegs Ergebnis: für 26 gibt's nur den Blick auf die Platte. Wir sehen die Artisten vertikal, wie aus dem Satelliten, direkt vor der riesigen Orgel, hoffentlich macht die nicht mit. – Der Meister ist dermaßen irre, daß es Substanz gewinnt, dazu sein behendes Klavierspiel. – Kurz vor Mitternacht gehts flott zurück.

14.2. DURS GRÜNBEIN hat die ‚Marmorklippen‘ des ERNST JÜNGER voller Aversion gelesen – und das Büchlein mir gespenstisch nahe gebracht, also die realen und wohl in Bezug genommenen Landschaften dahinter beleuchtet. Neben TOLKINS ‚Hobbit‘ von 1937 gestellt, weist es in die ‚Literatur der Männerbünde‘. ‚Dem Jünger geschieht nichts‘, soll ADOLF HITLER den Verfolgern GOEBBELS und HIMMLER entgegengesetzt haben. – GRÜNBEINS dictum tritt ein Leser entgegen, frei von der Wagenbach-Aversion.

In Hamburg tagen die ‚Transmediale‘ und ‚Rolex‘. Die kann man wenigstens anfassen, das Transitgetöse in den ‚Diskursmassage-

polstersesseln', so KOLJA REICHELT, zelebriert die gleiche Ori-
entierungs-, ja Fassungslosigkeit, in der das Politische dieses
Fleckens sich grade aufgibt. Also ,Rolex' hat die Staatsoper ge-
mietet und legt seine Uhren auf der Bühne aus. Das ist für sich,
bei aller Konkretheit, unfaßbar. Aber Uhr bleibt immer noch
Uhr, im Unterschied zum windigen Treiben im Haus der Kul-
turen, wo der Gast weht, frei von Orientierung, ohne Anker.
Dem Zustand geht selbst das ,o' verloren – mir wohl noch mehr.

> Als wir vom Chor zurück sind: der schönste Höhenflug
> der ALJONA SARCHENKO und des BRUNO MASSOT –
> Die schönste Geschichte von Mann und Frau, die größte
> Anmut, voller feiner Erotik, alles für 160 Punkte, diese
> ,Terre vue du ciel'.

BASQUIAT in der Schirn, ungeheuerlich. Seine Überfülle, 1000
in 10 Jahren, brach nach 27 Jahren ab infolge Überdosis, das
Muster zahlreicher Musiker.

16.2. Der Bürgermeister im Interview: ,In Bremen wählt man bre-
misch'. Das ist entwaffnend – und faßt den Zustand treffend zu-
sammen.

BARBARA SCHÖNEBERGER im Quiz – unerträglich.

Vor der Dokumentation zur Kapitulation:
„Unseren Himmler", nannte STALIN seinen obersten Verfolger
BERIJA – sieben Tonnen Frauenhaar – SS-Depot mit Schmuck,
Trauringen, Tonnen von Raubgold, geraubter Kunst – Volkssturm
ab 14 – gewalttätig, unerschrocken, grausam – elf Millionen in
Gefangenschaft – 150000 Tote in der Schlacht um Berlin – 11 +
15 Millionen auf sowjetischer Seite – SHUKOV in der Reichs-
kanzlei – darunter ADOLF HITLER, EVA BRAUN und Familie
GOEBBELS, vier Kinder und die Eltern – Schilderwechsel.

ALFRED JODL in Reims nach der Unterzeichnung der Kapitula-
tion: kein Volk habe in den fünf Jahren mehr geleistet und mehr
gelitten – Appell an die Großmut der Sieger – ,welche Frechheit',

entfährt es EISENHOWER – 45000 Franzosen starben wegen
Kollaboration – ein Massaker.

WILHELM KEITEL in Karlshorst, die Delegation – Träger des
Goldenen Parteiabzeichens wegen seiner bedingungslosen Ge-
folgschaft – KEITEL tritt ein und salutiert theatralisch – niemand
reagiert – um 0.45 unterzeichnet KEITEL, 18 Monate später wird
er als einer der ‚Hauptkriegsverbrecher‘ gehenkt.

Buchenwald wird als Speziallager Nr. 2 wieder in Betrieb ge-
nommen – in der Folge 43000 Tote – ein Drittel der repatriier-
ten russischen Kriegsgefangenen werden in den Gulag depor-
tiert.

Vor der Eröffnung des Weltkriegs ging es zwischen den Dikta-
turen so: sie teilen Polen auf – die polnische Armee kapituliert
vor den deutschen und den sowjetischen Truppen – sodann läßt
STALIN 20000 Inhaftierte umbringen – er möchte die Elite aus-
löschen und das östliche Polen annektieren – Hitler löscht eben-
falls die polnische Elite aus, annektiert das westliche Polen und
beginnt den Judenmord – 100000 Sinti und Roma werden in die
KL deportiert und umgebracht, insgesamt 3 Millionen Polen –
als der Krieg verloren geht, entfesseln HITLER und seine Devo-
ten eine Orgie der Vernichtung – jede polnische Stadt hat ein
Ghetto, wo es beginnt.

8.11.1939: HITLER entkommt einem Attentat, vorbereitet vom
Widerstand bis in die Generalität – Rückzug auf den Obersalz-
berg und Planung der ‚Germania‘, Umbenennung und Umbau
der Hauptstadt. ALBERT SPEER zeichnet das Innere des Dik-
tators aus.

17.2. Der neue Mieter lädt uns ein, es gibt sehr geschmackvolles
türkisches Essen, zum Tee! – Wir fahren in die Wohnung,
beide Seiten zufrieden, eine Portion wird uns für Jonas
mitgegeben, leider kommt Leon vorher vorbei.

18.2. SONNTAG. Gleißende Sonne bei -3 Grad. Der Rasen ist weiß und ich habe den Pipi-Langstrumpf-Song beim Frühstück im Ohr. Dabei tue ich der Figur Unrecht, wenn ich Leuten mit Wahlrecht ein Pippi-Langstrumpf-Weltbild vorhalte. Denn die steht für kindliches Selbstbewußtsein und den Impuls zu tun.

19.2. 6 Uhr – Fähre – Uwe – Bad Zwischenahn, L.earn Compact mit den Dualen Studenten. Ich vergesse den Laptop – und das ist gut, wir führen die Frustrierten über reichhaltige Themen und Bilder in große Freude. Der Vorabend mit Daniel (GB) vom *staff* ging ohne Vorfälle durch. – Das e-maze-Spiel am Folgetag hat einzigartige Aufführung. Die Gruppe mit vier Frauen ist in Minuten vor dem Feld und nach drei Wechseln – machen die den Weg und ziehen alle nach – ohne Unterbrechung, also ‚am Ball‘ – wir sind platt – 20 Minuten Bestzeit seit 2012! – ‚Es geht auch ohne Männer‘, murmelt eine, ich gleich hinterher vor dem nächsten Satz ‚es geht ohne Männer besser‘ – wie beim Aktienkauf. Jedenfalls machen sie aus 1 Mio, abzüglich 200000 wegen Mine rückwärts, plus 2,5 (Zeit) insgesamt 3,3 Mio. – Also in echt kaum auszudenken! – Dafür macht Thomas Müller und sein Haufen ein 5 zu 0 gegen Besiktas Istanbul. Da spurt der Testosteronspiegel, beim Aktienkauf soll er eher im Wege stehen, heißt es. Vorteil Mädels.

21.2. Herrn SCHWEIGER wurde ein Hüftgelenk eingesetzt. Das teilt er auf Facebook mit, den Status seiner Rekonvaleszenz ebenfalls. Berichtet die Zeitung.

Bei der Bundeswehr fehlts an Zelten und Westen, Einsätze seien gefährdet. – Herrschaften, es gibt den CVJM, zahllose Wandervereine und Verkaufsgeschäfte für gebrauchte Bundeswehr-Artikel, einfach mal zusammenlegen und im Schnäppchenmodus auf Beschaffung gehen. Das im Bereich ‚Schwere Technik‘ übliche Ringtauschverfahren zur Ersatzteilbeschaffung funktioniert doch auch – Wir bestellen 6 U-Boote, drei als Ersatzteillager, dergestalt: mein U-Boot ist kaputt, brauchst Du Dein Periskop grade? Falls wirs zurück schaffen, kriegst Du's wieder! – Wenn ihr Bundeswehr nicht wollt, dann sagt es doch endlich, ihr Polit-Schisser. Frau Ministerin strahlt unverdrossen zuversichtlich. Beim rollenden und fliegenden Material klappts ja auch, soviel Gerät auszuschlachten, daß eins fliegt. Neulich wurde gar ein A 400 beim Start beobachtet. Von den Leos, unseren Leos, jawohl, sollen glatt ein Dutzend der 84 fahrbereit sein. Strategie: einfach 1000 Attrappen dazu stellen, dann kann der Russe knobeln, wo die 12 intakten Kettenwerke stehen. Beim NVA 90 drehen 13 von 37 Rotoren, Folge ‚eines kaum handhabbaren Inspektionssystems‘, also des Abstimmungsbedarfs zwischen fünf Vertragsstaaten, drei Herstellerfirmen und noch fünf Staaten. Die Frage ‚Sind die Russen schon im Keller!‘ ist damit beantwortet, sie sitzen in den obersten Etagen. Sowas kann sich kein Beschaffungsamt ausdenken!

So ist das Land in seinem Balsam, unter seinen moralischen Sprühanlagen und Sprinklerautomaten, welche die Wonnekissen Hakle-Feucht halten. Unermeßlich reich, doch was es damit macht, wissen nicht einmal die Götter. Es salbt die Wähler, ihr Blindgänger im Himmel! – Weniges funktioniert auf dem Niveau der Geldeintreibung. Auf der Depressivskala stehen hingegen die Bausteine weltlichen Wohlstands auf ruinösem Niveau, so Infrastruktur, das Lern- und Bildungsmilieu. Das Flechtwerk der inneren Sicherheit gleicht jener anorganischen Materie des Steuerrechts, diesem weltweit anerkannt sicheren Weg zur Ruinierung des gesunden Menschenverstandes – aber Garant maximaler Abschöpfung. Die äußere Sicherheit garantieren seit der Niederschlagung des Landsturms überwiegend Andere. Läßt der Druck nach, droht schnell ein Ausfall ins naheliegende Ausland.

Kommen die Garanten in Rufweite, müssen sie sich statt des zugesagten Beitrags zum gut möblierten Verteidigungswesen – zwei Prozent – sogleich Belehrungen anhören. Hält doch unsere Waffendame dem Waffenpartner ungebeten einen geharnischten Vortrag über Entwicklungshilfe – und zwar auf der Sicherheitskonferenz. Sie verfehlte selbst im Konferenzsaal ihren Job. Das hätte sie besser dem Papst überlassen, der versteht auch nix von E-Hilfe – alles nur Balsam für die Seele des weißen Mannes, Loide. Dazu demnächst wie neulich.

Die Ministerin hat nicht nur am Funktionswert Null hiesiger Waffensysteme wenig geändert, seit sie Veränderung mit Wucht intonierte. Mit moralischem Vorhalt, dieser Philharmonie von Peinlichkeiten, schuhriegelt sie den Eingeladenen, der auch in Entwicklungshilfe den mehrfachen Betrag auswirft.

Also nochmal, wo bleibt der Reichtum, der den Privaten abgezweigte. – Hier meine akuten Wahrnehmungen: er dient auf zweierlei Wegen den schon Balsamierten! Einmal zum Ausbau der parlamentarischen Hängeböden mit ihren Tausenden Zweigstellen, den parlamentarischen Zweigstellen, Gesellschaften und Stiftungen, den halbstaatlichen, d. h. ins Halbseidene verwobenen Instituten, Institutionen und Insterbergen und -burgen und -bananen. – Sodann dient er der direkten körperlichen Hygiene, jenem System von Handsalben, deren Pflege abseits des Rampenlichts erfolgt, weil sie das Publikum jährlich in Wallung brächte, jene jedenfalls, die noch wahrnehmen. Gemeint ist schlicht das Einkommen, welches beschlossen und zugeteilt wird. – Natürlich werden auch die Wähler gepflegt, in Teilen über jede Gebühr, zum Teil einfach aus öffentlicher Eigenliebe, wie es dem Menschen eigen ist.

Dennoch verliert all das an Wirkung, Jahr für Jahr. Ja, der Gang ins Drama wird angezeigt. – Der Voodoogänger aus Haiti sollte einen Blick von seinem Turm der Empfindungen auf diese Schwergängigkeit werfen. Vielleicht wiederholt er nur sein Votum: es gibt zu viele Teufel im Land. Winken Sie nicht ab, sie aufgeklärter Illusionist, der Teufel trägt das nationale Caré, häufiger das kleine Karo – oder: ihm entgeht nichts!

Einer dieser Zehntausend könnte sich doch im gekachelten Waschraum, weiß, und im langen, dunklen Dragonermantel einfach diese Frage stellen: was eigentlich mache ich da draußen, Tag für Tag – sodann sich in den Staub, in den Schlamm knien und versuchen, seinen Namen auf die weißen Kacheln zu schmieren, einfach so – um diesem ‚Ecce Homo‘ für einen Moment näher zu kommen – und das aushalten, ohne sich zu spiegeln, die Kacheln sind stumpf. Wie Saul. Ganz ohne Tragik. Denn er ist kein König, sondern einer von Zehntausend.

ULRICH PLEITGEN ist tot, 71.

Drei Viertel Befragter beurteilen die finanzielle Verfassung des Staates als gut bis prima. Wer stellt solche obszönen Fragen! – Die daraus folgende Anschlußfrage bleibt weg.

22.2. Das nationale Rundum-Sorglos-Arrangement mit seinen Zentralen Ökologismus und Sozialismus, Verzeihung, Soziales, baut seine Arbeitsflächen aus. Der VZBV, Obacht, ‚Verbraucherzentrale Bundesverband‘, beansprucht restefreie Zuständigkeit fürs Volk. Dieses sieht er, jedenfalls auf dem Gebiet der Subsistenzbeschaffung, vulgo: beim Einkauf, in demenznaher Verfassung, in heilloser Verwirrung durch Stadt – Land – Fluß treibend, treidelnd, stolpernd. Einem gnadenlosen System tückischen, ja heimtückischen Angebots ausgeliefert. Auf der Zielgeraden eines harmlosen Einkaufsbummels bieten die Parteien von allerlei Fixgeschäft, Ketten- und Ratenvertrag aus Sicht dieses Geschäftsmodells erbärmliche Himmel und Hölle: hier der profitlich Scheine zählende Sieger, dort der ratlose, geplünderte um Hilfe Winselnde, in gürtelfreier Hose ohne Hemd (Vgl. ‚Mickey Maus‘, Heft 793, 1954).

Das Volk also in Not, da geht der Bundesverband aufs Ganze und zimmert ein ‚Verbraucherleitbild‘, er nennt es so!, kategorisiert von Volltrottel bis irregeleitet, was ja kein großer Abstand ist. In dieses Leitbild wird das Volk versenkt und sodann ein Katarakt von Sozialem losgetreten, als Dauerfeuer nach Berlin, als Voll-Beratung bis in Vorgaben zur Haushaltsführung. Solch Kümmerliches ist mit zwei Dritteln des Hohen Hauses kompatibel, Gewerkschaften und Kirchen werden es unter dem Hobel Gerechtigkeit als Parallelfahrt begrüßen und ihren USP schärfen müssen. Wer zum Teufel kümmert sich eigentlich nicht um Vollversorgung. In der Vollwäsche aus Sozialpolitik und Umwelt verschwindet der Kern von Verbraucherrat, so JAN SCHELLENBACH, in abweichender Formulierung.

Das Komplement markiert die ‚Deutsche Bundesstiftung Umwelt‘ mit ihren flächendeckenden Ansagen, wie Umwelt korrekt geht. Die milliardenschwere Stiftung ist die zweite Wand, vor die du läufst, wenn Du abdrehen willst. Wie der Bodenstaubsauger, der sich die Fläche zum Saubermachen sucht.

Ein Organigramm könnte die nationale Fläche aufreißen, die unterhalb dieser stiftungsfeinen Bergspitze auf 350.000 Quadratkilometern den Umweltschutz feiert, gell Herr RESCH. Auf die Spitze dieses Brüssel-gleichen Flechtwerks hat sich jetzt ein Mann mit Geschmäckle hieven lassen. Nach JAN EUMANN kommt ALEXANDER BONDE auf ‚einen lukrativen Posten'. Die Umwelt, also Land und Leute, ist erleichtert – es kuratiert eine Staatssekretärin mit Doppelnamen aus der Berliner Umluft – alle Parteien aus dem Kreis der ‚üblichen Verdächtigen' sind hier am Werkeln. Das Dumme ist nur: er hat keinen Hochschulabschluß – JAN EUMANN trällert die Pan-Flöte!! (Vgl. Bd. 9 „2017 – Das Glas ist voll", S. 327 ff.)

Nun, sowas brauchts für so einen Naturjob wohl auch nicht, allein, diese Sitz & Guck-Jobs sind typischerweise dermaßen überdotiert, daß man son bißchen Hochschule schon gern hätte, gell! – Daher heißt es jetzt erneut: alles gut absichern, bei Fehlerhäufung kann das politische Geschäft solcher Einsetzungen ruchbar werden – was die Regel ist, ihr Flachswillis! Tröstlich ist gleichwohl, so die Stiftungsexpertise BIRGIT WEITEMEYER, daß diese Läden ‚nach wie vor völlig intransparent' sind – und ein ‚beliebtes Vehikel' staatlicherseits, ‚einen Nebenhaushalt zu schaffen und Leute unterzubringen'. Wer also füttert diese Org-Monster quer durch die Republik? Ei diese genannten Parteien mit ihren köstlichen Stiftungen, also reihenweise Experten vom Dienst. Pures ‚PEP'©. Fehlt nur noch der Blick auf die staatliche Grundförderung.

Bei der Gelegenheit: das parteiliche Stiftungsvermögen hat ordentliches Wachstum, in 12 Jahren um 83 % auf akut 581 Millionen, nicht ohne Belastung des Korruptionsindexes, der für das Land Platz 12 verzeichnet, zwei Positionen abgerutscht. Macht ja nix, woanders isses schlimmer-, es gibt 150 Einheiten, wo es doller zugeht. – Gleichwohl: geht das Großspendenvolumen zurück, holt man sich die gebotenen Mittel an den Berliner Quellen. –

Und noch dies: ACHIM VON ARNIMS Titel ‚Verfassungsbruch‘ zu diesen Gewohnheiten steht im Regal. Es kann das süße Leben nicht hindern und schimmelt vor sich hin.

Wo wir schon bei Stiftungs-Chefe und dieser ‚Corruptio Germania Speziale‘ sind, bietet sich glatt ein Blick auf die Flurschaden-Exekutive an, zu deren Glücksrittern ja das Prozessier-Panoptikum von olle RESCH zählt, eine von 80 abmahnberechtigten Organisationen, geil, was? Die Zahl war mir wichtig. – Wie ‚oll‘ geht gar nicht? Der Mann fährt doch auch schon auf Sicht!

Zurück zum Schwarzen Loch, welches mit seinen verantwortungsfreien Beschlüssen maßgebender Treiber dieser Folgeschäden ist. Das funktioniert so: hierzulande führt der extatische Umweltauftrieb zu entsprechendem parlamentarischen Getöse. Am Kabinettstisch wird die gleichfalls umweltumtoste Kanzlerin nachhaltig beauftragt, mal so richtig stickoxid-, Zeh-Oh-Zwei- und überhaupt partikelfreien Dampf in Brüssel zu machen. Dort ist Deutschland ja als heillos Sauberland verschrien – auch wenn die Regulatorik null Ergebnis hat – und setzt den galaktischen Maßstab in die nächstbeste Richtlinie. Die wird erlassen, die Brüssels sind das Zeug los und sonnen sich im Lobesam. Hier nun der EU-Trick: die Richtlinie schlägt – wie immer als Kiloware – im Bundestag auf, mit Fristsetzung. Je nach Stimmung wird sie von einigen Gralshütern eines polierten Planeten noch verschärft, es kann nicht sauber genug sein, ein republikanischer Putztag müßte her, also was Leitkulturmäßiges – und schon steht die Hecke!

Von wegen! Die Kommunen können sich mit dem Schrillkram jetzt rumschlagen – und das ist die Stunde des Hexers! Alles selffulfilling, merkt ihrs? – DR. RESCH setzt sein Prozessiergesicht auf, wie JACK NICHOLSON seine Maske, tritt die Abmahnkampagne los und treibt die Auserwählten, also die Dreckigsten der Republik durch den Instanzenzug. Alle, die das angerichtet haben, arbeiten angesichts katalytischer Ausweglosigkeit schon im R&S-Modus: Schlappes hat den Hut verloren, A bis Z hat ihn, nur ich nicht.

LUKAS WEBER erzählt die Geschichte von hochgerechneten Messungen am Auspuff, von weggelassenen Abständen in der 39. (!) Bundesimmissionsschutzverordnung, vergessen Sie das Atmen nicht!, und dem Kampagnenwechseln von CO_2 über Feinstaub zum Stickoxi'. – ‚Wie giftig die … sind, weiß kein Mensch‘, fasst er das Gewusel von Messungen zusammen. Die EU ist eben ein idealer Kampagnengenerator! Wie die Trickser im Netz, Dreckspack. – Isso.

DORIS DÖRRIE über das Klima der Angst am Set, über ‚zynische Wichtigtuer oder verängstigte Duckmäuser‘, meist männlicher Mißbrauch edler Flächen.

‚In jedem Handy stecken Menschenrechtsverbrechen‘, erklärt Amnesty International auf der Wandtafel zwischen zwei S-Bahn-einfahrten. – Das kann den gemeinen Reisenden nur überfordern, sattelt aber das schlechte Gewissen auf, schlußendlich die Frage: warum gibt's mich eigentlich, mich und mein Handy!

23.2. Noch einmal buchstabiert HANS-WERNER SINN die Brexit-Agenda durch, worin ANGELA MERKEL einen bedeutenden Auftritt hat, angefangen bei den Exit Polls, welche das Migrationsthema prägte. Weiter über den Verlust der Blockademacht von 35 % im Ministerrat, damit der Verstetigung der latein-europäischen Mehrheiten und der Sistierung der ‚holländischen Krankheit‘ daselbst – nachgucken! kein Bock, das auch noch zu erklären. Weiter gegen die ökonomische Dummheit des ‚Rosinenpickens‘ bei den Austrittsverhandlungen – motiviert von der Bestrafungs- und Erpressungsmechanik des Regimes. Abschließend sein Vorschlag eines ‚Exit from Brexit‘. – Sowas macht die Kanzlerin aber nicht, dafür fehlt es an allem. So geht auch dieses Votum ins Archiv.

Derweil trotten die Funktionäre durchs tiefe Gras. Ötti, auch son Funktionseuropäer, schreibt die Brexit-Kosten von einst 6 auf 14 hoch, damit anständig was rüberwächst. Schließlich will der 160.000.000.000 – Silo für Agrar & Struktur stabil und befüllt bleiben, die Etats für den übrigen Unsinn dito, ja! Belege für Effekte stehen aus, notiert HENDRIK KAFSACK.

Aber die Märchen-Museen in Kassel fördern, und Hörspielkirchen in Meck-Pomm. – Kein Pieps dazu, wohl mangels Zuständigkeit, wenn wir was wollen, kaufen wir uns das, oder kaufen uns frei. So sind wir, so handelt die Phalanx von Mikadostäbchen in Sexy Berlin. – Immerhin, einige machen den Scheine-Zirkus nicht mit: ‚kein Cent mehr‘, lassen Holland und Österreich verlauten.

Und der Dragonaut im Euroturm schweigt, derweil amerikanische Ermittler gegen korrupte Allianzen von Notenbanken in Lettland und am Mittelmeer unterwegs sind.

THOMAS MAYER an der Euro-Südost-Flanke, das griechische Budget-Defizit bei akut 15,4 % – der Statistikchef auf der Flucht. Er habe das schöne, mit EU-Scheinen ausgelegte Nest beschmutzt, deklarieren die peinlich Bloßgestellten. Die Fälscher und Mitwisser bis ins hohe Brüsseler Geflecht hingegen bei bester Gesundheit, ja frei von Beschwer in ihrer Schwarm-Inkompetenz.

Dement in Thailand – die Wahrnehmung verliert sich, die Erinnerung versunken, der Gesichtsausdruck ernst oder animiert lachend. Junge Thailänderinnen betreuen alte Deutsche und andere Europäer. Wo das Leben zum Ende kommt, ist sowohl eine Frage des Geldes als auch von Zu- oder Abneigung, also von Fürsorge oder Abschiebung.

In Rumänien ist die Situation nach dem Februar 2017 unverändert. Die Regierungsspitze repräsentiert das organisierte Verbrechen – Präsident JOHANNIS und das Komitee gegen Korruption halten dagegen – der Finanzminister im Knast wegen ‚K&G‘ (merken), Korruption und Geldwäsche – die Gangster beklagen wiederkehrende Verfolgung und das damit verbundene ‚schlechte feeling‘ (EAV) – Parlaments- und Partei-Chefe DRAGNEA soll 20 Millionen aus dem EU-Kessel Buntes (früher Ostzone) ins Paralleluniversum abgezweigt haben – die Chefs der zwei privaten Fernsehsender sind auf der Flucht bzw. frisch aus dem Knast. – Änderungen im Strafrecht, also StPO und StGB sollen für mehr Ruhe im Geschäft sorgen. – Das war der Überblick.

SPD bei 16 Prozent.

NRW stabil, Essen 5000, Duisburg 2800, die kurdisch-türkisch-arabischstämmigen Großfamilien an der Arbeit, ‚quer durchs ganze Strafgesetzbuch‘, verlautet es amtsseits. Was einen Clan ausmacht, sei unklar. Beim ‚Verbraucher‘ ist das anders, ist ja auch ein Geschäftsmodell. Das Bode-Gold soll auch in der Clan-Schmelze verschwunden sein, um die sich zehn Großfamilien zu gesamt 1000 wärmen.

Die Aussichten georgischer Asylsuchender gehen gegen Null. Das ist bekannt und auch nicht der Grund für den weiten Weg. Es geht um Aufenthalt für Beschaffung. Der Presidente bat jetzt die Landsleute um Mäßigung, weil die Aufhebung der Visumfreiheit droht. Dafür setzt sich der sogenannte Integrationsminister von NRW ein, weil er der kriminellen Energien nicht Herr wird.

So wie Wählerstimmen haben auch Staaten einen Preis, sind mithin käuflich. JEAN CLAUDE legt eine ‚Beitragsfazilität‘ – ich kenn‘ mich aus im Jargon – und fordert Bulgarien heraus, also den ‚GAU‘. Parallelen zum Griechenland-Komplott drängen sich auf. Wirtschaftliche Rückständigkeit, das ‚mit Abstand ärmste Land Europas‘, sowie der maximale Korruptionsindex, Motto: geht's noch?, werden einen regen Grenzverkehr lostreten, Rumänien ist akute Blaupause: Geld rein – und weg isses, Filetstücke raus und lecker, Bevölkerung: am Arsch die Räuber! Echte Entwicklungsarbeit, Leute! – Wann sucht JCJ endlich das Weite im Pensionären.

Kommissionspräsident Jean-Claude Juncker

JCJ bei der Statusansage

CEM ÖZDEMIR geht ans Pult mit einer Breitseite ‚Deutschland‘, ohne den Anlaß der Stunde, Äußerungen des freigekauften DENIZ YÜZEL, zu verteidigen. Das ist Ansage und Kultur von Debatte, gefolgt von einem CDU-Auftritt, der noch mehr ins Kenntnisreiche und das ‚parlamentarische Besteck‘ ging. Da leuchtet Substanz auf, jenseits des ‚pro domo‘-Haudegen-Schwurbels.

24.2. Eine Kiste mit Bildern unserer fast dreißig Jahre kommt auf den Tisch, wir müssen jedoch rüber zum Singen für den Alten-Kaffee. – Das wird echt schön! Wieder zurück, kommt der Anruf der Nachbarn – es ist zuviel, erst die Katze, gestern die Mutter – und der Mann mit ungewisser Diagnose seit fünf Tagen in der Klinik. Wir sitzen geschockt – und ziehen Wein auf, sortieren trotzig die Bilder. Die zeigen den Sinn des Lebens, Freude an dem, was war – welch unendliche Fläche sind Kinder, dann wieder Tränen, drüben stehen auch zwei Kinder, die es nicht fassen – Suche nach dem, was gewiß ist, das gewisse Spiel mit dem ungewissen Verlauf, Suche nach Trost.

Im Geschäftsmodell der Kaderpartei Nr. 1, vulgo China, treibt die innere Logik in Zwangsmaßnahmen: das Bereicherungsmodell ähnelt dem der Bank ‚Monte die Paschi‘: der drohende Kollaps des chinesischen Versicherungskonzerns ‚Anhang‘ träfe vor allem Kleinanleger. Also übernimmt der Staat das Institut und stellt den Gründer vor Gericht. Der ist mit der Enkelin des Deng Xiaoping verheiratet, auch Schnee von gestern. Chefe Wu soll aber auch neben Xi Jinping zu sehen sein, vielleicht hilft ja das.

16. Eröffnungstermin BER ist gerade 2020, verbunden mit neuem Kosten-Spot: 7,3. Mit 2 fings an 2006, Schwindel von einst bis jetzt, aber insgesamt unterhaltsam, einige Figuren unterhalb guten Unterhaltungswerts.

25.2. Um 10 Uhr gehen wir zum Gemeindehaus und singen zusammen aus einem Buch. Marions glockenhelle Stimme berührt mich. Dann folgt die Kandidatenvorstellung für den Kirchenvorstand.

Zur Abendstunde zieht das Doppelkopf-Quartett in den Wintergarten. Es geht hoch her, ein Glas schlägt lang hin, ich gieße nach und gehe gassi. Zum kontrollierten Ende verlassen die Damen das Haus, hinaus ins beschneite Umland.

Der öffentliche Raum seit Wochen voll mit Diesel & Abgas. Das Land gewinnt weitere Einmaligkeit. So gemütlich und vom Umfeld, den Bewegungen auf dem Planeten so unberührt.

Und Berlin bleibt Berlin, die Parole hat ja Historisches und bleibt brand-, besser sprengaktuell. Da haben ein paar schwere Jungs, wohl im Großfamilienauftrag, grade die 100-Kilo-Goldmünze aus dem Museum gekegelt (guxdu, Bd. 9, 29.3.2017) – schon bumst es wieder! In der Potsdamer Straße flog ein Tresor aus der Halterung, Geld & Gold wurden flugs umgepackt und die Truppe im schwarzen Kombi davon. Aus Statikgründen verlassen die Einwohner den Bau. Das passiert oft, wo Gold und Silber gelagert wird. Es passiert aber auf jeden Fall in Berlin, wo ein gesteigertes Interesse an derartiger Beschaffung residiert.

Mittags nach OHZ ins Krankenhaus, wo der Nachbar seit einer Woche auf Blutwerte und Diagnose wartet, Krebs nicht ausgeschlossen, erfuhr er am ersten Abend. Heute kam Entwarnung, nächste Schritte aber unklar. – Wir reden über den pfleglichen Umgang mit unserer Ausstattung, wenig aufregend, aber laufzeitverlängernd. – Kurz drauf folgt die Entlassung und zwölf Tage voraus auf einen Termin zur weiteren Untersuchung gesetzt. Wir sind bedrückt, bestürzt.

Die Biographie des HANS-WERNER SINN erscheint.

Und abends diese Überraschung: beim Durchblättern des Magazins der Zeitung stoße ich auf Mimis Namen! – ‚Vor 50 Jahren‘ schrieb Irmgard Horstmann für die Zeitung – über die müden Männer, die abends im Sessel hingen und beim Tanzen völlig versteiften. Kulmination in einem Tanzkurs, wo ‚das Fehlen jeglichen rhythmischen Verständnisses auffiel‘, gemeint Jochen – ‚du sollst mich nicht pressen sondern schieben!‘ – Nur die Liebe half über solche Verzweiflung.

Der neue Chef des MPI für Gesellschaftsforschung ist Italiener. Der plädiert für für Verhandlungen zum Austritt seines Landes aus dem Euro. Nach Griechenland sei Italien das ‚zweitgrößte Desaster‘, sagt LUCIO BACCARO. Sonntag wird dort gewählt, Target-Miese aktuell 439.000.000.000.

Berufs- und Frontaleuropäer neigen ja zur Beratungsresistenz, da schlagen auch Medikamente nicht mehr an. Und so kommt es: diese stupende Parole ‚Mehr Europa‘ hat eine Missis, sorry, eine ex-Kommissariats-Dame, EMMA BONINO, leichtfertig aus der Brüsseler Wagenburg ins *bella Italia* trans –, ja was, – poniert oder geschleppt. Jetzt sitzt sie mit ihrer Liste dieses Namens auf 3 Prozent. Der Blick ins befreundete Ausland hätte helfen können, statt nur mit den Standardaufklebern loszuziehen.

Werder auf Platz 14.

Alsdann wird die lettische Bank ABLV stillgelegt. Nicht weil etwa einer der 25 EZB-Ausschüsse Korruption, Geldwäsche und Umgehung der Nordkorea-Sanktionen aufgedeckt hätte. Es waren wie üblich US-Ermittler.

Und Öffentlichedienst-Chefe BSIRSKE begründet seine 6 % tatsächlich mit sprudelnden Steuereinnahmen. Das ist obszön. Mit solchem *faux pas* wird die Basis des Wohllebens ungewöhnlich direkt benannt. Alle Gehälter unter 3333 erhielten mehr als 6 %, gestützt vom 200 €-Sockel, dem zweiten Bein solch forschen Vorpreschens: unterm Gleichheitsportal werden die Hilfskräfte gefüttert bis zu 11 %, wogegen Leistungsträger ohne Ansprache bleiben, notiert DIETRICH CREUTZBERG. Das paßt zum Mantra.

28.2. Der Flüchtlingsstrom drückt ins Land. Dann kommt er ins Stehen, sodann belegt er alle Flächen des Öffentlichen, die zu Konfliktfeldern werden: die Registrierung, der Daueraufenthalt, die innere Sicherheit, die Einweisung in die Grundversorgung, in Ausbildung. Der Flüchtlingsstrom unterfüttert die Sozialstruktur, stellt sich unten an. Zu siebzig Prozent aus robusten jungen Männern bestehend, verdrängt er, besser schiebt er einheimische Armut beiseite, die häufig alleinstehend weiblich oder alt ist.

So geschieht es bei der ‚Kölner Tafel‘, die diesen Verdrängungsprozeß durch Regulierung unterbricht. Die Reaktion der, besser aus den ‚kosmopolitischen Kreisen, so treffend JASPER VON ALTENBOCKUM, kommt postwendend, von links gebündelt bis CDU und den Kohorten der Sozialindustrie. Heute vom Exponenten KARL LAUTERBACH, der eine der beiden Schubladen aufreißt: Nazis! – In der anderen liegt das Pappschild ‚Ausländerhaß‘. Auf solche Signale hin erfolgt die prompte Umsetzung vor Ort: auf den Tafel-Lastern per Sprühfix ‚Nazis‘.

Die Nutzung solchen Pappschildes in kenntnisfreier Mission kann ein Gemüt befriedigen. In feinerem Dunstkreis ist es mit dem Anruf ‚Neoliberalismus‘ niveaugleich. Die Nutzung des Pappschildes kann Probleme vom Leib und die Komfortzone sauber halten. Sie kann vorauseilend das Thema ans Personal für die Drecksarbeit delegieren, hier also die ‚Antifa‘. Die reagiert sofort, wie der Hund beim Wort ‚gassi‘. Sodann wenden sich die Kosmopoliten wieder nach innen, also ihresgleichen zu. Die Kanzlerin weiß ohnehin nicht, was sie anders machen sollte. Eventuell weiß sie auch einfach nicht, was sie machen soll.

Jörg Sartor ist Chef dieser Tafel, Bergmann im Ruhestand seit dem 50. und im 11. Jahr ihr Organisator. JÜRGEN KAUBE stellt dieses Arbeiten dem Kranz der Anwürfe gegenüber, die aus der *bel étage* der Republik zu hören sind. Genährt aus stabiler Selbstreferenz, also den gepflegten Echoräumen, ignorieren sie Ereignisse, die den Betreiber der Tafel zur Regulierung zwingen.

Die Kanzlerin im deduktiven Modus an der Spitze. Sie denkt in Menschheit, dann noch in arm und reich – mehr ist nicht. Sie hat ein päpstliches Bild von Ereignissen, jedoch ein anderes Amt. Sie schwebt, das Amt fordert hingegen festen Grund. – So fährt sie aus dem Himmel ihrer Abstraktionen den Tatsachen ins Gebälk, den Beteiligten ebenso. – Mit kleinerem Karo sekundieren die Vertreter der anderen Verliererpartei, das Fernsehen für die Ordnung dazu. – Ihre Lage ist ohne Aussicht, ihre Parolen ohne Substanz, ihr Auftreten bestärkt weiter jene, vor denen sie gerne warnen.

Und, entgegen allen Aussagen zum gewährleisteten Lebensunterhalt, entgegen der Ausgangsmotivation für die Tafeln, Lebensmittel zu verteilen, die sonst im Müll landen, ziehen die Sozial-Truppen, zieht CLAUS KLEBER aber sowas vom Leder, sekundiert von fünf Armuts-Interviews, daß die Politik wohl mal wieder voll versage, die Sätze rauf müßten und wer weiß noch alles schuldbeladen & ignorant seinen Rotwein aufziehe. Ein 30er-Bündnis fordert eine Wende in der Armutspolitik, wird um 20 Uhr nachgesetzt. Und alles von meiner Guxdu-Steuer.

Ach ja, auch das zweite der Kanzler-Menüs kommt wieder ins Köcheln. Die Fußtruppen, heute der Umwelt-RESCH der Republik, prozessiert herbeigemessene Schadstoffwerte durchs Gelände. Der EU-Logik folgend, zieht das oberste Verwaltungsgericht den Schluß, Diesel-Stopps zu erlassen. Das eröffnet die zweite Phase dieses Weltanschauungskrieges, die operative Verriegelung von Flächen. Der Fundamentalismus kriecht jetzt in die Stadt- und Gemeinderäte, unterstützt, befeuert und kontrolliert vom DUH- und GEZ-System. Auf daß der Friede aus jeder Hütte weiche.

So werden materielle und mentale Ressourcen des Landes verschlissen – unter der Ägide kosmopolitischer Kreise. Vielleicht sollte die Bannmeile auf zwei Meter hochgezogen werden, ihr Weltgeister. – Nicht nötig, denn deren Treiben kann sich auf weitgehendes Formatieren von Wahrnehmen und Denken stützen. Es ist ein öffentliches Tabu und den wahnhaften Grenzwerten und sonstigem Papiermüll aus den dichtbesetzten EU-Etagen wagen nur Wenige entgegen zu treten. Das war bereits 2010 so, als die Richtlinien über Europa herfielen, betont RÜDIGER SOLDT.

> Leon ruft an – wir müssen reden – wie jetzt – ich weiß
> nicht, wer ich bin, heillos verknallt – die Leute klatschen,
> wenn sie uns tanzen sehen – und was soll Vaddi sagen? –
> Leon, schnall dich an!

Die Bankenaufsicht – obacht! – nimmt sich die völlig überbe-
setzten Verwaltungs- und anderen Räte der Geldinstitute vor.
Das sind so zwischen 18 und 38 Leute im PEP©-Status, von de-
nen drei bis fünf eine fachliche Grundierung haben, heißt es. –
Dabei geht's im Zentrum Europas nach eben diesen Regeln zu.

Da ist ein MARTIN SELMAYR im Echternach-Modus, also Drei-
sprung, erst zum Stellvertreter des Meisters und in der folgenden
Minute zum Generalsekretär katapultiert worden. Die Kommis-
sare hätt's kalt erwischt, heißt es weiter, vor Schreck nämlich hät-
ten sie alle zugestimmt. ,Nacht&Nebel'-mäßig seis zugegangen,
ohne Ausschreibung natürlich. – Was soll die Aufregung, es ist
Abfolge der kürzlichen Generalmobilmachung von 19 Direkto-
ren, außerdem war der Mann wegen reichlicher Versorgung auf
dem Absprung, da muß einfach nachgefüttert werden.

Und JEAN CLAUDE? Legt einen seiner vollendeten Gleitfilme
aufs Parkett, auf dem alle Kritik vollendet vorbeisegelt. Dabei
greift sie zum Äußersten: Staatsstreich – wie in der Diktatur –
Machtergreifung, heißt es zu dem Coup. – Er: eine Ruhestands-
info habe ihn zum Durchbefördern genötigt, zwecks Vermei-
dung von Vakuum, erklärt der König des Fabulierens einem
staunenden Publikum und: ihn zeichne absoluter Respekt, ja
religiöse Inbrunst vor gegebenen Verfahrensabläufen aus. Obs
vier oder nur zwei Kandidaten gewesen seien, vermochte er bei
dem Blitzablauf nicht zu sagen – jedenfalls hats das Glückskind
CLARA MARTINEZ ALBEROLA als Stellvertreterin gleich mit
durchgeschwemmt, im Karriere-Kielwasser ihres bisherigen und
neuen Chefs, so eine Art Kollektivbeförderung. So kommt der
Aufschrei nur einmal. Sie wird also Kabinettschefin. CLARA
& MARTIN versorgen die 33.000, also die EU-Stadtviertel von
Brüssel mit den schwerwiegenden Aufgaben.

Um drei Uhr morgens ist der Kittel geflickt: niemand habe die Absicht, sorry, niemand sei gehievt worden, kommts aus dem Kommissariat. Und zwar zweimal einstimmig. Doller geht's nicht. Dazwischen war der Haufe für einen Moment ‚verdutzt‘, dann gings wieder.

Außerdem passiert sowas öfter. So erhält MARTIN (D) immer noch AD 15, wenn Sie eine Ahnung haben, also 16.800 abzüglich 2700, diesem bekömmlichen Brüsseler Steuersatz – da bleiben 14.168 monatlich hängen. Auch ihm half mächtiger Aufwind, in zwölf Jahren neun Stufen von AD 6 kommend, das verdient Respekt. Vorgesehen sind für diese Sprünge achtzehn Jahre. Ei, wenn dauernd Not am Mann ist! Nach der Faustregel wäre der doch nie da angekommen, der wär vom Hof und in Rente! Also da war auch mal ein Dreisprung bei, vorbei an neunzig Bewerbern. Einer muß ja! – Und: als Kampagnen-Manager für JCJ mußt du leichtfüßig sein. Es gibt eine robuste Spezies, die textet sich einfach durch dick & dünn.

Nun noch der Rundbau Straßburg, den MARTIN jahrelang im Griff hatte: putschartige Aktion, heißt es dort und das Ansehen des ganzen Ladens wieder zwei Stock tiefer. Scheiß drauf, ich finde, JCJ sieht unverändert gut aus. Das macht die Routine, Leute. Er hat das Regime im Griff – nur adlati, wenn ihr versteht, sogenannte ‚Zur-Seite-Ständer‘. Die ersticken am Geld, wie alle EU-Frischlinge, die Keiler sowieso.

Und die Zeitung spricht mir aus dem Herzen: ‚alles selbstgerechte, nur um sich selbst drehende Apparatschiks‘, mein Kürzel springt im Dreieck: PEP©. – Dabei legt sie sich krumm fürs Ansehen des Gaga-Apparates, die Zeitung. Das gibt's aber nicht, is' weg, in echt, nur noch unansehnlich: nehmt nur eure Berichterstattung eines Jahres, dann habt ihr das Aussehen des Ladens – ist aber auch wieder logisch, weils ja weder wirtschaftlich, noch fiskalisch, noch politisch funktioniert – das provoziert Übergang zum Ausweiden. Ich sags, wies is! ÖTTI ist übrigens so unbeeindruckt wie Chefe und kaut den Europa-Sprech' wider.

Aber die Unruhe hält sich, wie der Kilauea – der Straßburger Haushaltskontrollausschuß, was die alles haben, feuert 61 (in Worten!) weitere Fragen ab, die das Dunkel über dem Schwarzen Loch beleuchten sollen.

1.3. Man kann Themen, nennen wir sie zugewandt Katastrophen, nebeneinander legen, die, so scheint es, nichts miteinander zu tun haben. Und doch ist ihnen etwas gemeinsam. Ist es die Handschrift, ein steuernder Code, der gleiche Besteller solcher Resultate. Oder ist es diese Gemeinsamkeit: das Fehlen einer Orientierung auf Ergebnis. Ich greife die Diesel-Orgie und die Bundeswehr heraus.

Im ersten Desaster steht nach dem HRU, höchstrichterlichen Urteil, das Land in Flammen, begeistert und erschrocken. Der Öko-Hype feiert – und erschrickt vor den Folgen – untrügliches Zeichen dafür, daß sie nicht wissen, was sie tun. Erneut wird ein Katarakt von Eingriffen ins konkrete Leben aufgetürmt – und seinen Folgeereignissen überlassen. Hoher Aufwand, neue Regulatorik, Freigabe zur Wertvernichtung bei Millionen von Diesel-Eignern, so KERSTIN SCHWENN, anschließend weiter auf den Benzinantrieb, meint HOLGER APPEL. Alles für einen Effekt bei der 3., na gut 2. Kommastelle. Das Land im Griff von Überzeugungstätern.

Bei den Streitkräften siehts ähnlich aus. Nicht effektivster Einsatz knapper Ressourcen zur Gewährleistung bestmöglicher Einsatzfähigkeit sondern eine sich in endlosen Antrags-, Prüfungs- und Genehmigungsprozeduren verlierende, ja verschleppende Verteilung des Etats – zu guten Teilen innerhalb der Bürokratie, zu weiteren Teilen in der Vertragsvergabe an etliche Hersteller und in einer Abstimmungsorgie mit dem gesamten befreundeten Ausland. Das sind Resozialisierungs-, ja Rekonvaleszenzspiele auf Weltniveau. – Dieses Fehlen von Verantwortung für Prozeß und Ergebnis, Hut ab statt Hut auf, ihr Chamäleons.

Fehlt nur noch, daß die Öko-Wunderheiler jedem Straßenanrainer einen Rechtsanspruch auf oxyfreie Luft andichten, damit das halbe Volk vor Gericht ansteht. Das Wedeln mit dem Rechtsanspruch ist ja beliebt in Bereichen, wo Aussichtslosigkeit gegeben ist, so beim Desaster, dem dritten, dem ‚Internet zz‘ (Zitat Hausmeister Krause). JULIA LÖHR verfolgt die Arie der Versprechen von einem zum nächsten Koalitionsvertrag, das Land in dieser Sache wohl gleichauf mit Tonga, das ist Pazifik, ihr Nichtschwimmer.

Nur die Staats-Eingriffswelt scheint auf Niveau, im Bereich des Kassiers mit Sicherheit, bis hin zum 6%-Zinssatz auf Steuerschulden, in schrillem Kontrast zu aktuellen 0,7% am Markt. Seit 2014 verfassungsgerichtlich auf den räuberischen Charakter hingewiesen, ignorieren das die Wegelagerer konstant. Sie reagieren nur auf Flachschaufel, die Plünderer. – Das alles ist Welten entfernt vom ‚guten Leben‘, wofür die Kanzlerin einst Fachleute einstellte. Haben die eigentlich schon berichtet oder verdrücken die sich in die Hierarchien des Bundeskanzler-Konzerns?

Kennen Sie das, den Desastermodus? Kommst du nicht mehr raus! JÜRGEN KAUBE sieht jedenfalls Chance beim D 4, der Fläche für Bildung und Wissenschaft, weil eine unvoreingenommene Bank- und Hotelkauffrau das Amt übernimmt. ANJA KARLICZEK könnte der ‚Dauerbeschallung (durch den) Jargon der Experten und Ausschuß-Insassen‘ Widerstand entgegensetzen, dieser verkrusteten Ignoranz gegen alle Befunde.

Meine Zweifel sind von Jahren, von Kilotonnen an Belegen gestützt. Der Blick über D 1 bis D 4 wittert eher müde Selbstversorger, die sich auch noch zusammenschließen, ihren Zustand Koalitionsvertrag nennen, übrigens D 5, und der Frage nach den Aussichten aus dem Weg gehen. Weil sie so weit nicht sehen. D 5 ist nachhaltigster Ausweis einer Elite beim Maniküren ihrer Selbstgefälligkeiten. Auf das Attribut wird ja Wert gelegt.

Die HSH-Bank ist an zwei NY-Investoren verkauft – 14 Milliarden Miese teilen sich treuhänderisch Hamburg und Schleswig-Holstein, nette Formulierung diese Treuhand für den Steuerzahler. Mit dem Rücken zur Wand, erklärt eine Finanzministerin, heute stehe man zu seiner Verantwortung. Bis heute hat es also gedauert. Das ist spät. Da hat die Antwort des OLAF SCHOLZ: ‚Wir sehen keine Fehler bei uns‘, eher Beruhigendes, starke Pädagogik. Dank des ‚Knäuels der politischen Verantwortlichkeiten‘, die MATTHIAS WYSSUWA ausmacht, hat jeder Satz seinen Reiz. Eine reife politische Leistung, darf angefügt werden, wie BER. Vielleicht noch: das Strukturprinzip politischen Waltens hat sich erneut bewährt – für die Akteure.

> Jonas ruft an, können wir reden – klar doch, Sonnabend zum Frühstück.

Würde das Reden für acht Tage weggeschlossen, blieben Berge von Tatsachen unbehelligt. Es gäbe nur Bilder von ihnen. Man könnte lernen, was es mit dem Reden auf sich hat.

Peter Bauza im brasilianischen ‚Copacabana Palace‘, die Faellas von Valencia.

2.3. Wie in der causa EUMANN angekündigt (guxdu, Bd. 9, 2017, 2.12.), kommen mehr PS. Denn das Verwaltungsgericht wurde wegen des Aufsehen erregenden Berufungszirkus angerufen und muß urteilen. Und es bestätigt das Geheimverfahren um die Viertelmillionen-Stelle: diese Versammlung der Landesmedienkommission, der Hauptausschuß, die Findungskommission, also alles, was da grundrechtsnah beieinander sitzt, von CSU bis grün, habe ‚eine weitgehende verfahrensrechtliche und inhaltliche Freiheit‘ – also denklogisch kein Verfahrensfehler! Ja *wenns eh wurschd is, kammer nix falsch mache, gell!* – Die Befürchtung des besorgten Kandidaten, daß da in seinen Akten herumgesucht würde, also gänzlich unbegründet. Fastnachtsgerecht auf den Arm genommen fühle sich der Leser der Entscheidungsgründe, merkt die Zeitung an. Alles erscheint wie aus einem Guß! Das freut das staatstragende und sich selbst tragende Konglomerat. – PS! Kandidat Kompa legt gegen diesen Beschluß Beschwerde ein, Finanzierung mittels crowd funding, 17,50!

‚Wann begreifen die Leute endlich, daß das grammatische Geschlecht mit dem biologischen nichts zu tun hat?‘, fragt PETER EISENBERG. Antwort: ei nie, weil sie eine Mission haben. Da muß man nichts begreifen, weil man schon alles begriffen hat, so!

Später, 2.5., liefert HELMUT GLÜCK eine weitere Breitseite gegen JUDITH BUTLER & CONSORTEN, Textur zur Illustration dieses Grundgedankens: ‚Genus ist eine grammatische Kategorie!!!‘ – Gendern hingegen eine Frage der Moral und des Anstands bzw. ‚eine sozialpädagogische Anmaßung‘, so ein Professor, ‚Übergriff auf ein Bürgerrecht‘, ‚Sexualisierung und Mißbrauch der Sprache‘ – ihr peinlichen Eiferer, Schönwurze, ich könnt’ noch stundenlang ... PAUL KIRCHHOF sieht in Sprechgeboten die machtgetriebene Durchsetzung ‚sprachlicher Unterwerfungsgesten‘, wie sie Diktatoren eigen sind. Sprechgebote verdrängten das eigentliche Thema, da sie selbst die Botschaft sind. In Frankreich verteidige man ‚beherzt‘ die Sprache – und staune (24.5.).

PS.:
All das interessiert das Missionarswesen nicht, das sich die Institutionen des Staates unterwirft: im August liegt ein Entwurf der Bundesregierung vor zur Ergänzung des Personenstandes in Geburtsurkunden, Ausweisen und weiterem um den zauberhaften Begriff ‚divers‘. Lebhaft begrüßt von den Ministerinnen BARLEY und GIFFEY, natürlich von Grün und ‚Trans‘, ja und insbesondere Berlin. Da sind alle dafür, der Senat bereitet alles vor. – Das ruft noch einmal PETER EISENBERG ins Feuilleton unter der Frage, ‚wie viele dritte Geschlechter gibt es‘. Obs zukünftig ‚der/ die/das Abgeordnete‘ zu heißen habe, fragt er und argumentiert erneut gegen die ‚Sexualisierung der Sprache‘, wofür das Urteil des Verfassungsgerichts nichts hergebe.

3.3. Jetzt hats die ‚Venus von Willendorf‘ – von Ansehen bekannt – auch erwischt. Dreißigtausend Jahre gings gut, bis jetzt ein Facebook-Algorithmus einer Nutzerin ins Portal fuhr und löschte. Der Chef des Naturhistorischen Museums in Wien, wo die Nackte zu Hause ist, meinte, es habe sich bisher niemand beschwert. Das ist wie BODO BACH, beim Römertopf. – Anziehen wollte er die Gute jetzt aber auch nicht – warum eigentlich nicht! So

einen graumelierten Hosenanzug von Angie, mit einem anstän-
digen Keil rein, das wäre ein Hingucker – alle Wiener kämen,
weil sie es nicht glaubten. – Wir lernen: auch die Maschine ist
empfindsam, läßt sich nicht alles bieten. Leider ist ihr kultureller
Hintergrund Null. Maschine hat überhaupt keinen Hintergrund,
wie Terminator.

55,8 % der Alterskohorte haben in Hamburg die allgemeine
Hochschulreife, beim aktuellen Steigungswinkel sind es bald
100 %. Dann werden die Anforderungen bei NN liegen. Normal!

Der Russe marschiert derweil auf breiter Front ins Auswärtige
Amt, also elektrotechnisch. Hat er damit auf die IT-Ausstattung
des Hauses reagiert oder eine Probe auf Ergebnisse des Bildungs-
systems abgefahren. – Es herrscht Unruhe. – Achtzehn Monate
nach Beginn der Grabungsarbeiten von ‚Sowjetski-sports‘ erhal-
ten deutsche Stellen Hinweise ‚eines befreundeten Geheimdiens-
tes‘, wenn Sie verstehen, wer gemeint ist – und schon geht's an
die Abwehr: Spitz, Messer & Stichel, Arbeitshandschuhe, Sicher-
heitsschuhe und -brille und das Tasten geht los. – Skandal oder
katastrophal, ei Beides, ihr Lärchenzüchter!

Und kolossales Symptom des Zustands innerer Sicherheit dieses
und unseres Landes. So wie die Grenzsicherung eher Locken-
wicklerformat hat, so die Sicherheit von Computer-Netzwerken.
Einem verwirrend vielgestaltigen und kleinteiligen Ensemble
von bürokratisch behindernden Programmen im Millionenum-
fang stehen milliardenschwere Investitionen alleine in den USA
und Israel gegenüber, wie CARSTEN KNOP notiert.

Also letztes Jahr sollte es ja den passierenden Fernverkehr tref-
fen: bei Grenzübertritt Mindestlohn! (guxdu, Bd. 9, ‚2017‘, 3.6.).
– Jetzt präsentiert Chefe JUNCKER das ganz große Sortiment,
das Sozialstaatsdrama wie bei Excalibur: alle, die zum Arbeiten
ins Land kommen, erhalten den Lohn der neuen Kollegen, ein-
schließlich allem, was dranhängt. Vom ersten Tag. – Der höchste
Lohn zieht, wie die höchste Sozialleistung, der Strom aus dem
Osten wird wachsen. Es sei denn, dort werden die Löhne erhöht,

um dem Wegzug vorzubeugen. Das wäre die gleiche Mechanik, die Griechenland an den Abgrund brachte. Das kann JCJ nicht wollen, also bleibt nur purer Protektionismus für die wohlhabenden Flächen, den er als Sozialpolitik verkauft. Davon berichtet HENDRIK KAFSACK.

Der Verkehrssektor soll wegen allzu offensichtlichen Unsinns ausgenommen bleiben, bei reinem Transit. Schade, das hätte das Zeug zum Einakter. – Mit solch krassem Sozialdemokratismus fegt die Edelkommission quer durch Europa, wie bei der Flüchtlingszuweisung einschließlich Bußgeld, gell Frau Merkel – sodann staunt sie: wieder ein Graben mehr – dabei *wolldemers doch planieren!*

PS.:
Das läßt den Gewerkschaftsbund nicht ruhen und er ruft auf gegen ‚rollendes Prekariat‘, fordert Plenarabstimmung in Straßburg. Es gibt zwei Wege gegen unerwünschte Konkurrenz: sie als Dumping-Schmutzkonkurrenz verbieten zu lassen oder ihr – mit dem sozialen Augenaufschlag – den Ortslohn zu verordnen, was ihre Kalkulation zerlegt.

Das Kommissariat will ja überhaupt vom Nordkap bis zur traumhaften Südspitze Portugals die Lebensverhältnisse – angleichen! Welcher Großwahn DENKT sowas. Kein Diktator verhaspelt sich zu solch perlendem Abgang. – Jedenfalls wird's mächtiger Aufwand. Einfacher wärs, Deutschland senkt seine Standards solange ab, bis alles gleich ist. Daran sollen ja etliche arbeiten. Vielleicht zieht die Brüssel-Elite vorher mal die Ergebnisse heran, die anderenorts so gemacht worden. Bei Pol Pot solls zu schnell gegangen sein, die waren alle tot. Und, mit dem gegenteiligen Weg wurden ja schon einige Teilnehmer am EU-Kunstwerk an den Abgrund getrieben, kurz einfach mal die Abfolge denksprech durchspielen, einfach mal die Fresse halten, geht ja leider gar nicht.

5.3.   Von minus zwölf auf plus acht Grad, Westwind.

COLSON WHITEHEADS ‚Underground Railroad‘: die Flucht aus der Sklaverei im Süden der Vereinigten Staaten endet in der Freiheit der Sklavenfänger. Unter dem Johlen der weißen Verfolger geht die Farm der Schwarzen im Feuer unter, ‚Frauen und Tiere mußt du nur einmal zureiten, danach sind sie zahm‘. – So spricht das Weltbild.

Der Bruder der Palästinenserin Alaa W. rammt ihr ein Messer in die Brust und schneidet ihre Mundwinkel auf. – Er wurde aus der U-Haft Stuttgart-Stammheim entlassen, Ermittlungen wegen der ‚Beihilfe zu einer schw. staatsgef. Gewalttat‘ laufen. Zuvor Verhaftung auf dem Weg nach Kopenhagen zwecks Anschlag. Vom Landgericht Ravensburg verurteilt, steht der Bruder auf einer ‚Liste von Gefährdern, die bald abgeschoben werden sollen‘. – Die 17-Jährige lebt.

6.3.   Da haben sie nach Malta das Abschießen des Ján Kuciak in der Slowakei beauftragt, kollateral auch seiner Freundin. Diese konventionelle Methode ist der italienischen Mafia eigen, die daselbst bereits mit eigenem Firmennetz mehr als heimisch ist. Einer zeichnet das ‚goldene Dreieck‘ nach, beteiligt sind Regierung und das Verbrechen, welches sich aus den ins Land geleiteten Geldströmen bedient.

Jetzt wurde Bernhard Günther, ein Innogy-Vorstand, auf dem Heimweg vom Bäcker mit Säure übergossen, was auf Usancen der russischen Mafia weist. – Kontaktadressen des organisierten Verbrechens jederzeit hinterm Scheibenwischer abzugeben. Ob ökologischer Missionswahn unter dem Label Braunkohletagebau sich zu derlei versteigt, läßt die Zeitung im Moment offen. – Seit dem Anschlag auf die Dortmunder Fußballmannschaft kommt Mord ja auch zur Kursbeeinflussung in Rede.

Gerade wurde das ‚Verfahren saubere Handsalbe‘ mit Mühe hinter den Vorhang gezerrt, da sorgt das parlamentarische Rekrutierungsverfahren für schlechte Luft: im Landtag von Baden-Württemberg sperrt sich die CDU-Fraktion per Mißtrauensvotum an THOMAS STROBL gegen jede Wahlrechtsreform.

Das System ‚Selbstgenügsamer Wahlkreiskaiser' möge weiter vor sich hindunsten. Das Milieu, gespickt mit Beamteten, dreht sich dampfend auf die andere Seite. – Was das Land, seine Leute ausmacht, ist nicht vertreten. Der Staatsdienst prostet dem Staatsdienst zu, eins denkt wie das andere, ein Weltbild gleicht dem gegenübersitzenden. Das ist – nun? – PEP©-System vom Feinsten und es ist schwer, gegen solchen Sog korruptiven Amalgams anzugehen. Dort gibt's nur unter den Grünen Profil. – Die Chancen liegen im Abstieg, Richtung Bremer Milieu.

Zu geringe Stromeinspeisungen bewirken Frequenzschwankungen. Alles, was daran hängt, an den Frequenzen, erleidet Funktionsschwäche – so die europaweit vernetzten Uhren, sie gehen plötzlich falsch. Die Ursache solchen Frequenz-Dissenses liegen bei Serbien und dem Kosovo, die bekanntlich auf Spannung liegen. Stumpf: wenn Serbien Geld kassiert, das dem Kosovo zusteht, dreht Kosovo den Hahn fürs Wasser zu. Und auf solchen Spannungsabfall reagieren eben die Uhren. Der mechanische Wecker mit Stahlfeder gehört einfach in jeden vorsorgenden Haushalt.

Sein Roman ‚Von dieser Welt' erschien 1953. Die Neuübersetzung bringt Sasha Marianna Salzmann zu einer großen Revue des JAMES BALDWIN. Seine Sätze, die Ausführung seines Themas, bewirken, daß er nicht ‚historische Figur' wurde sondern aktuelle ist, ‚seine Dringlichkeit ist universell', seine Kategorie ist der Mensch, das steht gegen jede Kategorisierung und Zuschreibung.

XI JINPING konnte sich lebenslang genehmigen und forciert jetzt die Verstaatlichung des Parteiladens. Dessen Disziplinarkommission geht im neuen ‚Ministerium für Überwachung' auf, eines jener ORWELL'SCHEN Zentralorgane.

Die ‚KEF', ‚Kilimandscharo Efforts Foundation', dieser kalkulierende Begleiter des expansiven Regimes volksnaher Grundversorgung mit Sport, Spiel und etwas Spannung, arbeitet am Rundfunkaufschlag ab 2021. Gerade ist noch Überschuß in der Kasse, aber die 41.000 ‚full time equivalents‘ und die 66 Radios, 21 Fernsehs, dazu die wachsende Internetbelegung ziehen einfach ‚money‘, *ifya nou, waddei miehn.* – Fernziel finanzieller Adaption bleibt die Automatisierung, wie im Abgeordnetenbetrieb. Das hielte lästige Prüfer vom Hals, mehr noch die Frager. – Wie heißt eigentlich das Gesetz, das hinter all diesen Geschäftsmodellen steht: den Zugriff auf die Ressourcen verstetigen bei Abbau von Kontrolle und dummen Fragen des finanzierenden Publikums. Da könnte man doch mal eine Arbeitsgruppe einrichten, so mit drei Buchstaben, am besten gleich in Brüssel. ‚MPS‘ – ? <money packing system>, in Anlehnung an den ‚meat packing district‘.

Der EU-Norden schreibt einen Brief – und Deutschland ist nicht dabei, weil es Kehrtwende macht. Der Koalitionswisch, zu 73 % aus SPD-Wunschdenken gehäkelt, unterwirft das Land französischer Strategie. Mit ihrer Kopplung ‚Geld gegen Flüchtlingsquote‘ setzt die Chefin dem Ganzen noch die Krone der Erpressung auf, falsch, setzt sie das ein, was alleine lockt. Ignoranz der Verhältnisse ist schlechte deutsche Tradition. IfO-Chef CLEMENS FUEST arbeitet am Beißholz.

Nachmittags nach Hamburg zur Auftragsklärung, die Teilnehmerzahl geht auf fünfzehn, das erfordert steuerndes Feingefühl.

9.3. Die Rechte von Frauen, Schutz vor Gewalt in irgendeiner Form festzulegen, sei ja wohl das Allerletzte, meint eine breite Koalition in Bulgarien. Sofern dort im familiären Haushalt so geprügelt wird wie beim großen kyrillischen Nachbarn, wäre da einiges zu tun. Man befürchtet einen Trojaner, der im Gepäck das Gendergetöse & Verwandtes ins Land schleppt.

Derweil pflegt der Staatsbetrieb hierzulande sein Geschäftsmodell. Im Bahnbetrieb wird wirtschaftlicher Sachverstand durch politischen Unterstand gestutzt. – Das Geschäftsmodell ‚Diesel-Tod‘ wird aus dem Umwelt-Fachbetrieb HENDRICKS mit neuen Parolen befeuert: da wird eine Studie solange extrapoliert, bis ihren Aussagen für 2014 sechstausendmal vorzeitiges Ableben zuge-, ja was denn, ordnet werden kann, 2007 warens extrapoliert gar 8000 – es wird ja besser! Tot ist schließlich tot, auch wenns alles statistisches Zauberwerk ist, gell. Oder: wer sich schlecht fühlt, soll sofort ans Diesel denken, am besten ein kleines Gerät am Gürtel, den ‚Diesel-Orter‘, <obacht: Geschäftsmodell!>, sagen wir, mit 100-Meter-Radius, da findet sich immer was.

Dabei sei man sehr vorsichtig in den Annahmen, flötet die Behördenchefin – und macht die Hochrechnung nach oben auf! Das Maß grotesker und unseriöser Annahmen ist jederzeit zu überbieten. – Solch frivole Amtsanmaßung macht die Bild-Zeitung tags drauf zur Schlagzeile.

4100 € extra für jeden der 120.000 VW-Werker.

Neuzeit:
‚Zalando‘ ersetzt bis zu 250 Marketing-Mitarbeiter durch Algorithmen.

> Die Untersuchung in Oldenburg erweist den schwerstmöglichen Befund beim Nachbarn: den Befall der Bauchspeicheldrüse. Die Familie sitzt zusammen.

10.3. JOACHIM STARBATTY resümiert zu den vier ‚Europäischen Baustellen‘: da sei nichts aus Berlin dabei, was Lösung verspreche – für eine solch permissive Haltung brauche man keine handlungsfähige Regierung. Die geschäftsführende genüge vollauf für den Akklamations- und Schwurbelmodus. – Denn im empfindlichsten Bereich des Euro-Zirkus, der Aufführung der Banken, geht es wie seit Jahren: die ökonomischen Parameter für die Sehnsucht nach der gemeinsamen Einlagensicherung werden unterlaufen und nach politischen Kriterien frisiert werden, eben waschen – schneiden – legen! Erhalt der Kunstwährung um jeden Preis faßt diese Anstrengungen zusammen – Fixierung der Teilnehmer über exorbitante Ausstiegskosten – so stehen alle um den großen Rührtopf herum und haben die Verantwortung für alles ans Politbüro hochgereicht.

Auf der Klaviatur von Vermeidung, Verschleierung und sonstiger Risikosubventionierung kennen sich die Virtuosen, insbesondere der kontaminierten Südflächen, bestens aus. Das neueste Netz einer – bitte anschnallen – ‚Kapitaladäquanzrichtlinie‘ (‚Kürzel KaQuaZ‘) ist von der Art ‚Loch an Loch‘ – der Bestand stinkender Kreditkübel im Euroraum nie gewiß, akute Schätzung bei 760.000.000.000 – sehr gewiß hingegen die Streckung faulender Kredite zur Vermeidung von Wertberichtigungen und daraus folgendem Eigenkapitalnachschuß. Das ist so wie der Anruf des Brokers 1981: Herr Seegert, wir haben wieder einen ‚margin call‘, mit seiner weinerlichen Stimme – schon ging die Sucherei los! Wer mag sowas!

Turm-Chefe Dragobert poltert ungerührt, die Risiken seien nun mal genug reduziert – nur Schiß in der Hose, merkt ihrs? Auf sein Zeichen hin, er möchte Jesus sein, verschiebt die sogenannte Bankenaufsicht – Pause! Alles schlägt sich auf die Schenkel, weitermachen – tags drauf die neuen Rückstellungsregelungen für faulende Kredite um zwei Jahre, nicht ohne sie weiter aufzuweichen.

Und zwar auf italienisch, das kann er am besten: Kollega PIER <CARLO> PADOAN aus ... Rom erschien mit Gutachten und polterte seinerseits: die Europabank überschreite ihr Mandat. Das macht die dauernd, Chefe! Beim Geldausteilen wurde nicht so gemäkelt, also dieser Goldfinger-Staats-Finanzierungs-Arie. Das wäre allein ein Dutzend ‚Gutachten‘ wert.

Wahrnehmen – denken – ausdrücken – sprechen – schreiben – handeln. Dieser lange Weg der Menschwerdung hatte seine Hochzeit. Er kommt nicht einfach an ein Ende. Er wird abgewickelt, der Mensch wird reduziert. MAGNUS KLAUE zeichnet die Immanenz solcher Auflösung im Medium ‚sozialer Netzwerke‘ und ihrer Instrumente nach. Die Formatierung des Ausdrucks und der Instantbetrieb, also die Hochgeschwindigkeit, verschließen den Raum zwischen ‚wahrnehmen und reagieren‘. Die ‚Rohheit der digitalen Kommunikation‘ wird an den Hass-Postings festgemacht. Ihre ‚immanente Brutalität‘ zeige sich dabei in allen

Elementen, die als Bildchen angehängt werden, Ersatz für Ausdruck, Aussage und Argument. Was im Ausdruck fehle, finde auch nicht mehr im Innenraum statt.

So selektieren die Netzwerke das persönliche Instrumentarium, mit dem sich Teilnehmer äußern. Das formatiert. MARSHALL MC LUHAN sah das 1962 kommen.

Was sich hier als kaum spürbarer – eben! – Prozeß der Skelettierung des Menschen vollzieht, kaum reicht meine Pauschale von der Enteignung mehr hin, habe ich bisweilen als jene ‚intellektuelle Faulheit‘ bezeichnet, Trägheit gegenüber und in der Welt. Dazu die ‚emotionale Faulheit‘, die sich um die Klärung, geschweige denn die Erklärung eigener Gemütsregungen keinen Deut mehr schert, es auch gar nicht mehr wissen, geschweige denn verstehen will. Darüber zur Unfähigkeit eindickt, eigenes Empfinden und Gefühl überhaupt in Worte zu fassen. Motto: ‚is nich meins‘.

Die menschliche Ausstattung wird nurmehr zum Anlaß von Beschwer, der zügig abzuhelfen ist. Da kommen Strategen mit Agenda gerne ins Spiel, die für eigene Zwecke gern Abhilfe anbieten. Das ist der Endpunkt solcher Reduktion: die Anfälligkeit, ja Auslieferung an Externe mit Agenda. Die sind an der Arbeit, waren es immer. Aktuell an der Arbeit zur Rückführung des Menschen. Was der nicht nutzt, vermißt er auch nicht, was er abgibt, tritt ihm gegenüber, unerkannt, ja fremd. – Wie weit geht das? Hat er eine Grenze nach innen? Wann ist er an seiner Grenze? Wann gibt es kein zurück!

Dann schlägt der Katalog aus der ‚Gedenkstätte Berlin-Hohenschönhausen‘ auf. ‚Der rote Gott‘ wies die deutschen Genossen in regelmäßigen Rapportsitzungen an, seine sowjetische Diktatur zu kopieren. Dafür waren 50.000 der SMAD-Organisation im Einsatz. Selbst westdeutsche KP-Führer wurden entführt und per Fernurteil interniert. Das Volk in den nächsten Führerkult gepreßt. Wie um den ganzen Dreck noch einmal zu schmecken, die Unterwerfung zu kosten.

12.3. Zehntausende reisten ein aus Tschetschenien, beantragen Asyl, weil sie verfolgt seien. Sind sie aber nicht, wie bereits ihre Antworten klar machen. Vielmehr zum Teil von RAMSAN KADYROW beauftragt. Sie haben daher keine Aussicht auf Asyl – und bleiben, werden auf ihre Einsatzgebiete verteilt. Und beginnen mit der Arbeit quer durchs Strafgesetzbuch. Vertrauter und Vertreter von Chefe KADYROW in Deutschland ist TIMUR DUGASAJEW, echte Freund, Träger von höchste Orden aus Tschetschenien und Leiter von Kulturzentrum in Hamburg. Tschetschenische Organisationsform ist Kampfsport und Rocker-Club, Lieblingsfreund ist Alexander Saldostanow, auch Rocker-Club, aber patriotisch, ‚Nachtwölfe‘, verstehst Du?, der ist Freund von PUTIN, und natürlich STALIN.

Beliebt ist die Kampfgruppe ‚Guerilla Nation Veynakh‘, darin sind viele Tschetschenen organisiert. Die hat neulich die Bar ‚Classic‘ im Wedding klargemacht. – Das alles, resumiert der Kriminaldirektor, dürfe nicht unterschätzt werden. Es sei etwas zu tun, ‚bevor sich kriminelle Vereinigungen dauerhaft in Deutschland etablieren können‘. – Wer fehlt denn noch, ließe sich fragen. Es sind doch schon alle da. Man setzt wohl auf Vollständigkeit. Vielleicht, damit sichs lohnt.

Auf dem neuen Flughafen BER – nicht enden wollendes Gelächter – herrscht ein Kommen und Gehen. Alle wollten mitmachen und setzten sich. Alle wollten mitreden und redeten. Wollten aber nicht die letzte Verantwortung haben. Wie HSH! Daher saßen sie häufig auf den falschen Stühlen. Wenn etwas schon falsch angefangen wird, muß es wenigstens durchgezogen werden. Berlin läuft ja auch ohne alles.

Also schmiß Wowi die Fachleute raus und ließ nur den Termin stehen. Sein SCHWARZ-Fahrer hielt sich am Geländer fest. Im Beschleunigungsmodus ‚hastiger freihändiger Auftragserteilung‘ wurden die Freiflächen verkabelt und dichtgebaut. Abgerechnet wurde ebenfalls freigiebig. ‚Das vertragslose Arbeiten auf Stundenbasis ohne Kosten- und Terminverpflichtung ist für Firmen eine Goldgrube‘, notiert FALK JAEGER.

Den Kollaps im Blick, beginnt man nach Jahren, ,den Kabel-, Leitungs- und Aggregatwirrwarr zu durchschauen, zu ergänzen, zu verbessern – und rauszureißen'. Die Baustelle zu schließen, könnte heute noch der preiswertere Weg sein. – Die Anlage ist zudem zu klein für das, was kommt. Wowi kann keinen Flughafen bauen, macht er aber, wie schon in der Sandkiste. So etwas geht anstandslos über die Bühne, zehn Milliarden Verbaute im Blick. – Vielleicht sollte man's dem Chinesen anbieten, für einen Euro.

PETER MÜLLER betrieb im Saarland verdeckte Parteienfinanzierung, wurde verurteilt und gerügt. Jetzt gibt er den berufenen Berichterstatter in Sachen Parteienfinanzierung. Da im Thema Versorgung alle Parteien am gleichen Strang ziehen, herrscht einvernehmliche Genugtuung über jeden Kader, der sich ausgezeichnet und das Ticket nach Karlsruhe erwischt hat. HANS HERBERT VON ARNIM hat ein Auge für solch korruptives Gespinst.

,Nacht über Berlin', mit dem Paar JAN JOSEF LIEFERS und ANNA LOOS – jeder Film zeigt Neues, wie die ordinäre Diktatur ins Leben einfällt. Und was das 85 Jahre später an Bedeutung hat. Wie das schmeckt. Was daran zu erkennen ist, auf der Straße, der gesäuberten. Oder ob es denn vorbei ist, eingewoben in die robuste Hülle des Eigenversorgers.

STEPHEN HAWKING starb, 76. Bändiger des ,Schwarzen Lochs' mit seinem Leib.

15.3. Geburtstag meines lieben Sohnes Valentin. Sitzt auf dem IT-Hype und ist fröhlicher Dinge. – Mimi (95) erleidet den Krebs im Gesicht. – Der Nachbar ist von der Pankreas-Diagnose entlastet und wartet auf die 8-Stunden-OP. Die Kinder haben sich so gefreut, wie seine Frau. – Der Chor, dezimiert aber fröhlich, ich Tenor-Frontmann ohne tiefere Kenntnis, auch fröhlich – so – Peter hört natürlich wieder alles – war ichs wieder, o Herr? Danach geht's zur

Sache, Pamela läßt auffahren, ich komme von der Knoblauchterrine nicht weg. Zu Hause parkt ein Wagen, darin Leo und seine Flamme, wir sitzen kurz, ein Prachtweib, Leon wohl sehr gewachsen. – Und im gemeinsamen Tanzkurs sind die Brüder jetzt auch noch.

16.3. Man richtet sich neu ein in den Berliner Ministergärten und die Zeitung fragt, was das soll! Ein Wimmelbild müßte her zur Abbildung der Heerscharen, ihrer Einpassung in die Stellenkegel. Da es ja nun täglich um IT gehen soll, ist hier besonders viel Wusel – was sie denn tun solle, wird Dorothee Bär gefragt. Gegen solches mit der Tür ins Haus fallen weiß sie erstmal nur, ei Staatsministerin, mit ‚bestimmten Aufgaben‘, nicht überall mal rumräumen. Und Chefe sei der Kanzleramtsminister, dem diese Volksgruppe an-, bei- und zuarbeitet. Denn die Division der Staatssekretäre wolle auch ihren Unterschlupf finden, zusammengefaßt im Staatssekretärausschuß. Der eben beim Kanzleramtsminister in Deckung geht. Bevor wieder irgendson Maulwurf vor die Presse geht.

Das Gemeinsame von Staat und Unternehmen liegt hierin: beide haben zu wenig. Dann kommts zum Unterschied: die Hidden Champions haben zu wenige Leute, der Staat zu wenig Arbeit. Das tendiert zu weiterer Polarisierung: bei den Champ's zu hoher Produktivität und Weltmarktführerschaft in ihrem Segment, beim Staat in die ‚bleierne Ablage‘, bis zum Somatisieren.

Punkt neun klingelt das Postamt: herein fliegt Band 9, so meines Wahnsinns aktuelle Kante: ‚2017‘. Ich gestehe, daß ich glücklich bin – auch wenns keinen Meter weiter bringt. – Keine zehn Minuten drauf zerrt mich irgendwas zurück auf den Boden beliebiger, nein eindeutiger Tatsachen: ‚artnet news‘ annonciert eine Ausstellung des MICHAEL CARSON in Arizona – was geht mich das an! Alles, denn sein ‚Twist of Fate‘ schlägt wie üblich dem Faß den Boden aus. Da steht er, Frack, Schlips, linke Hand in der Tasche, rechte Hand, alles in braun, hellgelb gehalten, steht, ohne Ausdruck – neben ihm, links, kurzes Kleid, nein Unterrock, rechtes Bein angehoben, rechter Arm den Schuh, ja was,

MICHAEL CARSON – Twist of Fate

anziehend. Linker Arm weit ab zur Stabilisierung, alles fragil und völlig entschieden. Die Welt steht nur auf dem Kopf, jedes Mal – sonst ist alles wie immer. Einfach perfekt. Ich mache Kaffee.

Abends fährt Jonas uns zum Großbus, vierzig Leute mit Skizeug treffen sich zum Trip in die Schweiz – wie geht's – beschissen – soviel wußte ich schon.

17.3. Standard-Stopp im Schweizer Autobahngrill, dann hoch ins Gebirge durch Massen von Schnee. Unser Zimmer wie vor vier Jahren – kleiner Stadtgang, mit einer Einheit ‚Feldschlößchen' abgeschlossen. Nach den Basisinformationen geht es in Standardbesetzung an die Leerung des ersten 10er-Packs – um 5 dichtes Schneetreiben.

Mit dem fünften Fläschchen hoch an den Schreibplatz. Denn das Unglaubliche passiert: wieder schlagen sie zu, diese Putzkolonnen – wieder in Nordamerika, diesem Kontinent, den der weiße Mann in Besitz nahm und im Sklavenhaltermodus entwickelte bzw. die Unterworfenen in Reservate einwies. Und gegen all das sich zur ‚Gleichheit aller vor dem Gesetz' entwickelte – und in dieser Spannung von materiellem Rassismus und bürgerlicher Demokratie durch das 20. Jahrhundert zog. Und womöglich vom vergleichbaren Schuldkomplex belegt, aber nicht so getrieben ist wie Deutschland. Und in dieser Konstellation wohl globalen Anteil hat an der Austreibung der größten Dämonen des Jahrhunderts. Und natürlich von den gleichen Allüren heimgesucht wird, wie das europäisch-gemütliche Tischlein-deck-dich.

RONALD ASCH beschreibt den Kehraus bei der ‚American Historical Review' – nur Männer beherrschten das Blatt, so der aktuelle Aufschrei – Quoten seien daher angebracht: Zusammensetzung der Autorenschaft bitte nach Geschlecht, nach Herkunft, nach Ethnie, als korporativ verfaßte Organisation am Ende tribalistisch, also nach Volksströmen sortierte Meinungsbildung und -äußerung – ... und Regierung? Wie im Libanon? So fragt der Autor in der Extrapolation des Wahns. – Solch Gespenst reiche bereits bis Berlin und in den Bundestag, Ablage bei Annegret KK.– Wie leichtfertig ist da sein Schluß, sowas sollte sich wenigstens auf die Geisteswissenschaften beschränken und die Naturwissenschaften verschonen – wegen deren wirtschaftlicher Relevanz.

Hier wird das geltende Regelsystem, der Gesellschaftsvertrag, in den Absturz getrieben. Jegliche personale Kompetenz verliert ihren Anspruch, fachliche Herausforderung ebenso – vor dem

Status, der Benachteiligten, der Opfer! Diese, jetzt mit Privileg
ausstaffiert, sollen endlich aus der Vernachlässigung in die Son-
ne zurückkehren. – Gleichheit vor dem Gesetz und damit Ein-
heitlichkeit als Menschen einer gesellschaftlichen Organisation
Staat verschwindet hinter Statusrechten mittelalterlicher Prove-
nienz. Das ist der Marsch des ‚Progressismus‘ (rappelez MR.
HOUELLEBECQ!) in den korporativen Ständestaat. – Das from-
me Gemüt spricht von Dekolonialisierung.

18.3. SONNTAG. Saas Grund: um 7.30 Frühstück – 9.00 Lift
zum Kreuzboden – 10.00 Tellerlift und Testfahrt – Schnee-
treiben – mittags ins Rondell an den Tresen und schon
hängen wir fest. Eine Runde ‚Stangen‘ folgt auf die nächs-
te. Um 15.30 in die Gondel talwärts und festen Boden er-
reicht. Kleinen Rausch ausgeschlafen und für den Abend
präpariert.

Der Pastor hat mich beauftragt, erneut – ich habe mir die An-
dachtsimpulse notiert: – Gott zeigt sich – zeige dein Mitgefühl
– zeige deine Liebe – zeig deine Fehlbarkeit – zeig deine Hoff-
nung – zeig, wofür du stehst – zeige dich Gott. – Ich wähle den
vorletzten Punkt, weil er die schöne Strecke Innenraum und
Außenraum einschließt, also das Grundthema für alles, was wir
können: wo komme ich her, wer bin ich, wohin will ich, kurz:
erkenne Dich selbst.

Die Anschlußformel: verstehe Dich! Verstehe den Anderen. Und
schließlich die Anwendung aufs Leben, d. h. die Fähigkeit, Stel-
lung zu nehmen zu den Provokationen meiner Umgebung, die
mir täglich ins Haus fliegen – d. h. mit meinen Talenten zu wu-
chern, so eins verfügbar ist.

Allein schon dieser Versuch, den in der Aufforderung ‚Zeig,
wofür du stehst‘ verborgenen Dreisprung zu gliedern, zeigt die
Anstrengung. – Was soll das? Wozu das? Muß ich jetzt auf die
Couch? Geht schon! Is nich meins! Laß man stecken. – Und die
Welt ist doch voller wohlfeiler Angebote und Ablenkung, klar,
auch Überraschungen, über die komm’ ich schon weg. Ich will
Spaß!

Das ist zulässige Trägheit, die ‚entwöhnt'. – Sie legt lahm. Denn das Hirn, dieser Dreipfünder unter der Krone der Schöpfung, arbeitet wie ein Muskel. Ohne Training, also Betätigung, baut er ab – das fördert Demenz, vor der Zeit. Nur mal so zur Info.

Solch fehlende Klärungen im persönlichen Haushalt werden zur Inkompetenz. Das manifestiert sich als ‚Faulheit im Denken', im weiteren verbunden mit ‚emotionaler Faulheit'. – Leben kann so gehen, im Mitlaufen und – bei den häufigen Überraschungen – im Abdecken, Wegducken.

Was tun! Vielleicht hilft – zwecks Förderung der Motivation – ein Blick auf den Preis, den wir bezahlen: „Deine Sprache verrät Dich", heißt es bei Petrus, der seine Anhängerschaft Jesu dreimal verleugnet. – Also das Verbergen zeigt sich sofort. Und wir merken, daß wir erkannt werden – und reden uns schnell ‚um Kopf und Kragen', es quält uns, wir schämen uns vielleicht – vor uns selbst – weils der Andere gemerkt hat – und seine Schlußfolgerungen zieht, es anspricht – Chance zur Korrektur? – oder auch nicht.

Natürlich kann es schwer sein aufzustehen, zu widersprechen, zu bekennen. Es braucht dazu neben Kraft auch den Mut.

Die Beispiele aus den ‚deutschen Diktaturen' sind zahlreich: als die Nachricht von der Kapitulation Frankreichs kommt 1940, springen die Leute auf die Tische mit erhobenen Armen und singen frenetisch das Horst-Wessel-Lied. DIETRICH BONHOEFFER tut das auch und fordert seinen Freund auf: „Nimm den Arm hoch, bist Du verrückt? ..." – Zum Mut, diesem emotionalen Impuls, gehört Klugheit, die durchdachtes Handeln ermöglicht.

Wer guckt sich solche Filme an wie ‚Nacht über Berlin' neulich, wo jede Figur angesichts der marodierenden SA in dieser Dramatik steckt, der jüdische Arzt, der Wachmann, der sich unterwirft, also wegsieht und dann die Helfer prügelt, die Freundin, deren Lokal die SA-Leute grade zerlegt haben, wofür sich der ‚Einsatzleiter' dann entschuldigt.

Welch ein Glück, in unserer Zeit und hier zu leben – und doch fehlt es oft an der Kraft, dem Mut und der Klugheit. – Alle Klärung findet im Außenraum statt. Dort aber spiegelt sich die ‚Lage in meinem Innenraum‘: mangelnde Klarheit, Angst, Unterwürfigkeit aus alter Zeit, fehlende Klärung: was treibt mich?

Deshalb der Satz: kläre das! Mache es dir bewußt! – In der schönen englischen Knappheit: ‚Stop – Think!‘. Der Andere siehts ohnehin, noch schärfer: wir können nicht lügen, wenns auch zum Leben gehört. Und nochmal der Kick: bedenke den Preis, den du für deine Verbiegung zahlst.

Die Sätze der Alten bilden das ab: SOKRATES vor knapp 2500 Jahren:

> Es ist besser, mit der ganzen Welt uneins zu sein als mit sich selbst, da ich ja einer bin. – HANNAH ARENDT ergänzt: Denn wenn ich mit mir selbst nicht einig bin, entsteht ein Konflikt, der unerträglich ist.

Solche Klärungen zu schaffen, ist Aufgabe des ‚inneren Dialoges‘.

Dafür jetzt die Tischkarten:
Wann war ich mutig? – was hindert mich ‚aufzustehen‘? – Lohnt es sich, mutig zu sein, zu bekennen? – was brauche ich, um mutig zu sein? – Mit Lied vorneweg, bei Gitarre und Trompete, und Lied am Schluß ist das Struktur, die jeder meistern kann.

2. Tag MONTAG. Das dem Denken entwöhnte Sein ist auf Dauer unweigerlich verbunden mit ‚emotionaler Faulheit‘. – Dagegen diese Fragen:
Was treibt mich in dieses Verhalten, immer wieder? – Was regt sich in mir, regt mich so auf? – Warum reagiere ich auf ihn, auf sie so völlig unkontrolliert? Oder auch: warum habe ich mich nicht beworben? – Warum folge ich der Ansage, obwohl ich nicht einverstanden bin? – Was habe ich mir letzte Woche bieten lassen, ohne dagegen aufzustehen?

Gefühle nicht bewußt erfahren, sie nicht (mehr) zu erkennen, zu verstehen und auszusprechen, lähmt, schlägt mich in ihren Bann: nicht ich habe das Gefühl, sondern das Gefühl hat mich, formuliert ORTRUD HAGEDORN. Erst die Aus-Sprache macht die Unterscheidung zwischen ähnlichen Gefühlen erst möglich, etwa von Angst – Furcht – Sorge – Schrecken. Sonst wird das diffuse, unverstandene Gefühl zum Treiber statt zum begleitenden ‚Ratgeber' und damit zur Bereicherung. Das treibt (sic!) in Ersatzhandlungen, manchmal in verzweifeltes Gegensteuern, jedenfalls in Vermeidung – peinlich für mich, durchsichtig für Andere. Und es verstärkt die ‚persönliche Last'.

Gefühle bewußt wahrnehmen und zu befragen, erfolgt im Denken, im persönlichen Dialog, wie im Äußeren, in der Bitte um Hilfe, um Feedback. Das erst wird Aufbruch ins Selbst-Verständnis, in die Ausbildung persönlicher Maßstäbe, im weiteren, im Außenraum ihrer Erprobung am Dialog, an Erfahrungen.

Das alles als ‚innerer Dialog' auf dem Weg zu ‚innerer Stimmigkeit', zur persönlichen Mitte. Von der aus wird das ‚Erkennen – Verstehen – Anwenden' der umgebenden Welt sicherer, zuerst das ‚Einigwerden mit sich selbst', getragen von ‚bewußtem Sein', raus aus unverstandenen Antrieben. – Der Allalin strahlt in doppelter Pracht, wenn ich mir das Glück der Teilnahme am Ski-zirkus vor Augen führe, (ich habs probiert!).

Dafür die Tischkarten von heute:
Kenne ich meine Gefühle? – Was hat mich das Verbergen meiner Gefühle schon gekostet? – Habe ich ein Gefühl, das mein Leben bestimmt, prägt, beeinflußt? – Wo, wann hat das Zeigen eines Gefühls mich erleichtert, ein Problem geklärt, eine Beziehung gerettet?

3. Tag DIENSTAG. Bewußt und unbewußt zusammen erst machen uns aus, sind 100 Prozent. Integration statt Abtrennung ist die Aufgabe, für erfülltes Leben. Das sieht bei Jedem anders aus, denn ‚Anders ist anders'! – Sich anschließen, einem Plan, einer Sache, einer Anhängerschaft, wird dann zu einer ‚reifen Entscheidung', ohne sich aufzugeben.

Irrtum, Fragen und Zweifel bleiben eingeschlossen, gehören zum Leben, darauf zu reagieren ist die Anforderung. Aus solcher ‚persönlichen Integration' wächst Urteilkraft.

Daraus diese Tischkarten:
Etwas beurteilen, was gehört dazu? – Was bedeutet mir das Urteil meines Nachbarn, Freundes? – ‚Stop – Think!', kann ich das? Oder ist mir das zu anstrengend? – Urteilen, Stellung nehmen, habe ich einen inneren Kompaß?

Abschluß:
Die ‚Tektonik dieses inneren Geländes' ist bereits in den sehr alten Religionen bekannt und formuliert, so etwa im Talmud (so 500 v. Chr.)

1.
„Achte auf Deine Gedanken,
    denn sie werden zu Worten.
Achte auf Deine Worte,
    denn sie werden zu Handlungen.
Achte auf Deine Handlungen,
    denn sie werden zu Gewohnheiten.
Achte auf Deine Gewohnheiten,
    denn sie werden Dein Charakter.
Achte auf Deinen Charakter,
    denn er wird Dein Schicksal."

2.
Auch bei JAKOB WASSERMANN: ‚Der Fall Mauritius':
„Ich meine nämlich, Gut und Böse entscheiden sich nicht im Verkehr der Menschen untereinander, sondern ausschließlich im Umgang des Menschen mit sich selbst."

3.
Auch in einer Lehrer-Fortbildung:
Wer sich selbst nicht mag,
ist bereit, sich täglich dafür zu rächen.

4.
Und im Alten Testament:
‚Liebe Deinen Nächsten, wie Dich selbst‘

5.
Direkt im Buchtitel der EVA-MARIA ZURHORST:
‚Liebe dich selbst und es ist egal, wen du heiratest‘

6.
Bei FRIEDRICH NIETZSCHE ohnehin:
‚Du suchtest die schwerste Last, da fandest du dich.‘

7.
Einer geht noch, aus dem Osten, Konfuzius formulierte:
Es gibt drei Wege klugen Handelns:
durch Nachdenken, es ist der edelste
durch Nachahmen, der einfachste
durch Erfahrung, es ist der bitterste.

19.3.   7.30 zum Frühstück – wie gehts – ‚könnte schon wieder reinschlagen‘, setzt sich und schmiert Brote. – Um 9.00 hoch zum Kreuzboden – Talfahrt, dann auf 3200, Hohsaas. Dort wirds fürchterlich, Nebel und weicher Schnee – ich kämpfe mich Wende um Wende hinab, stehe, stehe, komme an. – Antritt zur Stangenübung im Rondell – was ist los dieses Mal – NVA und Bundeswehr im regen Austausch. – Immerhin, wir brechen ab vor dem Exzeß und gehen auf den Tellerlift – dreimal großer Bogen, großer Schuß – Mecker von Chefe, aber traumhaft der Abgang – in die Gondel runter und in die d'après-Runde – Dort gehts zur Sache, Frauke erscheint in schwerer Schienung, Wadenbein gespleißt am Steilhang über Saas Fee – ich habe ihn vor Augen. – Rückzug zur Vorbereitung.

20.3.   Alle wollen nach Saas Fee, ich mache mit – bis unter den Allalin, 4500, Blick über tausend Meilen und talwärts, bis in verschleißenden Tiefschnee, am Steilhang! Ich messe, ab wann geht Schußfahrt und rette mich zur Mittelstation. Dort kommt uns der Nebel aus dem Tal entgegen und ich fahre weiter zu Tal, wandere zum Bus und falle erschöpft lang hin.

Später ins Feldschlößchen-Lager – ,Coop‘ hat nach den ersten Beschaffungsgängen sofort auf 15er-Träger umgestellt. Sie nennen das zu Recht Sonderaktion, bis die Bremer ,baggage‘ wieder im Bus sitzt. Das ist kaufmännische Sensilbilität! – Die Temperatur sinkt, die Biervorräte müssen in den Keller.

Dann lege ich Giselher die Hände auf die Schultern: ich will mit! – Einen Moment ist Stille, dann versteht er – aus dem Häuschen, die Route ist San Francisco – El Paso – Küste – New Orleans – Houston und zurück. Jetzt sind wir beide begeistert – wir lancieren das, versichert er.

Leon schreibt: können wir heute Abend telefonieren. Habe einen für mich wichtigen Schritt zu machen und würde vorher lieber einmal mit dir gesprochen haben – Marion: schwanger? – Mmh – Kündigung? – was weiß ich! Heute ist was los!

21.3. Frühstück – 9 Uhr in den Bus nach Saas Fee und in die Abfolge von Seilbahnen – stramme Pisten – flotte Fahrt – mittags kleine Aufmerksamkeiten, ich kann mir nicht vorstellen, daß Sie verstehen, was gemeint ist – nachmittags noch einmal Hohsaas und Abzweig Waismiess-Hütte – alle klemmen sich in die Bank – dann geht Giselher in den Keller – schlägt im glatten Gefälle lang hin – schleppt sich zurück – Bluttupfer und die Schulter auf Anfang – neuer Heilungsprozeß über sechs Monate. Er ist der sicherste Skifahrer dieser Gruppe. – Man sollte den Wirt am First hochziehen, wegen des kachelglatten Abgangs. wir verzichten auf Sofortmaßnahmen.
Und fahren zum Kreuzboden, wo alles ausgesoffen wird, was auf den Tischen steht. – Im Tal formiert sich zügig die Après-Ski-Gruppe im Versammlungsraum und es

gibt kein Halten mehr. Alte Marille, Zwetschke oder so
ist im Anstich, Rostocker Doppelkümmel wie immer –
und unverhofft wird das ‚Ziegenlied‘ aufgerufen, alle sind
gespannnt. Sicherheitsmaßnahmen gehen dem Vortrag
voran: sind Engländer anwesend? – Warum? – Die schla-
gen uns auf der Stelle tot. Die Frage wird verneint und im
Stentormodus geht es los, besser ab:

Ziegen im Ziegenstall
Ziegen gibt’s überall, wir haben drei.

Eine versaufen wir,
eine verkaufen wir,
eine behalten wir – für unsern Bock.

Melodie nach der englischen Hymne, was die Vorfrage er-
klärt. Danach ist auch die Queen für den Brexit. Der Vor-
trag wird begleitet von rhythmischen Schlägen mit der
flachen Hand auf die Tischplatte, daß der Schnaps springt
– alle freuen sich ob solch fein durchdachtem Text.

Fest steht seit langem, die meisten Unfälle passieren im
Haushalt – und beim Pinkeln. Da hilft auch die Aufforde-
rung nicht, dabei zu sitzen. – Erneutes Anstimmen bereits
mit breiter Beteiligung, choral – aber noch nicht im Satz
– immer fahre ich einen Meter hinter ihm, einmal nicht
und schon passierts. Frauen gehen immer zusammen
aufs Clo – letzter Aufruf: will noch jemand einen Zama-
rotti! – es gäbe Leute, heißt es weiter, für die man besser
eine Reihe Kartoffeln gepflanzt hätte. Ein echter Kalauer
aus der Landwirtschaft. Soviele Kartoffeln kannst du gar
nicht pflanzen! Planet der Kartoffeln oder wie, neuer
SciFi. <sprich Seivieh>. – Jetzt wird’s auch hier gefährlich,
ich packe meinen Kram und verschwinde.

Auf dem Zimmer – es klopft nicht und die Damen er-
scheinen zur Einnahme des Rostocker Doppelkümmels. –
Dann folgt der Liederabend, diesem der Gang an den Tre-

sen, wo wir zu viert die Grundlagen der Nation erörtern, weniges auslassen – dieweil Madeleine ‚Alte Zwetschke‘ zur Hand hat. Sie trägt verschärften Push Up. Das beflügelt eine aufgeräumte Stimmung. Spät verlasse ich den Platz, besser, kaufe mich frei. Im Zimmer empfängt mich meine liebe Frau – ist das peinlich. – A propos: dies ist kein Werbetext für die christliche Skifreizeit, so!

22.3.   Der Morgen ist gezeichnet vom Vorabend – schwergängie Kaffeebeschaffung – mäßiger Appetit – Giselher will niemanden sehen, eine hohe Anforderung im Frühstückssaal.

‚Mary McLeod Bethune (born 1875) will be the first African American to be honored in the US Capitol's National Statuary Hall. ... Bethune will replace a Confederate general.‘

Sie gründete 1904 die ‚Daytona Normal and Industrial School for Negro Girls‘, blieb am Leben und verfolgte den Kampf gegen die Rassentrennung bis in die 30er Jahre. – Das ist Arbeit am Rassismus 2018. Wenn der Senator Floridas das als einen Ausdruck von ‚present diversity‘ feiert, so mag sich JAMES BALDWIN zum wiederholten Mal im Grab wenden. Allein es ist wohl Bedingung von Akzeptanz im Süden des Riesenreiches.

Das Verfassungsgericht setzt dem Kassier und seiner rabiaten Eingriffsverwaltung eventuell erneut Grenzen. Grade schlug es ihm seine Erfindung der ‚Brennelementesteuer‘ aus der Hand. Das war nicht nur als Rückzahlung ein Schlag ins Kontor, sondern auch in der Verzinsung.

An dieser Unverschämtheit – der Verzinsung zu 6 % – wird festgehalten, weil sie in der Regel der Steuerzahler erleidet. Womit der Staat jährlich handverlesene ein bis zwei Milliarden marktferne und monopolaffine Extraeinkünfte absackt. Nach einer Reihe devoter Urteile in dieser *causa*, insbesondere vom obersten Finanzhof, der ja zum einschlägigen Minister ressortiert, will der zweite Senat der Roten Roben die Sache jetzt näher betrachten. Zu erwarten ist Verfassungsverstoß.

Ich bringe die Karte für Amrum zur Post – die Glocken läuten um 10 – die Kirche neben dem Briefkasten füllt sich zügig – drinnen so 150 bereits in kontinuierlichem Sprech vertieft – jeder nimmt den Weg bis vor den Altar, schöpft etwas Wasser und gießt es über einen hellen, sargähnlichen (?) Corpus, sodann auf seinen Platz – zwanzig Minuten stehe ich.

Sodann zurück und ins Skizeug. In der Gondel zum Kreuzboden überholt ein Hubschrauber, setzt weit draußen auf einer Kuppe auf – geht wieder hoch und kreist – ich bin im Tellerlift, da setzt er neben der Piste auf – fünf Mann raus, jemand liegt auf der Piste – meine zweite Abfahrt geht genau in den Start, die Rotorblätter werden auf Hub gestellt, alle werden weiß wie der Schnee und das Gerät hebt ab. Daß das 1000 kostet, leuchtet unmittelbar ein. Schwere Technik gibt's nicht zum Null-Tarif, ja!

Hinter wem soll ich bloß fahren. Es geht. Kaltes und klares Wetter. Mittags zu Tal. Der Abend wie gewohnt reichhaltig, ja kulinarisch in jeder Hinsicht – wir packen die ‚Pinotage' auf den Tisch, dafür verpasse ich den Gang zum Tresen, wo sich die üblichen Verdächtigen vor Madeleine verzurren, dazu weitere, und die Bestände ‚Alte Zwetschke' auf Null fahren. Als das Geld alle ist, gibt's eine Runde aufs Haus, erfahre ich. Das Zeug muß schließlich weg.

Vom Schreibtisch griff ich vor Reiseantritt die nächstliegenden Bücher – und stecke erneut im Milieu der 60er Jahre, daß sich gegen das langsam verkrustende braune Geflecht in Utopie stürzte. Und ich lerne, im 73. Jahr, die HANNAH ARENDT kennen im Dialog mit JOACHIM FEST. Sein Profil wird mir breiter, ja selbst ALBERT SPEER erscheint in einem variierenden Licht. Unter dem Titel ‚Eichmann war von empörender Dummheit' wurde 2011 ein fünfzig Jahre zurückliegendes Radio-Gespräch ARENDT/FEST veröffentlicht, dazu die Auseinandersetzung, der Aufschrei dokumentiert, welcher auf ARENDTS Prozeßbericht ‚Eichmann in Jerusalem' folgte.

Das ist Geschichtsunterricht pur: es war die erfolgreiche Jagd des Mossad, die Entführung des ADOLF EICHMANN im Mai 1960, der Prozeß in Jerusalem mit der Exekution des Urteils, Tod durch Erhängen. Dieses Ereignis bewirkte, daß in Deutschland erstmals 140 Richter, Staatsanwälte und höhere Polizeifunktionäre entlassen wurden, daß die Anstrengungen des Generalstaatsanwalts BAUER in den Frankfurter Auschwitzprozeß mündeten – ‚gegen ein weit verbreitetes Widerstreben in der Bevölkerung‘.

Zum Kern wurde der HANNAH ARENDT eine ‚Unfähigkeit des ADOLF EICHMANN zu denken und zu urteilen‘. Er habe sich abgedichtet gegen die Wirklichkeit, indem er für jede Erfahrung ein Klischee oder eine Sprachschablone bereithielt, so JOACHIM FEST. Eine ‚Lust am Funktionieren‘ sei ihm eigen gewesen, der ‚reine Leerlauf‘, der keine Frage hat, in Sonderheit nicht die nach Verantwortung für sein Tun. Reines Gehorchen als Kehrseite unabhängigen Urteilens,

> ‚dieser kuriose Pflichtbegriff‘, … ‚diese geradezu verrückte Idealisierung des Gehorsams‘ … ‚das ist deutsch‘,

sagt sie im Rundfunk-Dialog.

Und dieses ‚wir sind alle schuldig‘ – deckt die Mörder. Zugrunde liegt dieses Nicht-Denken, diese Gedankenlosigkeit – also das Nichterkennen: wer bin ich, was will ich, wo will ich hin. Diese Leere im Inneren wird in ‚rastloser Tätigkeit‘ im Außen stabilisiert. Es gibt kein ‚Stop and think‘, nur das ‚machen‘.

Und ihre Zusammenfassung der Situation Deutschland 1960:

> ‚Wenn das deutsche Volk der Meinung ist, es kann ganz ungestört mit den Mördern in seiner Mitte zusammenleben, dann geht das gegen die Ehre und Würde der Juden‘.

23.3.   9.30 zum Kreuzboden, aus dem Hochnebel ins gleißende Licht – der übliche Ablauf – zwei Fahrten – Stange im Rondell – Hohsaas, rechts raus in eine tolle Fahrt – ich suche freie Fläche bei hoher Geschwindigkeit, im Nu fährt sich der Ski fest und ich schlage nach vorne hin, Ski stehen, ich mit dem Gesicht in den Tiefschnee – grade hatte Giselher von den Tücken solcher Verwehungen gesprochen, einsitzen, Ski vorne hoch und so. Ich wills eben erleben, gell!

Nach der Pause mit Till (ungefähr 10) in die ‚Fun Slope‘ – der kriegt die Kurve in den Tunnel leicht hin – ich etwas in die Wand, ziehe das Material aus dem Berg und drücke mich durch die Röhre, echt funny. – Letztes après, wir kaufen ein.

Der letzte Abend in Saas Grund nimmt die halbe Nacht in Anspruch. Michael beißt wegen des Ski-Paß-Zirkus wie üblich in die Tischkante – ein Beißholz kann Leben retten! Denn im nächsten Jahr wird alles neu geregelt, wie jedes Jahr, nur wie, ist noch offen. Unsere Musiker intonieren die Auswahlsongs, darunter das Marzipan-Lied, allerliebst, das Ziegenlied aus der Abteilung Sauf-Melodik gelangt zu spät in die Auswahl. Es ist ja auch vorzugsweise vor dem Abgang ins komatöse Inferno zu singen. Der Dank an die Organisatoren ergeht in Form von Sitzfleisch.

Leider folge ich den üblichen Verdächtigen sodann an den Tresen der ‚Bergheimat‘ – wo Madeleine uns allerliebst empfängt. Die Zwetschgenvorräte wurden eiligst ergänzt. Hier nun kommt das militärische Spiel von Befehl und Gehorsam in seinen desaströsen Auswüchsen zum Vortrag. Der Laie läuft schreiend aus dem Lokal. – Dann erscheinen auch noch die Jüngeren mit der Frage, wanns denn an die Stange im ‚Platzhirsch‘ geht. Das heißt Wechsel ins nächste Etablissement – die Stange ist weg, dafür ein Vollbart plus Schlagzeuger mit feinster *Rock & Blues*-Salve an der Arbeit. Das kostet im bereits schwergängigen Modus weitere Stunden. Um drei Uhr soll ich das Lokal verlassen haben.

24.3.   Um 7 Uhr hoch, den Schrank kippen – Koffer füllen – Frühstück und wir stehen an der Straße. Marion geht mit dem Rest Doppelkümmel zu Frau Kalvermatten und macht Schicht. Schön wars! Alsdann auf die Strecke, 970 km bis Bremen. Durch den Bus schallt es mehrfach hell-klingend ‚haatschi! – haaatschi! – haaaaatschi!‘ – Elvis humpelt, schleppt sich zum Gassiweg – und liegt im Bett! Also um Mitternacht Betten beziehen. Der arme Hund!

27.3.   1000 Wege führen nicht nur nach Rom, auch ins Schwarze Loch, wo alles gefangen sitzt. CHRISTINE LAGARDE macht die fünf-te oder zehnte Variante auf zur ‚Sozialisierung von Haftung für eigenes Handeln‘. Sie möchte bei Sturm und Wind beschützen, jetzt durch einen ‚Schlechtwetterfonds‘, so heißt er tatsächlich – wer kann da widersprechen! 0,35 % – Zahlquote sind vorgesehen pro Teilnehmer, das sind dann mal 11.000.000.000 für Deutsch-land. Als sie von Eigenverantwortung erzählte, sprach sie sogar deutsch! Die IWF-Chefin möchte ins EU-Karussell wechseln, der Eliten-Stadl wird irgendwann so prägend, daß es eine Al-ternativlosigkeit hat! JCJ kann die Arme gar nicht schnell genug aufmachen, endlich Zuwachs fürs große Trio mit Goldfinger und Macron. Zuerst natürlich Küßchen.

Am Ende ist alles Tröpfcheninfusion gegen die Schulden-Me-teore im erdnahen Raum, so gilt für FRA aktuell 97 % des BIP, das sind 2.218.000.000.000, Zuwachs in 2017 bei 68.000.000.000. Den Zuwachs plant das Land auch für die nächsten Jahre. Und dann erst Italien, Griechenland. Wir streichen die Nullen, is doch eh nix. Mal sehen, was Sr. Dracula gegen den Zinsanstieg noch im Köcher hat. Spannender noch, was den ‚*Black Hole* – Beisitzern‘ sodann dagegen einfällt an Notgroschen-Maßnah-men, das wird ein Rapid-Sozialismus, wann? Ei näxdes Jahr, ihr Fröhlinge! Der kriegt doch jetzt schon kaum den Deckel auf den Zinsanstieg angesichts von Dollar & Fed.

Hierzulande ist etwas Disziplin: Bund bei 1,2 Bios, die Länder 0,6 Bios, Gemeinden bei 137 Millis. – Griechenland ist ja im Pro-grammstatus, wenns Geld weg ist, gibt's neues, seit 2015 bisher

46.000.000.000 vom Geheimbund ESM, die aktuelle Tranche von 6 braucht das Land für Fälligkeiten, weitere 40 sind optioniert. Zeitgleich kommt die 413. Expertise von Beatrice & Consorten über die Aussichtslosigkeit dieser Geldschwemmenpolitik, Streichung sei angesagt. Will aber keiner, weil dann manifest ist: versenktes Geld, zur Kasse bitte!

Die Dramaformulierung von ‚Krieg und Frieden‘ hat die Kanzlerin von HELMUT KOHL. Dessen Augen glänzten, als die Bundesbank seinerzeit an ihr widersprechendes Votum zur Euro-Einführung endlich den Satz anklemmte: ‚stabilitätspolitisch vertretbar‘. Das widersprach dem Kern ihrer Stellungnahme und das ‚Am Arsch die Räuber‘-Spiel konnte beginnen.

Derweil heißt es, der Islam gehöre nicht zu Deutschland, doch, gehöre er doch, aber nein, überhaupt nicht – und alle gucken zu. ‚Ich sehe bei allen ein Bekloppteitssyndrom‘, faßt FERIDUN ZAIMOGLU den Parolen-Kling-Klang zusammen. Horsti sei wohl Wiederholungstäter, aber auch Repräsentant der ‚bundesdeutschen Krankheit, ... nämlich dem Willen zur sofortigen Eskalation und Empörung‘. Von ‚Identitätshökern‘ auf beiden Seiten spricht er und von einer ‚Selbstethnisierung‘, die wohl auf dem Opferkomplex gründe. – So ist es eben, kaum ein Thema, das nicht sofort, also *subito*, weltanschaulich verankert und fundamental bis kurz vor die Vernichtung zerfranst wird. Aber sich beschweren, daß keiner mehr zuhört. Es ist so hautnah beim Posieren, ihr Möchtegerns.

Aber die Damen und Herren sind ungeniert beim Pflöckeeinschlagen, wobei anständig Personal rekrutiert wird fürs Einmaleins der ministeriellen Überlast. Als wärs nicht genug, nimmt HORSTI SEEHOFER 98 neue Stellen aus dem Topf für ‚heimatbezogene Innenpolitik‘ und so. OLAF SCHOLZ packt wegen Vizekanzler 41 drauf, alles zusammen 209 neue. Wegfallen tut nix, wenn doch, dann nur Aufgaben, Personal stabil! Is wie Brüssel, da kriegst du auch keinen mehr raus, der mal Anker geworfen hat. Ministerien einrichten ist wie anbauen.

Kurz drauf: HORSCHTI und seine acht weißen Männer in schlecht sitzenden Anzügen auf der *website* des Heimatministeriums. ‚Gehören Frauen zu Deutschland?‘, hat er nicht gefragt, aber eine hätt’ er nun wirklich dazu nehmen können, damit das Schlimmste vermieden wird. Eine wird ja gern genommen, die hätte den Herren das Tuch manierlich gerückt, gell! Aber *dös ‚mia san mia‘* ist eben stoisch.

Das blauäugige Deutschland sei das Eldorado der Mafia, liest ROBERTO SAVIANO aus dem Sizilien-Roman über den Kindernachwuchs des organisierten Verbrechens. Auch dort steht der Mensch imMittelpunkt des Geschäfts, je mehr, desto besser.

Elvis schläft und bläst permanent ab – alle Fenster offen.

28.3. Das Wort ‚Sozialpolitik‘ müßte bei Augenkontakt verschwinden, einfach weg sein! Die Kleinkrämerpartei mit Apparaten im Konzern-Umfang schwärmt von – Obacht! –

> ‚sozialversicherungspflichtig bezuschußten Arbeitsverhältnissen im sozialen Arbeitsmarkt‘,

auf dem Weg zum Mindestlohn für alles, übertölpelt von MICHAEL MÜLLERS

> ‚solidarischem Grundeinkommen in gesellschaftlich relevanter Arbeit‘

Solche Texte müssen unbedingt durch den TÜV, bevor sie der Öffentlichkeit aufgehalst werden. Da stimmt doch was nicht. – Mit diesem Sprach-Schrott werden die Kanäle verstopft, die Ministeriumskohorten beschäftigt und das 25. Programm erfolgloser Beschaffungsmaßnahmen losgetreten, guxdu Bundesrechnungshof!

Vom bedingungslosen Grundeinkommen zur besinnungslosen Beschäftigung ist es ein Katzensprung, ihr Sozialfälle. Die Schulen sind weiter, da wird das bereits trainiert. – Die Apparate im

Laufrad dauerbeschallender Selbst-Vergewisserung, wie im Freizeitpark.

Prognostix JÖRG KUKIES wechselt von Goldman Sachs zu OLAF SCHOLZ. Was er da soll? Ei den Wahrsager geben!

Je 30 verabreden sich in Duisburg zur Straßenschlacht, man ruft ‚Verpiss dich‘ und ‚Hurensohn‘ und greift sodann auf mitgebrachte Hilfsmittel zu, als da sind Machete, Eisenstange, Teleskop-Schlagstock und ein Staubsaugerrohr. – Bei Beginn der Scharmützel rufen Zuschauer die Polizei, die eine größere Aufführung verhindert. Wer die Teilnehmer sind? ‚Ein Querschnitt der Bevölkerung von Duisburg, alles dabei‘, heißt es polizeiseits. Tja, so ein Querschnitt hat einfach mal die Faxen dicke. Und man lebt ja nicht ewig!

EUGEN GOMRINGER (guxdu, Bd. 9) sitzt auf der Bühne vor vollem Saal im Max Lieberman-Haus und soll sein Gedicht verteidigen, das auf Antrag des ASTA von der Wand des Unigebäudes entfernt wurde. Neben ihm zwei Frauen des ASTA. Frau Roth liest Literatur ‚aus sozialarbeiterischer Perspektive‘ – wer will ihr das verwehren. Was sie angerichtet haben, anrichten können mit ihrer ‚Deutungsgymnastik‘, so PAUL INGENDAY, wird Stück für Stück deutlicher, auch wenn es noch keine ‚Bücherverbrennung‘ ist, womit der Autor seine Sympathie im Publikum fahrlässig verspielt. Ein Stück des Wegs ist es schon.

Das Geschäftsmodell von ‚Cambridge Analytica‘ heißt Leute steuern. Es bedient sich bei Facebook. Chefe lacht und bestärkt sich bei ‚Palantir‘ des PETER THIEL (guxdu, Bd. 9, 17.3.) – Palantir geht einen anderen Weg. Es macht Leute aus mit verdächtigem Profil. Das sieht man Leuten oft gar nicht an, Palantirs Algorithmus aber schon. Der Polizei ist es in der Regel lieber, im Vorwege ‚klar Schiff‘ zu machen, als auszurücken, wenn der Flurschaden angerichtet ist. Daher setzte die Polizei von New Orleans so ein Programm mal ein, sozusagen zum Probefahren. War ja vielleicht ein Geschenk des PETER THIEL. Nach dem Casting der Einwohnerschaft waren ihrer ein Prozent verdächtig. – Leider brachte irgendson Maulwurf das Ganze ans Licht, also in die Presse, womit Schluß war mit dem ‚*Predictive Policing*‘.

Palantir-Chefe weiß um das Interesse am ‚Erkennen von Menschen‘ und hat erstmal einen 750-Millionenauftrag des Verteidigungsministeriums an Land gezogen, berichtet CONSTANZE KURZ. – Das Lied aus der Romantik ‚Die Gedanken sind frei‘, spiegelte die Repression – es kann bald auch in die Tonne getreten werden, wenn Du beim Überqueren der Straße ‚ausgelesen‘ wirst. – China arbeitet daran. Dort ist auch der Maßnahmenkatalog im Aushang, der ja den ganzen Aufwand erst schlüssig macht, also den Modus ‚erkennen-verstehen-anwenden‘ ausfüllt. Nie waren wir der Zukunft näher.

Und warum? Weil der ‚schönen neuen Welt‘ im Herkunftsraum von Aufklärung und bürgerlicher Freiheit mit Inbrunst entgegengearbeitet wird. Die Zeitung zitiert aus Umfragen von Gallup und Knight Foundation, wonach dort ‚Vielfalt und Inklusion‘ nicht nur vor Meinungsfreiheit rangieren sondern diese auch beiseite drängen, gerne durch Niederbrüllen des Redners (37 %). Eine positive Umgebung sei überhaupt nur durch Einschränkung der Meinungsfreiheit erreichbar, Gruppenzugehörigkeit und die Gewißheit der ‚besseren Moral‘ seien Motiv und Treiber.

Solche Gewißheiten schreiten zur Tat, der Erziehung gegen Rassismus und dem pro-Gender-Denk. Zu den Maßnahmen gehört ein ‚verpflichtender Abwesenheitstag für weiße Professoren‘. BRET WEINSTEIN, Biologieprofessor an der Evergreen State University, widersetzte sich und wurde in den Rücktritt gedrängt. – CHARLES DARWINS Evolutionstheorie ist längst unpäßlich. In Frankfurt, Köln und Bremen geschehe Vergleichbares.

Fäulnis befällt das Gebiet des weißen Mannes. Mit seiner Geschichte konfrontiert, verliert er das Erbe der Aufklärung und wiederholt die böse Tat an sich selbst. Er unterwirft sich dem modernen Obskurantismus, gegen den er einst antrat, weil er jeden Maßstab des Denkens und Urteilens verloren hat. So wird er immer öfter zitiert.

Vielleicht ist solch kleingeistiger Terror auch nur die Flucht ins identitäre Idyll vor dem ‚Finanzmarkt-Aufmerksamkeits-Komplex‘, ‚der all unsere Gedankenströme in kontinuierliche Geldströme verwandeln konnte‘. AYAD AKHTAR beschreibt die Monetarisierung der Welt, welche die menschliche Existenz marginalisiere. – Zahllos sind die eindimensionalen Erklärungen ihres Zustands.

Die jüdische Gemeinde beantragt Statistik für antisemitische Straftaten. Sofern man sich zur Klarheit von Tat & Tätern versteht, ließe sich damit die hohe Dunkelziffer ins Licht holen. – Es ist wie bei den faulen Krediten, an deren Verbergen viele ein Interesse haben. – So berichtet eine Mutter, wie ihr Sohn in der ‚Kita‘ hört, die Eltern würden in der Hölle schmoren, weil er nicht Allah folge. Statt die Eltern einzubestellen, wird Alka Selzer verteilt.

Der eingewanderte Antisemitismus gibt sich grobschlächtig und befeuert den hiesigen, der alle Bereiche besetzt: rechts – Mitte – links. SAWSAN CHEBLI ist – bitte anschnallen – ‚Staatssekretärin für Bürgerschaftliches Engagement und Internationales‘ im Berliner Zirkus und ist um Abdeckung bemüht. Sie sortiert Tatbestände um, damit ein gewünschtes Milieu stubenrein bleibt.

HEIKO MAAS reist nach NY, er wirbt für einen Sitz des Landes im Sicherheitsrat. Sollte er es schaffen, möchte er sich vorrangig um Klimaschutz kümmern. Bei solcher Fokussierung sollte er gleich das solidarische Grundeinkommen für alles draufpacken. Dann wäre das politische Profil der noch drittgrößten Volkswirtschaft der Erde akut-angemessen konturiert.
JEAN RENO ist ‚Leon – der Profi‘, die junge NATALIE PORTMAN ebenso, grandios, gnadenlos.

Ein Tschetschene überfällt nachts eine 60-Jährige, bringt sie ums Leben und nimmt ihr Handy und einige Euro ab. Die Handy-Ortung führt zur Festnahme in Polen, wohin die siebenköpfige Familie mangels Aussicht auf Asyl abgeschoben wurde. Drei

Frauen hat er später überfallen und beraubt. Die Abschiebung war ausgesetzt, weil es in Rußland keine ‚kindergerechte Inobhutnahme‘ gegeben habe. So blieb er in Berlin und kriminell, klagte nach Volljährigkeit gegen die Ausweisung und vagabundiert weiter durch Berlin, ohne Beruf, ohne Wohnsitz, mit staatlicher Unterstützung. So wird das gemacht bis zum Mord, durch den er nun in tat-gerechte Obhutnahme kommen wird.

GINA THOMAS war in <u>England</u> und es ist zum Steinerweichen. An Schulen heißt der Muttertag jetzt ‚Special Person’s Day‘ – massivere Diskriminierung ist kaum denkbar, ich assoziiere das FBI. ‚Anti-Rassismus-Kurse‘ bringen weißen Dozenten und Studenten bei, ‚die Destruktivität des Weißseins zu prüfen und anzuerkennen‘ – ‚Weiß sein lenen und verlernen‘, lautet eine andere Parole.

Nach dem ‚Schweigen der Lämmer‘ kann es doch kein Problem sein, eine andere Haut aufzuziehen, mit neutralem Dekor, vielleicht sogar mit Muster. Dafür gäbs dann Musterbücher mit Farbtafeln, wie vom Maler – etwa Typ ‚Levante‘, Typ ‚Mulatti‘, auch Typ ‚Neger‘, oder ‚Weißling‘. KOHL war ja auch Weißling (ok, ok, ok – Eltern aus Kalau). Aber die Bezeichnungen müßten natürlich durch die Wahrheitskommission. Alles, um unauffällig durch die Umerziehung zu kommen.

Mich wirfts ja vom Hocker – du mußt Dir das vorstellen: da beschließt son Heuhaufen Leute, Donnerstag ist die Uni dicht für alle Weißen! Da wird der öffentliche Raum dicht gemacht, Zugang zum Arbeitsplatz verriegelt, also Verfassungssatz 1 bis 11 in die Tonne getreten, weil der Heuhaufen Unterricht in Rassismus, Gender & Co. gibt. Das ist derber als im Ortsverein der KP China.

Doch weiter im Wahn: Oxford will das Philosophiestudium ‚verweiblichen‘. Um die Literaturquote zu kontrollieren, müssen ab sofort die Vornamen ausgeschrieben werden. – Und Klausuren sollen zu Hause geschrieben werden, weils für Frauen im Hörsaal zu nervig ist. – Auch sollen die Klausurzeiten verlängert

werden, weil ,der Zeitdruck Studentinnen nachteilig beeinflußt'.
– Mich hat jede Klausurzeit nachteilig beeinflußt, ihr Hühner-
beine! – Die haben wohl Freisemester. Und den Schuß nicht
gehört. Die Putzkolonnen münden hier in den breiten Strom
anstrengungsfreier Wohlfühlgärten. Sie frönen ihrer schuldbe-
ladenen Sehnsucht nach dem Prangerdasein, dieser Mischung
aus Opfer- und Anklage-*Celebration*.

Was schließlich am Theater angestellt wird: da wird SHAKE-
SPEARE großflächig umgeschrieben und der Sprachsturz auf
die Bühne gekippt. Es geht zu wie beim hiesigen Kirchentag im
letzten Jahr (guxdu, Bd. 9, 150 ff.). – So verschwinden Geschichte
und Kultur im Akutschwurbel der Groß-Revisoren. Die Stellen-
beschreibung des mittelalterlichen Inquisitors unterscheidet sich
noch in lebenserhaltenden Nuancen.

Wie am Theater so an den Universitäten: die intellektuelle Ambi-
valenz machte sie einst zu Orten des Widerstands gegen Absolu-
tismus und Diktatur. Bereits am Ausgang des ersten Weltkriegs
jedoch wurde der allgemeine Antisemitismus führend an deut-
schen Universitäten, fünfzehn Jahre vor seiner Erhebung zur
Staatsraison. Der universitäre Raum als Echo des gesellschaftli-
chen, eben nichts Besonderes.

Tatsachen, also die ,Issos' des Lebens, den Sollens-Konzepten
von Weltbildern einzupressen, ist nicht nur manch politischem
Hühnerhof äußerstes Anliegen. Auch im Stiftungsregime wer-
den massefinanzierte Anstrengungen unternommen, solchen
Kopfgeburten Substanz anzudienen. Gerne von ,gut verpackt
von Bertelsmann', heute von Friedrich-Ebert in Sachen Privat-
schule. Die sei nicht besser wie öffentliche, wird da im politi-
schen Lieferanten-Modus frohlockt. Das wird in einem Wald
von ,Kompetenzständen' ausgemacht und als ,Punktwertdif-
ferenz auf der Berichtsmetrik' gezeigt. Vielleicht mal ins Kino
gehen und ,Pünktchen und Anton' gucken, ihr Punktesammler.
– Die Sozial-GEW springt sofort drauf an, eine Schule für alles
ist ihr Anliegen. Ich sage nur , ...nossinen und Genossen!'

Und aus dem Kompetenzenzirkus liefert DIETMAR DATH in seiner KARL MARX-Abfolge sogleich die abgründige Anwendung: ‚Wovor hast Du Angst?‘, fragt es aus der emotionalen Kompetenz. Als spiegele sich der permanente Prozeß kapitalistischer Akkumulation in zunehmender Enteignung Heranwachsender wie Erwachsener von qualifizierter Bildung bzw. substanzieller Ausdrucksfähigkeit:

> ‚Noch die sachlich zutreffendsten Äußerungen der scheinbar Mächtigsten erleben wir vor diesem Hintergrund heute als Unfälle aus Themaverfehlung, verhunztem Satzbau und schierem Lallen, etwa bei der Kanzlerin.‘

Und was die Kinder betrifft:

> ‚In diesem Horrorland lernen (sie) folgerichtig, wie man beliebt und unterwürfig zugleich ist.‘

Erlösung aus der entwerteten Individualität biete daher aktuell ‚allerlei uralter Hordenmuff‘, bis ins Identitäre. Soweit die kurze Anbindung des Enteignungstopos an seine ökonomische Grundlage. – Wie bloß, bleibt meine Frage, ‚gelingt‘ es einem Bildungssystem, diesen Substanzverlust in kaum fünfzig Jahren so nachhaltig zu verankern! Die Nachfrage nach Substanz bleibt ja! Wie also läuft die destruktive Infiltration über das politische System, die Exekutive, die KMK, über die Formatierungen der ‚institutionellen *ghost writer* als Bertelsmann, Friedrich Ebert u.a.m. und schließlich über die medialen Apparate. Das kann doch nicht allein am ZDF liegen!

Gleichwohl, Europa ist Magnet und der Schengen-Raum ist ein Schweizer Käse. Man kann ihn ‚mittschiffs‘, also nach den Regeln entern, oder ‚unten‘, also ohne Papiere und im Dunkel, oder ‚oben‘, also mit Geld. Bayern macht wieder eine Grenzpolizei auf. – Wie schon Portugal baut <u>Zypern</u> das Geschäftsmodell ‚käufliche Staatsbürgerschaft‘ aus, welches Hunderte Anwälte, Notare und Makler ernährt, so MICHAEL MARTENS.

Für 2 Millionen steht die EU offen, gegen Aufschlag für die ganze Familie sowie die Eltern. Mit Blick aufs wohlhabende Publikum, dessen Steuerlast notorisch pressiert, hat so ein ‚Property Developers‘-Windhundeladen Außenstellen in Moskau, Peking, Ho Schi Minh-Stadt und Athen eingerichtet. So werden die üblichen Geschäfte für kleine Gebühr auf das Vorteilhafteste abgewickelt. Kernthema ist laut Werbeprospekt die ‚finanzielle Ungestörtheit‘. ‚Rhetorische Rohlinge‘, so MM, sprechen hier von Steuerflucht und Geldwäsche. So habe der ohnehin klamme Inselstaat den Etat in 2013 um vier Milliarden aufstocken können, heißt es. Bulgariens Staatsbügerschaft kostet nur halb so viel, aber es dauert. Das nervt.

Dann hebt <u>Serbien</u> die Visumpflicht für Iraner auf – prompt richtet ‚Iran Air‘ Direktflüge nach Belgrad ein, denn die Nachfrage steigt sprungfix an. Nur nicht etwa touristisch oder zwecks Investition sondern unter Aufgabe des Rückflugs für die Weiterreise ins wohlhabende Europa. Weitere Direktverbindungen sind geplant, tickets bereits alle verkauft! Wer Asyl beantragt, tut das, damit Ruhe ist und reist weiter. – Denn längst hat sich herumgesprochen, wo in Deutschland das Einreiseprojekt am sichersten zum Abschluß gebracht werden kann: im Biotop Bremen! Das befeuert die Reiselust. Dazu in Kürze mehr.

Weitere Variante ist <u>Georgien</u>, dem der besternte Brüsseler Himmel Visumfreiheit zusprach. Seither eskaliert der Einreiseverkehr, werden Berlin, Dortmund und Memmingen aus dem doch eher asiatischen Flecken Erde direkt angeflogen und es sehen sich Ströme Hochinteressierter peinlicher Befragung ausgesetzt. Denn es kommen direkte Asylaspiranten oder schlecht als Urlauber Getarnte. Der Asylantrag ist von sicherer Aussichtslosigkeit, die Quote bei 2 %. Der einreiseinteressierte Georgier ohne Bargeld oder Kreditkarte trifft beim Zollwesen auf verschärfte Aufmerksamkeit: man reist regelmäßig zur Beschaffung ein, und zwar bandenweise. Arbeitsschwerpunkte sind Diebstahl, Einbruch und strafrechtlich Verwandtes. Der Asylantrag ist mit Grundversorgung bis zur Entscheidung verbunden. Auf die sichere Ablehnung folgt die Klage. Das erlaubt eine Mittelfrist-Planung. Nach dem medical check geht’s an die Arbeit.

Diesen Weg gehen derzeit 400.000 aus aller Welt, aus Georgien Siebentausend. 3000 endgültig Beschiedene leben weiterhin hier, wegen sogenannten ‚Vollzugsdefizits‘ bei der Abschiebung.

Schon immer stinkt der Fisch vom Kopf her, isso. Heißt, wenn das Kommissariat ‚Politik‘ macht, ist regelmäßig der Schlag auf den Notaus-Knopf angesagt. In Sachen Georgien wollte man dem eh pressierenden Russen zeigen, daß jener Flecken asiatischen Baulandes zu Europa gehört, eine exzessive Anwendung des Pflegesatzes: ‚mer brauche mehr Eurohba‘. Der Fall zeigt, daß hier eine Drohung im Raum steht, welche planetares Ausmaß gewinnt. Also das ‚Rette sich, wer kann‘ wird zur direkten Folgelosung, vielleicht das neue Logo: ‚Flucht vor Europa‘. Der asylreisende Georgier jedenfalls goutiert solche Zuwendung, besser hier an der Arbeit als auf dem Kartoffelfeld daheim und Drecksarbeit.

Den Aufstand gegen solche Offenherzigkeit markiert VIKTOR ORBÁN, der das Wahlrecht gar nicht strangulieren muß, um seine Parlamentsmehrheit weiter auszubauen. JEAN ASSELBORN spricht tags drauf von einem ‚Wertetumor‘, der zu ‚neutralisieren‘ sei. Er weiß, wovon er redet in seinem metastasierten Laden.

Die Migrationsfolgen ‚kleinzureden ... war und ist ein Fehler‘, notiert die Zeitung. Macht denn der Papst einen Fehler, wenn er am Zölibat fest- und Frauen fernhält? Dem fliegt der Laden auseinander, wenn der lebensfrohe physische Druck nicht aus den Lenden in den Kopf sublimiert wird. Und dann möglichst so eine Ruth Moschner oder Barbara Schöneberger, die durch den Beichtraum läuft oder wie!

Nein, der Papst handelt aus tiefer Überzeugung. Das Migrationsprojekt folgt ebenfalls einer, wirklich einer tiefen Überzeugung, die gesinnungsdurchtränkt ist. Solche Politik kommt ja in Mode. Die Folgen abzuarbeiten, gehört nun mal zur Drecksarbeit, drei Etagen tiefer. Wachsende Kritik treibt eher Starrsinn hervor. Solche Kritik wird über die Zeit in eine Sprech-Regulatorik gegossen, die dann ‚korrekt‘ eher verharmlosend daherkommt. Von Fehler zu sprechen, ist verharmlosend!

Von solcher verstörenden Gesinnung ist etliches EU-Personal befallen, ohne sowas kommen die da gar nicht rein. – In Frankreich übersetzt ALAIN FIENKELKRAUT diese Störung so: ‚Nicht sehen wollen, was zu sehen ist‘. – Das ist bekanntlich mehr als ein Fehler. Nach den jüngsten Judenmorden reagiert Frankreich im Schock. In Deutschland werden Immigranten immer noch der Psychiatrie zur Begutachtung anheimgegeben. Eine Wahrnehmungsstörung aus dem Schuldkomplex. Weil das ‚Nicht sehen wollen, was zu sehen ist‘, nahezu allen Institutionen anhaftet, kommt es gerne zum R & S-Syndrom. – So ist etwa der Widerstand gegen eine Meldepflicht von antisemitischen Übergriffen an Schulen groß – und vielseitig, die Unterbindung der jährlichen Berliner Aufzüge im aktuellen Format hingegen unmöglich. Solche Politik handelt erst unter Schrecken, zumeist von Toten verursacht.

31.3. Ich fahre in die Stadt, lade ein und schleppe es in den Wintergarten: Revox B77, wenn Sie verstehen. Eine Tonbandmaschine, wie ich sie vor knapp fünfzig Jahren in Frankfurt gekauft habe. Zwei Dutzend 26-cm-Bänder im Keller, es muß also. Weitere Fragen sind sinnlos, Jonas kommentiert: ich raste. Die Familie staunt, zögert, stellt das Fragen ein. Es gibt Schlimmeres im Alter.

Abends ins Bellini an der Schlachte zu kurzweiligem Familientreffen mit Freundin. Erneute Vergrippung hält meinen Anteil in Grenzen, vor dem dritten Kaipi‘ der Frauen brechen wir auf. Es gelingt.

1.4. 9.33 ab Bremen nach Amrum. Alle sind da, ich fahre, um dabei zu stehen. 15.00 Fähre, 17.00 am Bett der Sterbenden. – Wir haben über fünf Stunden große Gespräche über die siebzig vergangenen Jahre. Deutliche Worte, Sabine und Regina sind am nächsten dran, sie gibt ihre Sicht der Dinge, mit Respekt. Es waren zwei Menschen mit sehr polarer Struktur, starken Eigenheiten – und in großer Liebe, die fast allen Widrigkeiten trotzen konnte.

2.4.   Frühstück, Mimi atmet langsam, Gespräch über das Folgende, Testamentsdurchgang, mit Regina und Roger zur Fähre. 12.00 ab, der Zubringer kommt zwei Minuten zu spät, der IC ist weg – wenn pünktlich, dann aber auch richtig – eine Stunde um die Häuser – dann Gleis 3, der fährt in die falsche Richtung ab! – die Schaffnerin empfiehlt Klanxbüll, aber flott, denn der Gegenzug ist schon da! – Marion: mach was kaputt! – Jonas lacht sich tot, darf ich das bei 9Gag posten? Droh' mit Coaching – Zug hält auf freier Strecke – ich rassel mit dem Gitter, Leute, meine Grenzwerte sind komplett überschritten – Zug fährt an, ankomme Klanxbüll Central – raus und an die Gleisbrücke, der Gegenzug kommt über den Berg – ich werfe den Koffer ins Gleis, da muß er halten – Treppe runter und rein – endlich wieder Niebüll, 15.45 – wenn ich drin bleibe, kriege ich Stunden später den Schienenersatzverkehr, sprich, mit dem Postbus Elmshorn – Hamburg – das ist Garantie-Kollaps, schon das Wort ‚Postbus' – also wieder raus und nächster IC, der darf nämlich durch – Kaffee, Croissant und Meditation – Freitag ist an sich Badetag, heute ist Reisetag, nix mit der Ente – 21.00 zu Hause, ist das schön – Suppe, Krimi, Bett – für die Beerdigung nehmen wir den Flieger.

OLAF KÖLLERS sieben Fragen an die Frage-, Aufgaben- und Hypothesenstellung zur Digitalisierung des Schulunterrichts. Eine gute Sortierung für die Echoräume der Parolen und Ahnungslosigkeit.

    ‚Schön, daß es klappt', schrieb ich im Januar 2008 dem Vermittler von Schiffsfonds und schob 20' über den Tresen. Jetzt kam der Brief, es hat nicht geklappt. Das war bereits 2009 klar. Die Gesellschaft löse sich auf, das Geld schon lange .. schönen Lebensabend noch!

4.4.   Und dieses Buch, ein Arbeitsbuch, Verarbeitung, Durcharbeitung, es wird zur Last, kein Raum für Innehalten bei diesen Durchhalteparolen, die überall ausgeschnitten herumliegen. Dabei ist mir so – Mimi stirbt, seit zehn Tagen – ich sah sie, schon halb gegangen – der schmale Leib noch der Funktionen mächtig, immer weiter zurückgehend – alle schweigen jetzt im Sterbezimmer, damit dieser Weg hinaus ungestört bleibt – wie lang er ist!

Nach dreißig Jahren wieder etwas von GUISEPPE TOMASI DI LAMPEDUSA, ‚Die Sirene‘. Mein Bedarf an Melancholie ist ungedeckt, ich hole die Wäsche aus dem Keller. Sag einer, mir wäre nichts heilig.

Auch das Heilige hat seinen Preis, denn es ist von Menschen gemacht. SUSANNE KLINGENSTEIN war in Boston, wo im Gardner Museum zwölf Tafel-Gemälde des FRA GIOVANNI, geadelt zum ANGELICUS, versammelt sind. Dieser Titel kam vom ‚intellektuellen Riesen‘ THOMAS VON AQUIN, jener ‚tragenden Säule der Dominikaner, dem unbarmherzig gelehrtesten aller Orden‘. Die Feinheit, Transparenz, ja überirdische Schönheit, angespannte nennt sie, SK,

> ‚läßt nicht vergessen, daß der unerbittliche Glaube, der sie hervorbrachte, Häretiker und Juden auf die Folterräder spannte. Die Schönheit des Glaubens hatte ihre grauenhafte Kehrseite‘.

Mit dem Zoll ist es wie mit der Inneren Sicherheit, einstweilen noch mit Spitz und Block unterwegs, soll bis Jahresende eine Ei-Tieh-Lösung gefunden sein für die ‚Financial Intelligence Unit‘, wenn Sie verstehen, was die meinen, nix FBI! Meint MICHAEL MEISTER. Das Land bleibt Sehnsuchtsort des organisierten Verbrechens, dessen Hub immer noch die kalabrische ’ndrangheta besetzt, Paradiesvogel im deutschen Naturschutzgebiet. Über Jahrzehnte hat VICENZO B., soviel Datenschutz muß sein, den Zug seiner Landsleute von Cirò nach Norden begleitet. Dort hat das Verbrechen die lokale Infrastruktur und alles Aussichtsreiche unterworfen und erschließt Nordeuropa, rein geschäftlich – in Deutschland nach den Räumen Stuttgart und NRW, Duisburg das anmutige Nordhessen. Das erzählt DAVID KLAUBERT. VICENZO sitzt wiederholt im Knast, wie die Chefchens des ‚Farao Marincola‘-Clans. Sie arbeiten aus der Zelle heraus. Dutzende Gastronomiebetriebe, Pizzerien, Eisdielen bilden die Operationsbasis für Geldwäsche und überteuertes Profitliches, gerne im GmbH-Mantel. – Wie der Russ' an der Mosel, ‚da kommen wir oft nicht hinterher‘, sagt der KriPo-Mann. – Einer im Süden hat jetzt ausgepackt: VICENZO sei auf jeden Fall ‚getauftes‘ Mafia-Mitglied. – Immerhin, bei rückständigen Beiträgen zur Sozialversicherung kennt der Zoll kein Vertun.

Und der Abschluß des rheinland-pfälzischen ‚EUMANN-Syndroms‘ wird zur Krönung eines Streits um Recht & Ordnung. Unter dem Senatsvorsitzenden, vormals Justitiar der SPD-Fraktion im Mainzer Landtag, weist das Oberverwaltungsgericht die Beschwerde des unberücksichtigten Markus Kompa nicht nur zurück, sondern tituliert sie als ‚unzulässig‘ und ‚nichtig‘. Der habe nur stänkern wollen. Die Beschlußgründe intonieren den Großschwurbel der populistischen Mitte auf nur zitierenswerte Art! Das Ganze gibt musterhaft das feine Geflecht korruptiver Verschränkungen wieder, worin sich das PEP©-System der Privatfunk-Aufsicht wohl sein läßt – und sich auf Ungestörtheit verlassen kann. Dafür haut selbst das OVG fern juristischer Anstrengung ein dictum raus, welches die Justiz nun selbst in massive Betroffenheit zieht – Stößchen JAN!

PPPPS.:
Was es mit diesem verdächtigen Typus ‚Medienanstalten‘ auf sich hat, wird wenige Zeit später beiläufig annonciert. Vorweg: das Virus, sorry, die Anstalt belegt die Republik flächendeckend. Zwei Zielsetzungen haben ‚wir‘ bereits kennengelernt, als da sind a) die PEP-Funktion, also das Unterbringen von Leuten, die woanders scheitern, aber in jeder Hinsicht zuverlässig sind, b) die Grundrechtskommissariats-Funktion, also man weiß dort, Bundesland für Bundesland, also 16 mal, wo es lang geht, wo Bartel den Most holt, wies am besten ausschaut beim Grundrecht der Meinungsfreiheit, wenn sie privat organisiert ist. Wir lernen jetzt c) die Staatsfunk-Stütze!

Der Springer-Verlag stellt einen Video-Lifestream ein. Darauf wird er abgemahnt, ‚eine Rundfunk-Lizenz zu beantragen‘. Alles, was im Format der Breitwandbetätigung der Staatsfunk-Brüder-zur-Sonne-zur-Freiheit zu nahe, zu ähnlich ist, wird in die Lizenzprüfung gezwungen oder abgeschaltet. TOBIAS SCHMID vom NRW-Medien-Klüngel steht da voll im missionarischen Cut, wie der ex-Justiz mit seinem Komplett-Durchsetzungs-Arrangement, also Maas gegen Haasss. – Denn was sie nicht am liebsten selbst verstaatlichen an Grundrechten, vergeben sie in die Grauzonen halbstaatlicher Beleihung. – Mit weiteren PS ist jeden Moment zu rechnen.

Kurz zur Südhalbkugel – bleiben Sie sitzen! Was die afrikanischen Familienbesitztümer betrifft, hier die 1,25 Millionen Quadratkilometer Einzäunung mit Blick auf den Südatlantik, genannt <u>Angola</u>, so kommts, wie vorhergesagt (vgl. Bd. 9, 243), Ansagen über den Tod hinaus bleiben volatil. Kaum mußte EDUARDO die Hand vom Steuer nehmen, geht's auch Töchterchen Isabella und Filomeno an die Besitzungen. Es soll Schluß sein im Operetten-Stadl, an dem schließlich ein Volk hängt. Der Versuch schlug fehl, wenigstens eine Handsalbe von 500.000.000 aus dem Staatsfond in den Norden zu schaffen. Schon für galaktisch-karnevaleske Beratung gingen zuvor satte 121.000.000 an JEAN CLAUDE, das ist nicht der EU-Sponsor sondern erweitertes ‚family entertainment‘!

JCJ hat seine Story! Sein prozessierendes Scheitern entfaltet ungeahnten Facettenreichtum. Geld braucht er ja keins im Dickicht von Besitzständen, aber *Loid', wo sein' Film weiderdrehe'*. Und da haperts, denn seine Zapfen-, Staats- oder Handstreich-Durchmarschpersonalie SELMAYR, die er ‚kommissionsintern‘ halten wollte, zieht Kondensstreifen über den Himmel von ‚mehr Europa‘, wie einst die Bomberflotten. Das ist so eine Art EU-MANN-Katarakt, als konstante Beugung strikten Regelwerks. Gäbs dafür Auszeichnungen, sähe es auf dem Frack des JEAN CLAUDE aus wie einst beim Großen Generalissimus.

PS., also ‚post Selmayr‘:
Monate drauf meldet sich doch glatt die gute ‚EU-Beauftragte‘ EMILY O'REILLY zur Blitz- und Donnerbeförderung. Und läßt kein Haar trocken:

‚Regeln nicht angewandt, weder ihrem Wortlaut noch ihrem
Sinn nach ... (JCJ habe) künstlich den Eindruck von Dringlich-
keit erweckt ... die hart erarbeiteten Verwaltungsstandards (so-
wie) das öffentliche Vertrauen gefährdet ...

soweit zu JCJ, der damit ja nur bestätigt wird, nun aber das Po-
litbüro:

dafür seien alle Kommissare kollektiv verantwortlich ... es sei
außergewöhnlich, daß kein einziger Kommissar das Verfahren
in Frage gestellt habe.

Grandiose Umschreibung meines PEP©-Ansatzes, dieses sozio-
logischen Meisterstücks. Wenn Sie ahnen, was das bedeutet. –
Und Ötti? Muß sofort die Rechtmäßigkeit dieses *corruptio delicti*
aus ihrem Votum herauslesen. Solche Leute braucht JCJ.

KAFSACK / MUSSLER packen aus: wie JCJ und MS Freunde wur-
den, wie MS Sachen ‚erfand‘, welche JCJ'S ‚Abneigung gegen
regelgeleitetes Handeln‘ bedienten und das Schwindeln, vulgo
lügen, zur Kommunikationsplattform ausbaute. Denn es wird
immer häufiger ‚ernst‘, also Anlaß für sowas. – Und da alle
Einkommen im Umfang von Bestechungsgeld erhalten und auf
exorbitante Pensionen zulaufen, möchte kein Kommissionar die
seine gefährden, was heißt ‚Fresse halten‘. Das erleichtert das
Wüten des ‚Rasputin‘, wie der steuernde adlatus MS gerne ge-
hätschelt wird. Selbst die Kanzlerin sieht sich zu lobender Er-
wähnung seiner Fähigkeiten veranlaßt. – Nein, die EU hat kein,
besser keinerlei Ansehen, auf das es Rücksicht zu nehmen gälte.

Bleiben Sie in der Leitung, denn der nächste Anschluß unter
dieser Nummer erweist das nächste Komplex-Desaster: den
Plan zur Vertiefung der Währungsunion. Die liegt doch schon
auf Grund! – Ein Trupp von Ökonomen faßt das schlicht unter
‚Sprengstoff‘ zusammen: wenn Andere für meinen produzierten
Müll einstehen, schürt das meinen Wagemut – so lautet die Rede
seit 20 Jahren – hört ihr schlecht? – Wenn Fäulniskredite bei
der Risikogewichtung nicht herangezogen werden, ei, dann läßt
man sie eben stehen, und wuchern! – Prämien, vulgo Schotter, auf
Reformabsichten sind zum Totlachen, Griechenland versinkt

auch im Prämien-Schüttgut, ihr Scheine-Heiligen! Und Staaten mit Geld in den Euro-Abgrund zu locken, ist schlimmer wie Prostitution, dieses reelle Geschäft! Und befeuert die Explosivkraft des ganzen Ladens.

Staunenswert ist die endlose Geduld solcher Prediger, statt mal auf einige Vorschläge BANKSYS zuzugreifen. Guxdu:

Die haben ihr Einwände-Bouquet JCJ sogar schriftlich mitgeteilt – der Wisch kommt nicht mal durchs Sekretariat und fliegt schon beim Absender-Scan ins Altpapier.

Und das geht in diesem Stil weiter, guck, wo du willst, du findest kein Ansehen, eher Absehen, Motto: *lassmanach*! Denn der Apparatebau ist synchronisiert, hier die nächste *Oigehah*-Entscheidung, ne, noch besser Euro-Stat, auch sone Kurzschlußabteilung des Großen Vorsitzenden, obacht!

Wenn Goldfinger die Inflation zügeln will, dann kriegt er die Zahlen dafür, ‚aufbereitet' nennt sich das. Denn es schleicht MARTIN HOCHSTEIN um die Ecke mit seiner Liste von preistreibenden Faktoren, die die Stat-Heinis schlicht ignorieren. Der gewichtigste gehört natürlich dazu, die Kosten für selbstgenutztes Wohneigentum – ich sehs ja an meiner Hütte, die rutscht mir förmlich vom Grundstück!

Ins US-Waren*körbsche* geht die mit 24 % ein als ‚heavy weight‘!
Solche Ignoranz bringt alle möglichen Anschlußaussagen na-
türlich auch ins Rutschen: das reale Wirtschaftswachstum, den
Inflations-Luftballon, der natürlich schneller steigt, bis hin zu
Staatsausgaben und Leistungen. – Nicht zu vergessen die Ratter-
Knatter-Billionen-Einkaufsprogramme von Frankfurt-Chefe.
Alles *selffulfilling-prophecy*, Leute, vulgo: Schwindel. – Ansehen?
11. Etage, aber Keller.

Immerhin, die nationalen Statistik-Schlitzohren kriegen schon
mal auf die Finger: vier Tage vor den römischen Wahlen haben
die ein gesunkenes Defizit rausgejubelt. Das klappte nur, weil
sie die Geldsäcke wegließen, die über jenen Volksbanken von
Vicenza und Veneto abgeworfen wurden (guxdu, Bd. 9, Seiten
104, 248), also schlappe 11.200.000.000 Eurekas wegdrückten.
Dafür hatten sie einen Grund, denn bei Einrechnung steht das
seit sechs Jahren während Versprechen von Staatsschuldabbau,
getragen von EU-Schuldengarantien, auf dem Niveau von ‚Arsch
die Räuber‘ (Mundart), wenn Sie verstehen. Kurz, in drei Jahren
80 Milliarden mehr verspielt als zugesagt. Packt man nun noch
den Dezember-Schwindel-Kassentrick, also die Nummer: ‚rein
und raus mit Klaus‘, oben drauf, liegt die Staatsschuld Ende 2017
bei 132,6 Prozent gegen BIP. Zum Glück sind die nicht so emp-
findlich mit dem Ansehen und sonstigem Klimbim.

Ach so: einzige Stütze in Finanzorgien war … na?, jetzt mal das
Resthirn angeworfen, ihr Flachbahn-Spacken … richtig! Ein Ita-
liener, der seinem Land dient: Dragikowskis Politbüromodus
der Zinsquetsche hat das ultimative Desaster bisher verhindert.
Und das heißt Pleite, wie neulich beim Griechen.

Dem Ansehen – es nervt langsam, aber ich habe das Thema nicht
aufgebracht, beschwert euch bei der Redaktion! Ich arbeite nur
ab. – Also, dieser Chimäre den letzten Stoß (schön wärs!) zu ver-
setzen, bietet das Agrarsubventionsregime schließlich fortlau-
fenden Anlaß. Die Karten im 55-Milliarden-Monopoly werden
ja grade neu gemischt und JAN GROSSARTH führt durch den
Themenpark, den seit 50 Jahren Frankreich anführt mit akut

8.200.000.000 Entnahme. Die Gründe für solche Gestattung gingen

> ‚auf die fünfziger Jahre zurück ..., als das Essen knapp war und das Land rückständig‘,

bemerkt der Autor. Solche Achtung vor Tradition verdient Respekt. Nie (seit Kriegsende, also in so 70 Jahren)

> ‚war die Lücke größer ... zwischen den Begründungen für die Subvention und der Wirklichkeit‘,

heißt es sodann in feiner Beobachtung. Blanke korruptive Verabredungen, würde ich sagen, und das Jahr für Jahr, mit Straßburg-Kontrolle und – ‚Dreckspack‘ würde ich sagen, gut, *lassemer* ‚Drecks‘ weg! – Kein Aufschrei, keine Anfrage, nicht mal ein Attentat!

Das in solchen Komfortzonen herangezüchtete Glücksrittertum findet im kolchosverwüsteten Osten Deutschlands idealen Anschlußinvest. Es ist ja weniger der Bauer, der da sein Geld läßt, als Munich RE, Lürssen-Werft, Steinhoff-Möbelkonzern und anderes erdfernes Publikum, dem das Schwarze Loch ein Zubrot ermöglicht. – Erst wird beim Politbüro abkassiert, sodann dem heimischen ‚Groben Unfug‘ namens EEG noch ein paar Scheinchen entnommen, bevor man sich zum Totlachen auf Kreuzfahrt begibt. Für den Bauern unter solch ‚staatsmonopolistischer Hoheit‘ bleibt ja genug Drecksarbeit, er gibt das Erdferkel. – Ideale Anschauung gibt Rumänien, dessen Grund & Boden grade in ausländische Hand übergeht. – Das war die Ansehensnummer, Teil 11.

PS.:
Das Wort Ansehen kommt überhaupt nur deshalb so oft vor, weil unter dem Brüsseler Affairenhimmel immer wieder irgendwo ein Jammerer bemerkt, das hätte jetzt aber dem Ansehen geschadet. Dem Regime ist also zugute zu halten: es hat so einen heiklen Begriff nicht in die Welt gesetzt! Addierst du diese Klagemeister, kommst du auf jährlich 1000 Ansehensschäden, alles blanke Fiktionen. das Ansehen Stalins hat dagegen Substanz.

So haben sie in den SELMAYER-Sümpfen doch glatt schon wieder Ansehensabbau beklagt, und zwar ‚über Fraktionsgrenzen hinweg‘, betont die Zeitung. So hoch sind die ja nicht. – Übrigens: weniger als null Ansehen gibt's nicht, Leute – einfach mal aufpassen in Sachen journalistische Sorgfaltspflicht. Stopp: es sei denn, es gibt dort auch negatives Ansehen, wie beim Zinskartenspielertrick. Dann gings, wenn die Skala nach allen Seiten offen ist.

Wenn ihr ‚Ansehen‘ mal probefahren wollt, dann befragt doch JCJ, was er so von seinem Ansehen hält. – Ich sag euch, der ist robust, kümmert sich nicht um sonen Scheiß‘, arbeitet seine Flurschäden ab, tut was fürs Geld, statt in Straßburg abzuhängen, Amenak! – Diese EU ist eine einzige Affaire, ja im PEP©-Modus (das nervt vielleicht, jedesmal das Copyright einzufügen, muß aber) ein einziger Genuß! Da stört Ansehen nur.

GÖTZ ALY nimmt die Ökonomie des Nazistaates als Treiber für permanente Aggression: die wachsende Verschuldung, die Finanzierung der Sozialpolitik, die Stabilisierung des aus den Fugen geratenen Haushalts. Mit den einmarschierenden Truppen war immer ein Finanzkommando, welches als erstes die Nationalbank plünderte. Jeder Geldwechsel in den besetzten Gebieten hatte diese Funktion: die deutsche Währung wurde direkt dem Haushalt zugeführt, die erhaltene lokale Währung wurde zuvor im Land aquiriert, durch Plünderung.

Das ökonomische Motiv wird auch Teil der Großdeportationen. ‚Schafft sie uns vom Hals‘, heißt es aus den zerbombten Städten und ‚sorgt dafür, daß sie nicht zurückkommen‘. Damit das Zurückgelassene geraubt werden kann. So folgt die Brutalisierung des Krieges, die ‚Verdopplung der Ausbeutung der besetzten Gebiete‘ der permanenten Not fehlender Finanzierung, fehlender Rohstoffe. – Von Mal zu Mal setzt dieser Führer auf Sieg – oder Untergang: ‚Bekomme ich das Öl von Baku nicht, muß ich diesen Krieg liquidieren‘, gehört zu seinen Sätzen – Kapitulation ist verboten – der Anführer verfolgt auf dem Obersalzberg ein Nebelmanöver – wenn dieser Führer durch deutsche Städte reiste, ließ er Vorhänge vorziehen. Er wollte keine zerstörten Städte sehen.

HORTY sollte die Wehrmacht in sein Land einladen – zwei Monate später wurden 400.000 Juden deportiert, ins Gas oder in die Zwangsarbeit, zur Arbeit selektiert. Die Feierlichkeiten zum 55. Geburtstag fanden ohne den Jubilar statt, der suchte bereits seine Giftpillen. ‚Unser Hitler‘, schloß GOEBBELS seine Rede.

Mangels Zukunft hielten die Deutschen durch, gegen das Massenbombardement, gegen die anrückende Rote Armee – 1,5 Millionen waren Kinder, von den sechs Millionen Vergasten, Verhungerten, zu Tode Geprügelten. – HITLER wünschte, daß Deutschland mit ihm untergeht. Angesichts einer schnellen Kapitulation witterte er nur eines: Verrat. Und befahl Vorstöße von Truppenverbänden, die gar nicht existieren.

Das alles erschließt sich sechzig oder siebzig Jahre später und wird gerne zur Beurteilung in der damaligen Situation herangezogen – nun, was nicht falsch ist, weil es das Ausmaß an Wahn des koksenden Militärphantasten illustriert, die Logik des Untergangs manifestiert – und die Entäußerung des Volkes, das im Modus von ‚Gedeih & Verderb‘ in den Kellern – betete?

7.4. Der erste warme Tag – Tee auf dem Hochsitz. Marion kärchert. Sodann nach OHZ, wo CAROLINE SCHNEIDER-KUHN in Willehadi erneut inszeniert: an die 60 Sänger, ein kammerkonzertantes Zentrum und vier Solisten auf Sopran, Alt, Tenor und Baß. Zur Aufführung kommen BACH, HÄNDEL und BUXTEHUDE. Das wird eine Wucht, der virtuose Geiger links von ihr führt grandios und das ‚Heute triumphieret Gottes Sohn‘ von DIETRICH BUXTEHUDE bringt der Chor in eine unglaubliche Höhe. Die Erzählung der ‚Legende von Joseph von Arimathäa‘ liegt gut inmitten dieser schönen Präsenz.

Zurück ins Haus, der ‚Pinotage‘ 2015 auf dem Tisch und es startet ‚Inglorious Bastards‘. Der Wechsel ist hart aber

unvermeidlich, denn diese groteske Umschreibung der
Abläufe 1944 bei Erhalt des brutalen Kerns in acht oder
neun ‚Kapiteln‘ gelingt wieder meisterlich von diesem
QUENTIN TARANTINO, 2009. Geführt von dem aal-
glatten SS-‚Conferencier‘ und ‚Judenjäger‘, den CHRIS-
TOPH WALTZ gibt, unübertroffen. 0.30 Ende.

8.4. Der Schwager kommt, Gast für L.earn 3. Marion bringt
ihm Band 9. Früh um 6 raus und zur Fähre, weiter durch
den Frühnebel nach Hude, den Kofferraum mit Eimern
von Granit-Kiloformaten vollgestellt und zu dritt nach
Bad Zwischenahn in den renovierten Raum mit Seeblick.
Guter Lauf durch den Tag, der sich nachmittags festbeißt
an der Frage: was ist meine Last. Stephan beharrt und das
völlig diverse Innenleben persönlicher Last entfaltet sei-
nen ‚Reichtum‘, Zentralmassiv für den inneren wie äuße-
ren Dialog zur Gewinnung von Orientierung und Mitte.
Vor dem Weg in die Bar biege ich ab.

10.4. Uwe bittet um die Schlüssel und düst zum Brill in den
Führungskreis. Ich starte nach der Last- in die Lust-De-
batte und gehe mit dem Kernspintomographen durch die
Landkarte des Ich. Nachmittags ins Gesprächstraining.
Die Kleine vom Staff bittet um allerlei, ich signiere einen
Granitstein. Zurück auf die Autobahn. Marion steht in
der Tür auf dem Weg zum Töpfern.

11.4. Zurück in den häuslichen Rhythmus. Ich signiere und
besuche mit Buch den Nachbarn, drei Wochen nach Ver-
lassen des OP-Tisches. Chemo beginnt in Kürze, das rest-
liche Jahr gehört der Rekonvaleszenz.

Mischling ‚Chico‘ beißt seinen 29-jährigen Halter und dessen
Mutter tot. Gegen das Töten des Viehs steht die teilnehmende
Netzhorde auf und will das Tierheim stürmen. Jetzt wird der
Hund psychiatrisch untersucht, die Netzgemeinde nicht. Da-
nach kommt er wahrscheinlich in Langzeit-Therapie und wird
in einem Hundesalon seiner Wahl für selbstmordgefährdete
Köter untergebracht.

Wieder hat ein 16-jähriger Syrer zugestochen, bis zum Tod. Auch er wird psychiatrisch untersucht. Dabei könnte ein Interview Aufschluß bringen.

Heute kommt ein dicker Briefumschlag vom Bankhaus, darin viele kleine. In zwei der Schreiben wird mir, textgleich, mitgeteilt, es befänden sich zum Jahresende keine Wertpapiere im Depot, im dritten Brief, mehrseitig, das Gleiche. Fassungslos fülle ich die Kiste für Altpapier. Zum Glück liegt noch ein Werbeprospekt von ‚office discount‘ bei für Steakbesteck und sowas, bankferne Informationen.

Die Erwerbsbeteiligung der Männer geht ‚dramatisch‘ zurück, findet eine Studie des IWF heraus. In den USA noch heftiger als in Old (sic!) Europe. Das liege daran, daß der Prozentsatz der Einsitzenden dort sehr viel höher sei, vulgo Knast, daß Rauschgifte den Mann einfach aufs Pflaster werfen, günstigenfalls auf die Matte und 3., daß, sofern er noch etwas wahrnimmt, er die ‚Zerstreuung durch Videospiele‘ bevorzugt. Lichtblick sei, daß Ältere länger arbeiten. Das seh ich ja an mir, ob ich allerdings ein Lichtblick bin ... also ich weiß nicht.

A propos: in Bremen soll sich der Postbote um die Älteren kümmern. Das kann ich verstehen beim Zustand der Stadt. Fluchtpunkt Schlachte ist ja ab 80 nicht angesagt. Trotzdem könnt’ ichs auf den Tod nicht ab – wenn der klingelt und fragt: wie? – läuft! – und sonst? – Geht! – Im Restaurant wird mir ungefragt der Rollator beigestellt, es reicht Herrschaften!

12.4. Mimi ging vor einer Woche, im 97. Jahr. Ein einziges Bild an persönlicher Stärke, heißt gerade Resilienz, im Durchgang durch dieses deutsche Jahrhundert. – Jonas, Leon und Valentin kommen zur Reise nach Amrum. Um 5.30 ist Abfahrt. So geschieht es – um 9.10 stehen wir in Reihe 13 zur Verladung. Kaum unter Deck geparkt, geht’s ans Offiziersfrühstück, fünffach. Moni, Klaus und Fabian kommen dazu. In Wittdün beziehen wir das Dünenschapp, gehen in die Trauerkleider und fahren zum Schneckenhaus neben der Kapelle. Dort sind schon zwölf.

Um zwei Uhr beginnt die Orgel neben dem Sarg, umstellt mit großem Gesteck. Aus Mimis Briefen an Jochen, der vor acht Jahren ging, aus ihren Haikus, aus ihren Gedichten zaubert die Pastorin im Ruhestand ein Abschiedsbild – wie einen langen Traum.

THURID PÖRKSEN macht diese Worte:

Abschied von
Irmgard Marianne / Mimi Horstmann-Seegert
In Wittdün am 13.4.2018 – Läuten – Orgelspiel

Wir nehmen Abschied von Irmgard, von Mimi Horstmann-Seegert – und stellen uns vor, wie sie, in bräutliches Weiß gehüllt und ganz befreit von aller Last, der mühsamen Krankheit, dem ungeduldigen Liegen, dem Warten und aller Abhängigkeit entbunden, frei und leicht ins Offene schwindet.
„Mache dich auf und werde licht, denn dein Licht kommt, und die Schönheit Gottes geht leuchtend auf über dir"
Sie geht, wie sie so oft geträumt hat, der Liebe entgegen, in die Mitte genommen von ihren Zweien, ins himmlische Jerusalem, geheiligt,
wie Johannes auf Patmos es kommen sah
(Offenbarung 21):

„Ich sah einen neuen Himmel und eine neue Erde,
denn der erste Himmel und die erste Erde
sind vergangen und das Meer ist nicht mehr.
Und ich sah die Heilige Stadt, das neue Jerusalem,
von Gott aus dem Himmel herabkommen, bereitet
wie eine geschmückte Braut für ihren Mann.
Und ich hörte eine große Stimme vom Thron her,
die sprach:
„Siehe, die Hütte Gottes bei den Menschen ..."

er wird bei Ihnen wohnen und sie werden eins sein ...

Heiter wird dieser Einklang sein.
WELLE DER NACHT WIRFT MICH
ZU NEUEN UFERN,
DER TAG BEGINNT SEIN SPIEL
… der Tag grenzenlos – der helle Hochzeitstag, der
unendliche …

Und das mag Sie heute trösten, die Sie den langen Weg bis hierher mitgegangen sind, Söhne und Töchter, Enkel, Verwandte, Freunde und Weggefährten durchs Leben.

Jede, jeder von Ihnen könnte etwas mitteilen, ausmalen, dazu tun, und nach und nach würde ihr Bild vor uns stehen als ein Mosaik aus tausenderlei-; und sie würde uns auslachen, weil so vieles fehlt:
Gott allein kann das Bild vollenden – in seinem Herzen ist es ewig und ganz.

Wir haben immerhin viele wunderbare Bruchstücke. Wir haben ihre Verse, ihre Briefe, Bilder, das Buch und Märchen, scharfe Feder und bunte Steine, Weisheit, die sie gesammelt und heilsam weitergegeben hat, Spuren wie Hufgetrappel, Geschirr, das Geschichten erzählen kann, Fotos, die die Zeit festhalten und das Vergehen ungültig machen, und winzige, sandkorngroße Augenblicke, flüchtig wie die Wolken –,
und massive Tatsachen, unverrückbar wie der schwere Schrank im Zimmer der Gespräche, nicht zu ändern, wie Sterben und Tod.

Wir haben ihr letztes Gedicht:
„Ist mir warm oder kalt? /
Bin ich jung oder alt?
Scheint der Mond oder die Sonne, /
bin ich tot oder in Wonne?

So bleibt nichts wie es war, /
weil das Leben den Tod gebar.
Braun fällt Erde über Gebein /
setzt den Schlusspunkt hinter das Sein".

So wie es war, wird es nie mehr –
Sein wird anders: Anderssein / Nichtsein / All-ein

Geh aus mein Herz, wollen wir ihr singen auf dem
Weg ins Licht: Hochzeitslied – Abschiedslied. Paul
Gerhardt dichtete es nach dem dreißigjährigen
Krieg, wie wenn einer Blumen sät ins verwüstete
Land, Hoffnung den Trostlosen, Licht für die Ster-
benden.
Er schrieb es für seine Frau und für sein eigenes
Herz an den Gräbern ihrer Kinder:
Geh aus, mein Herz, – bleib nicht am Grab stehen –,
das Grab ist leer, wie wir seit Ostern wissen.
Geh ins Weite, schau nach den Bienen und
Lämmern, lebe Dein Leben, nimm Dein Herz
in die Hand, genieße, – sei klug und nutze den Tag
– und dichte dir den Himmel auf die Erde, mach
sie schön, mach dich schön, sei ganz.

LIED: GEH AUS, MEIN HERZ 503, 1,8,9,14,15

Erwähle mich zum Paradeis / und lass mich bis zur
letzten Reis / an Leib und Seele grünen ...

Irmgard Horstmann-Seegert hat selber eine Kurz-
biographie verfasst, als sie 91 Jahre alt war: Rück-
blick von Amrum her:
‚Geboren 1921 wuchs ich in gutbürgerlichen Ver-
hältnissen in Berlin auf. Schreiben war schon im-
mer ein Ventil für mich. Mit 13 Jahren wurde mein
erstes Märchen „Prinzessin Spinne" in Berlin ge-
druckt.

In Leipzig studierte ich an der Wirtschaftsfach-
schule Französisch, Englisch und Spanisch. Einen
Abschluss als akademische Übersetzerin konnte
ich nicht erreichen, da die Hochschule 1943 zer-
bombt wurde.' – So beginnt ihr kurzer Rückblick
1921 Nachkriegszeit, Wirren, Revolution, Putsch,
Freiheit, die für viele auch zur Freiheit von Arbeit,
also zu notvoller Unfreiheit wurde.

Prinzessin Spinne: eingesponnen in ein Nest aus
Vertrauen, über allen Augenschein und die schein-
bar unveränderliche Wirklichkeit erhaben, wächst
menschliche Schönheit und liebevolles Miteinan-
der – gedichtet, ersonnen, ersponnen: 1934.
Kleines wird groß, Prinz und Prinzessin: große
Liebe – ein Märchen?

In ihrem Lebensbuch schreibt die Schriftstellerin
von Amrum, von Norddorf, von Pflichtjahr und
ersten Lieben – von Arbeitsdienst und Gemein-
schaft – und von dem ersten Riss in dieser schein-
bar heilen Welt, als sie erlebte, dass jüdische Freun-
de und Bekannte ihrer Familie aus dieser Gemein-
schaft ausgeschlossen wurden.

,In den letzten beiden Kriegsjahren arbeitete ich
beim Auswärtigen Amt in der Geheimabteilung.
Ich half bei der Entschlüsselung japanischer Funk-
sprüche für das Deutsche Militär.' Im Auswärtigen
Amt in der Wilhelmstraße hatte schon vor langer
Zeit in einer anderen Welt ihr Großvater gearbei-
tet. Man erinnerte sich dort, schrieb sie in ihrem
Buch.

Und sie schulte dort ihr großes Geschick, intuitiv
den Teilen ihren Sinn, das Ganze abzuspüren: ,das
Puzzlen mit Wörtern begeisterte mich'. Was frag-
te das junge Mädchen nach dem Sinn dieser Bot-

schaften, dem Ziel der Zusammenarbeit zwischen
Deutschland und Japan, nach den Verlusten?

Hör auf dein Herz!, sagte sie sich intuitiv. Da war
ein junger Soldat ohne Uniform, den sie einarbei-
ten sollte in das geheimnisvoll Puzzlen. Sie saßen
im Roseneck und erzählten sich Lebenspläne, –
entwirrten Wirklichkeiten. Er war eigentlich Vi-
kar. 1944 wurde er ihr Mann: Friedrich-Wilhelm
Horstmann, getraut in geborgtem Hochzeitskleid
und mit Myrthenstrauß am Talar – dem Talar, den
sie immer bei sich behalten hat und nun mitnimmt
ins Grab.

Dann war der Krieg überstanden und die Berliner
Zeit vorbei.
Im Buch kann man die Briefe lesen von Angst und
Schrecken und Trümmerland innen und außen
und den Mühen des Neubeginns und wie die Welt
ganz anders wurde, wie karg der Frieden war – wie
klein ihre erste Tochter.
Sie lebten schließlich in Oberhessen und bekamen
noch zwei Töchter. ‚An der Seite meines Mannes
schrieb ich Katechesen und Artikel für den Evan-
gelischen Sonntagsboten und entwickelte dabei
meine journalistischen Fähigkeiten.‘

Die dörfliche Geborgenheit zerbrach aber: der Pas-
tor starb mit 36 Jahren und ließ sie zurück: „ich
fühlte mich wie in ein schwarzes, dünnes Tuch ge-
hüllt“. Ungeschützt, wie ausweglos. Die Posaunen
bliesen das Lied von der bräutlichen Stadt und gol-
denem Licht.

Sie hätte sich gern mit eingegraben ins Dunkle.
Aber die Kinder und die Arbeit haben sie festge-
halten. ‚Leben als „Pfarrwitwe“ mit drei kleinen
Töchtern. Ich schrieb Artikel für die Kirche und

die Landeszeitung, um zu überleben.' Im großen
Buch steht es ausführlich, all das Bedrängende,
Not, Träume, Ängste und wie die Mädchen größer
werden.

Kurzgefasst schreibt sie:
,Am 4. November 1954 lernte ich den Redakteur
Ernst Joachim / Jochen Seegert kennen. Er ist zum
2. Mal verheiratet. ... Er hat sich von seiner 2. Frau
getrennt und der Sohn aus erster Ehe lebt bei ihm.
Er hat die Scheidung eingeleitet. Ich gehe mit ihm
eine außereheliche Beziehung ein. Ein Skandal. Ich
war ein öffentliches Ärgernis.'

NACHT SCHOB IN DEN TAG MICH, heißt eine
Gedichtzeile von ihr. Die Nacht der Engherzigkeit,
bigotten Besserwisserei, des lieblosen Urteilens
machte dem Pfarrwitwendasein ein Ende, dem Le-
ben im Pfarrhaus, der Arbeit in der Gemeinde und
bei der Kirchenzeitung, dem Dorf, allem Bisheri-
gen. Skandal-Ausweg.
Im Gepäck ins Neue: erinnerte Liebe, die Briefe,
der Talar, all das und die Schreiblust. Sie zogen
nach Büdingen. Und dann waren es 4 Kinder: ihre
Töchter, sein Sohn: Regina, Sabine, Monika und
Christian. Ein kleines Töchterchen, Bettina, hat-
ten sie zusammen, das bald gestorben ist, und den
5., den letzten, liebsten für alle: Roger ,Flickentep-
pichfamilie' nennt sie's in ihrem Buch.
Und da war immer die Arbeit: das Schreiben, Be-
schreiben, Dichten, Geldsorgen, Auskommen, Um-
ziehen ... Glossen zu all dem in der FAZ und Rund-
schau: Spiegelsplitter für die Zeitgenossen.

Die Kinder werden groß. Freiheit haben sie gelernt,
den aufrechten Gang, den Mut, das Weite zu su-
chen, Grenzen zu durchbrechen, Fremde erlernen:
Afrika, Amerika, Sorgen für Andere, Sorgen für

sich selbst, Schreiben, Beschreiben.
Sie können brauchen, was sie gelernt haben. Das Paar Horstmann-Seegert findet ein Haus auf Amrum. Ferienort, Sehnsuchtsort, Zuflucht war die Insel immer gewesen, und nun wurde sie ihr Zuhause. Schneckenhaus neben der Kapelle.

DEIN LICHT, DEINE LUFT, INSEL,
MACHEN MICH TRUNKEN,
LEICHT UND SCHWER ZUGLEICH

Zwei Menschen für sich und füreinander und nebeneinander. Nähe und Verstehen – Fremdbleiben und Freilassen – Lebensraum – Suchen und Finden – Verlieren und Gewinnen – Lernort Liebe. Die Kapelle neben dem Schneckenhaus wurde der Ort ihres Lebenssegens.

„Herr, ich traue auf dich / lass mich nimmermehr zuschanden werden. Errette mich durch deine Gerechtigkeit und hilf mir heraus,
neige deine Ohren zu mir und hilf mir!
Sei mir ein starker Hort,
zu dem ich immer fliehen kann,
der du zugesagt hast, mir zu helfen; denn du bist meine Zuversicht, Herr, mein Gott, meine Hoffnung von meiner Jugend an.
Verwirf mich nicht in meinem Alter.
Verlass mich nicht, wenn ich schwach werde.
Du lässt mich erfahren viele und große Angst und tröstest mich wieder.
Meine Lippen und meine Seele, die du erlöst hast, sollen fröhlich sein und dir lobsingen“
(aus Psalm 71)

So wurde ihr Bund hier gesegnet. Und sie sind der Kapelle zum Segen geworden als ihre treuen Hüter und Nachbarn.

Amrumer wurden sie aus Liebe und schreibende
Weltbürger blieben sie. Von Roger hatten sie die
Pferde kennengelernt. Jochen war Reitlehrer ge-
worden. Turniere waren ihr Feld gewesen und Aus-
ritte zusammen ...
Als Reitlehrer erinnern ihn viele hier auf der Insel.
‚Reitunterricht für Einheimische und Gäste.
Zimmervermietung in unserem Haus ...‘
So notierte sie die Erinnerung: Arbeit und Begeg-
nung, Sommertrubel: Gäste, Kinder, Enkel:
Willkommen und Abschied

SCHMECKE DAS MEER, SCHMECKE DEN WIND,
GRAB MICH IN SAND, VERGESSE DIE ZEIT

Lichtgewebte Verse. Irmgard / Mimi lernt Reiki
kennen, wird Meisterin, lehrt andere die Kunst,
sich dem Ganzen aufzuschließen, auch innen über
Grenzen zu gehen, Ängste und Enge abzulegen und
weit zu werden.
WELTALL: Reisen ins Innere des Lebendigen und
Reisen zu den Töchtern in der Ferne: Das Schrei-
ben verbindet. Das Buch des Lebens entsteht im
Dialog: sie nennen es ‚flüchtig wie ein Tag‘.

Und tun es dem Psalmendichter nach, der sagt, das
Leben sei flüchtig wie ein Tag und wie eine Nacht-
wache – und gehe rasch dahin, als flögen wir da-
von.

WOLKENSPIEL ÜBER MIR / GEBALLT, GELÖST,
GETUPFT / FLÜCHTIG WIE MEIN TAG

Ganz langsam zog Nebel auf. Jochen ging hinein in
dieses Undurchsichtige, was nicht zu fassen, nicht
zu verstehen ist – langsam: als flöge er voran. Sa-
bine war gekommen: kundiger Beistand im Nie-
mandsland. Der liebste Mensch verlor sich. ‚Fried-
lich starb er zu Hause in der Adventszeit 2010‘.

Sie schreibt:

‚nach 56 Jahren bist du von mir gegangen.

Ich bin allein, aber Tochter Sabine kämpft sich weiter mit mir durch und pflegt meine morschen Knochen. Oft spüre ich dich ganz nah und denke an deinen 90sten Geburtstag.

Du hast sogar noch eine kurze Rede gehalten. Das Lokal war gefüllt mit Gratulanten, die dich ehrten. Unsere große Familie aus allen Ecken des Landes war herbeigeeilt. Wir waren erschöpft aber glücklich und unsere Hände fanden sich.

Irgendwann werde ich neben dir liegen, wie wir besprochen haben. Ich bin dankbar für dieses Leben und im Gehen flüstere ich: ... aber die Liebe ist die größte unter ihnen (1. Korinther 13,13).‘

Jetzt ist der Tag. Wir bringen Irmgard / Mimi Horstmann-Seegert zu diesem Grab unter der Birke. Streuen ihr Blumen auf den Weg – und wissen sie hochzeitlich.

Einmal – irgendwann werden wir selber so getragen. Gott gebe uns so gutes Geleit, so geduldige und treue Wächter ans Bett und durchs Altwerden wie Sabine.

Er lehre uns bedenken, dass wir sterben müssen, auf dass wir klug werden und leben, solange wir hier sind und unterwegs auf uns achten.

Möge die Straße uns zusammenführen.
LIED: Irischer Segen
Spiel: Auszug.
VATERUNSER und SEGEN am GRAB.

Regina macht kurzen Text im Namen der Familie.

In Kolonne fahren wir zum Friedhof in Nebel und stellen uns um den wohl vier Meter tiefen Schacht, in den der

Sarg gelassen wird. Kein anderer Platz, an dem deutlicher werden könnte, woher alles kommt und wohin wir gehen. Also auch das ‚carpe diem‘. Über allem der Regen. Dazu das ‚Vater unser‘.

Mich schüttelt es, Leon hält mich. Welch ein Trost, da durchweht mich das Gefühl: er wird mich tragen, wenn ich gegangen bin, und mich behutsam ablegen. So stehen die drei Jungen bei mir.

Wir fahren zurück zum Trocknen – Marion steuert das Auto und zieht auf dem Parkplatz sogleich einen Kreis in die weiche Erde. Zurück zum Hotel Hüttmann übernimmt Jonas, 140 kmh kann Rekord sein auf Amrum. An den Tischen Butterkuchen. Später, nach erneuter Pause zum großen Abendessen.

Welch schöne Gespräche, einschließlich der beiläufigen Frage nach dem Nächsten. Hoffentlich geht's nach Alter – dann sieht's bei mir ja mies aus. Isso. Man könne ja einen Strauß nach hinten werden, wie bei der Hochzeit, eben einen Trauerstrauß, meint Marion. Auf der Rückfahrt werden die Schriften des Alten bereits in den Garten getragen. Das schreckt nicht ab, ich drohe mit Weitermachen.

14.3. Weil die Mittagsfähre dicht ist, stehen wir um 7 Uhr bereits an Deck. Durch Niedrigwasser und Sandbänke nach Dagebül. Danach geht's flott nach Hamburg, wo Valentin in den ICE nach Berlin wechselt, Jonas und Leon steigen bei den Freundinnen aus, wir zurück in den Brahms-Kreisel.

Kinder werden wie Frauen vergewaltigt, in Indien, in 2015 20 Tausend registrierte Fälle, in 2016 39 Tausend angezeigte Fälle, das sind 100 am Tag, die übrigen nicht gezählt. Ein 8-jähriges Mädchen muslimischer Nomaden wurde in einem hinduistischen Tempel unter Drogen gesetzt und von der Gruppe der Reihe nach mißbraucht, sodann stranguliert und mit einem Stein erschlagen. Die Täter seien unschuldig, wettert es seitens hoher Regierungsbeamter des Ministerpräsidenten. Der, erschrocken, erläßt ein Dekret, wonach auf Vergewaltigung von Mädchen unter 12 Jahren die Todesstrafe gesetzt ist. Das kann Täter im Familienkreis schützen, Opfern noch schnelleren Tod bringen, zitiert TILL FÄHNDERS Kritiker.

Und es mag zur bedeutungslosen Applikatur einer Kultur werden, die den Menschen nur durch das ‚Wertesystem‘ der Kasten und nach ihrem Glauben anerkennt oder verachtet und zum Freiwild erklärt. Durchsichtige Symbolpolitik. – Also der Mensch ist verachtet, er zählt nur im richtigen kulturellen Überzieher. – Und das gilt auch hier, wo der Zentralratsvorsitzende der Juden empfiehlt, die Kippa nicht in den Städten zu tragen. Denn im Park Prenzlauer Berg schlägt einer aus dem muslimischen Milieu, ‚Jahndi / Jude‘ brüllend, mit seinem Gürtel auf einen Kippa tragenden Mann ein. Die Demütigung ist wichtiger als die physische Verletzung, wie beim Auspeitschen in muslimischen Ländern, so SIMON STRAUSS. – Solche reflexhafte Aggression auf religiöse Kleidung ist elementar, nicht zu ‚entschuldigen‘, wie in Indien.

Der Mufti freundete sich mit EICHMANN an. – Ein Drittel der jüdischen Weltbevölkerung wurde in den Gaskammern umgebracht – der Krieg war vorbei, aber die Shoah nicht, in Polen, in Litauen – die USA und England schlossen die Grenzen – *displaced persons* wurden in großen Lagern ... gelagert – dann erfolgte die Umladung und Verschiebung nach Zypern durch die britische Armee in Internierungslager.

Das Leben außerhalb jeglichen Rahmens, außerhalb jeglicher Gewährleistung. Hier ist es anders, aber unsicher. Ein 23-Jähriger entreißt einer Familie mit drei Kindern das Fünfjährige und springt mit ihm vor den einfahrenden Zug. – Ein 33-Jähriger mit befristeter Aufenthaltserlaubnis ersticht auf dem Bahnsteig Jungfernstieg seine einjährige Tochter und deren Mutter.

Der Mann fällt unverhofft in seine Unvollständigkeit zurück. Sein Leiden daran führt er als Rachefeldzug, indem er sich zum Herrn über anderes Leben aufschwingt, letzter Akt seines Wahns, Übermacht zu demonstrieren.

> Abends ins feine Hexen-Café nach Worpswede, wo sich der HR-Club mit Mann und Frau trifft. – Heute ist der Nahe-Anbau im Angebot. Drei Winzer stellen vor, eine ranke Schlanke und zwei Männers, erläutern die Freuden und Härten des Weinanbaus. – Wir kosten uns durch zum köstlichen Essen, Chefe schenkt gerne nach. Und die pikante Abfolge kleiner Mengen ist einfach das Beste, was wir seit, sagen wir 12 Monaten hatten. Da waren wir zuletzt hier. Sowas von würzig, geschmacklich und allerliebst an- und zugerichtet. Um Mitternacht geht's zurück, hicks. Ach ja, die 400-Qm-Hütte oberhalb von Wilderness steht, Gabi nimmt ihren netten Freund zum Mann, pardon zum Ehemann. Und alle ein Jahr älter, kaum merkbar einstweilen.

CLAUDIA CARDINALE, Tochter eines Sizilianers und einer Französin, wird 80. – Das geht gar nicht! ‚Wenn ich spreche und die Arme nicht bewege, habe ich das Gefühl, nicht alles gesagt zu haben.‘ Solche Intuition des Ausdrucks ist Frauen eigen, Männer können das lernen.

SIMON STRAUSS über ihre Epiphanie, das lebenslange Versprechen, das sie in die Welt brachte, ‚Symbolfigur des selbstbewußten Südens, der gegen die kühle Berechnung des Nordens mit Gewalt und feuriger Leidenschaft aufbegehrte‘. Und: ‚So schön war sie, daß man daran verzweifeln konnte‘, ein Rausch von Feuilleton. Inzwischen gibt es auch zwei deutsche Frauen in dieser Liga. Ich sags, wie es ist!

Vorbehaltlose Debatte ist denkbar, aber selten möglich. Die Räumarbeiten von Einwand und Abgrenzung nehmen häufig den größeren Raum und Zeit ein. Und bis das Feld mal frei ist, bist Du genervt und erschöpft. – So gings in der Berliner Urania den Teilnehmern einer Debatte anläßlich der Buchvorstellung: ,Integration – Protokoll eines Scheiterns‘ von HAMED ABDEL-SAMAD, wovon REGINA MÖNCH berichtet. – ,*We never advance one step beyond ourselves*‘, betitelt ASTRID KLEIN ihre Pigmente auf Leinwand. Und genauso geht's zu in der Urania: ausgerechnet ein Integrationsdirektor gibt den Moderator. Dem sträuben sich alle Haare – und was macht er? Ei integrieren! Der Titel sei schlimmer als der Inhalt, der Autor erträgt ,das vom Moderator angezettelte flotte Geplauder‘. – Und wer ist der Gesprächspartner? – Ei CEM ÖZDEMIR, der Bestintegrierte auf deutschem Boden, was macht er? – Ei integrieren! Bei Widerspruch gibt's aufs Maul, so haut ers (fast) raus, als das Publikum schon reichlich genervt ist und zu verstehen gibt, ,man sei hier nicht auf einer AfD-Veranstaltung!‘

Das sind parteipolitische und parlamentarische Prägungen, die ins sterile Weltbild sich versteigen. – Irgendwann kommt der Autor zu Wort und spricht die Parallel-Universen der Linken, der Grünen und Nah-dabei-Leute an. Und fragt einfach, wie eine Regierung unverdrossen die DITIB-Läden noch mit Millionen finanzieren kann. Das fragen sich dann doch alle. Ist das noch fein tarierte Diplomatie oder haltungsloses Taktieren. – Im Workshop ziehe ich gerne den Flip ,Mein PS-Syndrom‘, darin möchte ein orientierungsloses Selbst es jedem recht machen.

16.+17.4. Wieder in Bad Z. zum Workshop L.earn 1. Der zweite Tag wird hart, wieder stellen wir die Abläufe um, das Minenfeld (e-maze) wird zur Erfahrung, welche die Gruppe ohne uns auswertet – mit großem Ergebnis. – Nach zwei Lifo-Gesprächen an die Torlinie Bayer Leverkusen – FC Bayern: 0:2 in der 9. Minute, 1:3 in der 53., 1:4 in der 60., 1:5 in der 63., 2:5 in der 72. durch Bailey aus Kingston, 2:6 in der 78. Minute, so bleibts – Pokalfinale Berlin aus München.

Mittwochnachmittag – wir beladen den Wagen und verlassen den Platz, Uwe in Hude, ich zur Fähre. Dort ist es eng, denn jeder will auf die andere Seite. Zu Hause umarmen wir uns, decken den

Tisch unter der Birke. Später dieses Abendprogramm bei ‚Arte‘: ‚21 Nächte mit Pattie‘, natürlich aus Frankreich. Und KARIN VIARD, welche Pattie gibt, erzählt in schamlos-unverfrorener Direktheit von ihren Neigungen und wie sie voll, aber so was von, auf ihre Kosten kommt, wozu der prächtige, dabei alerte, ja smarte Schwanz des Denis Lavat seinen Teil beiträgt.

Das geht so über 90 Minuten und steckt die zur Beerdigung ihrer Mutter angereiste Caroline (CARRÉ) so recht an, die Zuschauer auch. Die begeben sich vorzeitig ins Schlafgemach und fahren ein starkes und kurzes Feuerwerk ab. In seiner Glückslinse verliert der Mann gern jede Kontrolle.

6.20 des Folgetags kommt Marion bereits mit Elvis vom Gassiweg und geht kurz drauf aufs Rad nach Oha-Zet – nicht ohne zu bemerken, der Rasen müsse gemäht werden. Auch wenn darüber unterschiedliche Ansichten im Raum ständen. Erst muß er mal trocken sein, denke ich zurück. Und gehe nach der Küchen-Werkelei ans Harken des Winterlaubs. Auf dem Weg zum Schreibtisch unterbricht eine Amsel mein Ansinnen, die orientierungslos durch den Wintergarten donnert und bereits einmal quer über den Tisch gekackt hat. Meine Bemühungen scheitern, sie mit dem Schmetterlingskäscher hinaus zu bugsieren, beständiges Zureden ignoriert sie. Elvis guckt zu, irgendwann findet der Vogel die offenen Tore.

Dafür kommt der Hund am nächsten Morgen mit einem Häschen im Maul aus dem Busch im Gassiweg. Gibs aus, sagt Marion, es lebt noch, macht aber kurz darauf die Grätsche, Herzinfarkt! Wenn das die Ökos erfahren. Das erste Häschen in fast zehn Jahren, Herrschaften!

‚Manada‘, Meute nannten sich fünf Männer aus Sevilla, die sich über eine Frau hermachten, die Gewaltorgie filmten und sodann ins Netz stellten. Die Richter waren sich nicht einig, ob Vergewaltigung oder sexueller Mißbrauch vorlag. Die Verteidiger sprachen von ‚Dummköpfen‘, aber ‚guten Söhnen, die ihre Familien lieben‘. 46 Frauen kamen in 2017 unter ihren Männern ums Leben, 500 in fünfzehn Jahren. Immerhin weniger als in Rußland mit 12.000 Umgekommenen (guxdu, Bd. 9. Seite 27). Ob das schon Zivilisationsabstand ist, bedürfte näherer Betrachtung. Ins Zivilisationsbarometer gehörte zudem der Kindesmißbrauch, täglich fünfzig hier ohne die Dunklen, und das Umbringen von Kindern.

Das Tierschutzkartell bereitet Mahnwachen für ‚Chico‘ vor, der neulich Herrchen und seine Mutter totmachte. Wenn nach fachlicher Beurteilung das Vieh eingeschläfert, also getötet wird, ist die Sache nicht durch. Nach der Hatz auf die Täter fordern Leute unter der Fahne ‚Animal Peace‘ die ‚Todesstrafe für die Mörder von Chico‘. – Vergleichbare Radikalkur empfiehlt der ‚Deutsche (sic) Tierschutzbund‘. Er möchte die Tierhorter, also nichtgewerbliche Massentierhaltung, psychiatrischer Aufsicht und Behandlung unterstellen. Davon berichtet CHRISTIAN GEYER und möchte für solchen ‚Spezialfall der Sammelleidenschaft‘ gerne die Kirche im Dorf lassen, auch wenn da was aus dem Ruder läuft.

JCJ knutscht ja alles, was gerade im Saal ist, daher erwischts auch EMMI MACRON. Er weiß, daß Taten überzeugender sind als seine Worte. – Und: ein Gerichtsvollzieher macht keinen Höflichkeitsbesuch, er muß vor Betreten einer muslimischen Wohnung die Schuhe daher nicht ausziehen. Ein Polizist wohl auch nicht. Solch Besuch ist in den Augen der Wohnungsinhaber eh unrein, das kippt auch nicht dadurch, daß sie barfuß kommen. – Aus dem Reglement der Justiz NRW, die den Vorschlägen eines ‚Zentrums für interkulturelle Kompetenz‘ folgt.

Solche Besinnung macht Hoffnung, daß sich Kompetenz auch gegen die sklerotisch wuchernden Clan-Strukturen aufbaut. Davon erzählt RALPH GHADBAN, der die Ausbildung der Mhallamiye-Clans seit den siebziger Jahren in Bremen, Berlin und NRW verfolgt hat. Flüchtlinge aufzunehmen und sie sodann unter Arbeitsverbot und weitere Restriktionen zu stellen, war die beste Förderung ihrer Transformation ‚in ein kriminelles Wirtschaftssystem‘.

Das begann als gezielte Inanspruchnahme des Sozialsystems, in Berlin sind 90 % der Clan-Mitglieder arbeitslos gemeldet, gepaart mit Verachtung ‚alles Deutschen‘. Die Plünderung des Juwelierangebotes im KaDeWe oder das Ausrollen der 100-Kilo-Münze aus dem Bode-Museum seien nur spektakuläre Spitzen eines geschlossenen Systems organisierter Kriminalität. Derweil diskutiere man in der Stadt, ‚ob nicht der Begriff ‚Clan‘ schon diskriminierend sei‘. – Die Reproduktion sei zentral organisiert, Familien ‚mit neun, zehn Kindern sind die Regel‘, daher die Frauen die ersten Opfer, die Kinder später in der Zwangsverheiratung sistiert. – Der Autor hält die Obergrenze von 220.000 Zuzügen für ‚viel zu hoch, die Ausweitung des Familiennachzugs für eine Fördermaßnahme in Sachen Clanstrukturen‘.

Das nun ist dem Moral-Clan SPD ein Herzensanliegen, dafür würden sie in gekonnter Selbstzerstörung das Koalitiönchen auch hops gehen lassen. Also, damits die Arbeiterklasse nur weiß: die Migranten sind inzwischen die Zielgruppe, daher muß möglichst viel ins Land.

PS.: 2.8.
OLAF SUNDERMEYER reist in das türkische 700-Einwohner-Dorf, wo er auf fröhliche Gesichter trifft, so den Dorfältesten Rajdiye, der von den Verwandten in Bremen erzählt: ‚Sie bekommen ja eine Art Gehalt dort, also Sozialhilfe. Und die Kinder arbeiten ... besitzen jetzt einige Hotels, auch eine Tankstelle. Zum Glück geht es mir jetzt sehr gut‘. – Ihm seis gegönnt. Zur Sozialhilfe kommen natürlich noch Drogenhandel und Schutzgelderpressung hinzu. Und KHALED MIRI, sowas wie Clan-Chefe, erklärt was von unbedingter Loyalität, das Bild des Paten hängt an der Wand, vom Friedensrichter, dem Kokain-Paten und dem ‚Koks-Taxi‘-Fahrer – alle an der Arbeit.

In Straßburg wird die Zusage der Kanzlerin publik, 10.000 Flüchtlinge aus nordafrikanischen Ländern aufzunehmen.

Kurz drauf geht RAINER BURGER ins Detail anläßlich eines Großeinsatzes von Polizei, Ordnungsamt und Zoll in Essen, Kapstadtplatz, wo ein 5000er Verbund von zwölf Familien in den

Schwerpunkten Crack, Heroin und Geldwäsche den Ton angibt. Zu den Auffälligkeiten gehören Rudelbildung, das sogenannte ‚Tumultdelikt‘ und die bekannte Körperverletzung, also der Aggro-Modus und das Posieren mit Maseratti & Consorten, die immer auf andere zugelassen sind. – Das kennt Marion schon aus dem Unterricht. Ich tippe auf Kennzeichen ‚M‘, wo immer ein Onkel des Transfergeschäfts wohnt. – Bei einer Fahrzeugkontrolle stießen die Ordnungshüter auf eine Aldi-Tüte, voll mit Barschaft. Das paßte nicht zum Hartz IV-Bezug, den der Kollege vom Ordnungsamt schnell offenlegen konnte.

Berichte über das organisierte Verbrechen gewinnen Kontur, je näher sie mit den Auftraggebern ins Bild gesetzt werden. Denn die ausführenden Täter machen die Drecksarbeit, um die zugrunde liegende Kriminalität der angesehenen Kreise, gerne im Regierungsamt, abzudecken. Die meisten Opfer finden sich daher bei den Aufklärern, also Journalisten, Staatsanwälten, sei es in Mexiko, in Italien, in der Tschechischen Republik oder auf Malta.

Diese Ablaufkette verfolgt MATTHIAS RÜB am Beispiel der Journalistin DAPHNE CARIANA GALIZIA, die im Oktober letzten Jahres mittels einer Autobombe ums Leben gebracht wurde. Sie war dem Kern eines korrupten Systems nahegekommen. Über die Identifizierung der Ausführenden dieser Mordtat kommen die Ermittlungen partout nicht hinaus. Staatsanwaltschaft ist eine weisungsgebundene Veranstaltung. Die handelt eventuell unter Auflagen. Das kann behindern.

Und Malta-Chef JOSEPH MUSCAT hat seine aserbaidschanische Schmiermillion über die werte Ehefrau an deren Briefkastel in ‚Oh wie schön ist Panama‘ überweisen lassen. Die russische Informantin hat in Angst um ihr Leben inzwischen die Insel gewechselt. Ein internationaler Haftbefehl aus Malta wegen veruntreuter 2000 setzt ihr jedoch nach und ihr droht das Schicksal der Journalistin. Dem beschuldigten Regierungsvertreter blieb nach einem Dutzend gescheiterter Verleumdungsklagen gegen die Aufklärungen auch keine andere Wahl.

PS.:
Aller Vorwurf sei haltlos, erklärt ein Ermittler drei Monate drauf
nach 477 Zeugenbefragungen, Premier und Ehefrau mithin frei
davon. – Wer ein solches Interesse daran hatte, die Journalistin
nach klassisch mafioser Art verschwinden zu lassen, bleibt also
weiterhin offen, das System von initiativen Tätern und Ausfüh-
renden unbeschadet. Böse Zunge wärs, die unterstellte, das könn-
te das Ziel von solchen Verfahren sein, so als Kollateral-Plus.

21.4. Das Werkeln im Garten bringt Fluß in den Tag, zuviel
liegt noch herum aus dem letzten Jahr, Äste, trockenes
Laub, Kastanien, in freier Natur ein Normalvorgang, kul-
turell soll das jedoch geschieden sein, hinweg das Alte,
Applaus dem Neuen! Und die Farben sind das Schönste,
bisweilen ja nur tageweise, guxdu! Der Kirschbaum in
voller Blüte, ohne Bienen, so scheint es, die Kastanie be-
reits über alles hinweg, die wachsenden, platzenden Knos-
pen, umrahmt von frischen Blattständen, worauf die Dol-
den mit den Fruchtständen sich erheben werden. Ich weiß
wies geht, weils jedes Jahr der gleiche Zirkus ist.

Abends wandern wir mit *Quiche de poire*, Buch und Karte
zur Pastorin, die zur Feier des Geburtstags lädt. In kleiner
Runde, darunter diese distinkte CAROLINE mit lachen-
den Augen, sprechen wir der reichlich bestückten Tafel
zu und queren die gesellschaftlichen Gärten bei starkem
Umtrunk. Dem sprachlichen Reduktionismus im spärlich
besiedelten norddeutschen Raum, eins kommt vom ande-
ren, wird nachgegangen. Was an Subjekt, Prädikat Objekt
fehlt, füllen Pausen, lange Pausen, etwa: ‚und selbst‘ (ohne
Fragezeichen) – fünf Sekunden nichts – dann: läuft – oder
nach acht Sekunden: muß ja, Stunden später: isso oder so.
Das geht vom Spaß ins Drama zur Albernheit, muß ja,
Gegen Mitternacht zurück, viel Licht in den Fenstern.

Es ist schwer und wird beständig mühsamer – das Ganze zu
sehen – und zu akzeptieren. Von der Partitur in die Partition
verläuft das Denken sich in dem Bestreben, im reduziert abge-

steckten Raum wieder ein überschaubares Procedere und verläßliches Reglement unterzubringen. Früher ging das als Hobby durch, Briefmarken sammeln oder Eisenbahn bauen, heute oft darüber hinaus. Und zwar mit aller Härte, gern fundamental und schließlich mit aufgesetzter Mission.

Es sollte, ähnlich dem Kataster, ein Register missionsbewehrter Organisationen geführt werden, damit man einsehen kann, womit zu rechnen ist. Denn solche Zerfallsprodukte eines Parzellierungsprozesses sind in ihrer Radikalität häufig jedem Pragmatismus abhold. – Gestatten Sie mir hier den Hinweis, daß meine Erklärung des ganzen Ladens zum Irrenhaus rein heuristischer Art ist, also Anleitung zur Gewinnung von Erkenntnis, wie das Fremdwörterbuch zum Besten gibt. Solche Sicht nimmt notorische Überraschungen einfach gelassener. Sie kann Leben retten, jedenfalls verlängern.

Wieder raus aus dem Predigermodus möchte man so recht aufatmen mit Blick auf einen liberal-wehrhaften Staat, der dem Exzeß privaten Eiferertums beherzt Grenzen setzt. Doch obacht, denn es gibt den Staats-Exzeß: im Bayrischen erhebt sich der Entwurf eines ‚Psychisch-Kranken-Hilfe-Gesetzes‘, schon der Titel löst puren Alarmismus aus bei Anhängern wie Dissidenten. Und zwingt CHRISTIAN GEYER direkt vor die Kulisse des FRANZ KAFKA. ‚In der Strafkolonie‘ titelt er auf das Wachsamkeitsgesetz, wonach Behandelte für wenigstens fünf Jahre erfaßt, Klinik und Ärzte zur Meldung von Status und Diagnose an die Polizei verpflichtet werden, was dann an eine ‚Landesdienststelle‘ weitergeht. Die heißt ZBFS, ‚Zentrum Bayern Familie und Soziales‘, echte Tarnung, wie bei EU. Das ist die Spinne im landesweiten Psycho-Datensatz zum Zweck, ‚Straftaten zu verhindern‘.

In solcher Generalprävention steht das Machwerk unheimlicher Verwaltung mit seinen Komponenten ‚Erfassen – Überwachen – Verfolgen – Sistieren‘ in Tuchfühlung zur Kriminalisierung Kranker. Gewährleisten Sie also unauffälligen Auftritt beim nächsten Besuch im Bayrischen, an sich ja eine schöne Gegend. – Auf starken Protest hin beginnt das Modifizieren, typisch Testballon.

Doch zurück in die Gefilde missionarischen Eifers, nämlich ins Biotop <u>Bremen</u>. Zur Erinnerung, Bremen ist kein Bundesland sondern ein Zustand, was seine aufsitzende politische Apparatur betrifft. Das Milieu verhilft Bürgerschaft und Exekutive nicht nur zu stabiler Sklerose in über siebzigjährigem Aufbau. Insbesondere der Unterbau, also das Flechtwerk öffentlicher Verwaltung, voll infiziert, gerät wiederkehrend in gerne skandalträchtige Berichterstattung, also ganz auf Hauptstadtniveau. – Jene kürzlich adressierten Eigenarten und Mentalitäten öffentlicher Verwaltung eröffnen Raum, häufig ungestörten Raum für eine korruptive Seilschaft, ebenso fürs Durchziehen politischer Missionen, die im Milieu gedeihen, hier: den Einlaß, ja die Hereinholung von Flüchtlingen gegen das Regelwerk. Genauer: Gesinnungstäter hatten über Jahre ‚freie Fahrt‘. Von interner Revision unbehelligt, weil abgängig, kamen Busse zum Einsatz, die aus dem Iran, Irak und Syrien Gekommene aus anderen Bundesländern zur BAMF-Außenstelle Bremen brachten, weil dort flott durchgewunken, bereits erteilte Abschiebebescheide aufgehoben wurden, Anhörung und Entscheidung in einer Hand lagen und so etwa 2000 Jesiden Asyl zuteil wurde, welches nach den Regeln wohl zu verwehren war.

Das Bundesland, seis drum, ist mit 85 % Anerkennungsquote für Iraner, für Russen mit 55 % (Brandenburg 1 %), bundesweit führend, für Irakis mit 96 % wohl auch, Bayern: 30 %. – Der Ort des Antrags sei maßgebend für die Aussicht, sagt eine Untersuchung der Uni Konstanz. – Die Behördenleiterin wurde vor zwei Jahren versetzt, jedoch versehentlich in die Qualitätssicherung.

In der Bürgerschaft wird die Verantwortung von Bank zu Bank gereicht. Schon auf die Anfrage der Linkspartei im Bundestag vor sieben Monaten kam das Stereotyp: alles nach Regelwerk! Es graust vor den Bergen ‚guter Gesinnung‘, denen Abgründe ‚ohne Verantwortung‘ korrespondieren.

Denn: seit Jahren wird nicht gesehen, was offensichtlich ist – nein, FIENKELKRAUTS dictum muß variiert werden: es wird gesehen und gehört, sodann in Verfahren gepackt und verschleppt, auf Zeit gespielt, auf Vergessen gesetzt – bei Nachfragen auf Verfahren verwiesen, auf ‚Abschlußbericht‘, der keine ‚vorsätzliche Mißwirtschaft‘ entdecken konnte. – Wie, ihr Papierfresser, funktioniert eigentlich ‚vorsätzliche Mißwirtschaft‘? – So bleibt Nachgeschmack am Gaumen kleben. Wie bei jener Ulrike B., gegen die bereits Anfang 2016 ein Diszi‘ lief: das zog sich hin, sodaß sie unbeschwert weitermachen konnte. Und danach ins Qualitätsmanagement versetzt – du läufst im Schreikrampf vom Hof. Wohl zwecks Begutachtung ihrer bisherigen Arbeit oder wie! Inzwischen wird auch amtsseits subversive Zusammenarbeit vermutet. Ich sage: fein beobachtet.

Es ist wie mit der Kippa, die einen Muslim veranlaßte, den Juden mit dem Gürtel auszupeitschen. Der Mann (19) kriegt kurzen Prozeß, er habe es nicht so gemeint, 4 Monate auf Bewährung. – Dieser Tat folgte viel demonstrative Solidarität, was aber ist das Substrat! Natürlich die Staatsraison, wie es AM sagt, jedoch der Kern ist ein Verfassungsregime mit seinen Kernbereichen – und dem rechtsstaatlichen Rahmen, der für Gewährleistung, Eingreifen und Durchsetzen steht. Nur so wird der Verbund bis in die Exekutive transparent und nicht im Wind wechselnden Gesinnungsgemenges funktionslos gestellt. So geschieht es permanent in den Asylthemen, bei Anerkennung wie Abschiebung. – Dennoch, der Aufruf des Frankfurters Uwe Becker gefällt mir, am 14. Mai Kippa zu tragen, etwas demonstrativ, aber aus gutem Grund.

Eine Flugmaschine startete in Düsseldorf. An Bord 21 Asylbewerber aus Afghanistan, darunter 15 Straftäter, 2 Gefährder und 4 hartnäckige Verweigerer ihrer Identität. Dazu in Begleitung 40 mal Bundespolizei, Arzt, Dolmetscher.

FREDDY LANGER muß die *Route 66* permanent abfahren, jedenfalls macht er schon wieder einen grandios illustrierten Bericht von der Strecke, deren 4000 Kilometer längst unter Artenschutz stehen. Dabei hat er doch im Mai einen Vortrag in Bensheim (guxdu, Bd. 9!), also Gas geben!

Zwei Sonderermittler legen vor: der seit 2006 von Arbeit freigestellte RAINER WENDT (guxdu, Bd. 9, S. 68) bezog seinen Sold, in 2017 so 125.000, nach fiktiven Beurteilungen mit Bestnote und Beförderung über fiktive Tätigkeiten, also im beständigen Max-Modus – ohne Rechtsgrund. Regreß sei nicht möglich, weil Organisationsverschulden vorliege. Im Netz, in Wort und Bild, ist er weiterhin breit aufgestellt: sein Einkommen sei angemessen, entspreche seiner Arbeit, bemerkt er dort im März. Daß es nicht die arbeitsvertraglich geschuldete Leistung war, sondern sein Reise- und Betreuungsgeschäft, weiß er, formuliert es aber nicht so. Es wissen alle, es ist, wie beim Schwarzen Loch, der Ereignishorizont, der solches gebiert, besser füttert. Das beiläufig apostrophierte Organisationsverschulden ist durchaus vorsätzlich zu nennen, Teil der Haushalts-Kollateralschäden solch großer Gemeinsamkeit im öffentlich-rechtlichen Raum, die nahe an einer Staatsraison eigener Art residiert.

Es ließe sich mit gehörigem Aufwand eine Liste aller seit 2006 mit dieser Causa befaßten Beteiligten erstellen, um das zu verifizieren, das ‚völlig übliche Verfahren‘ – ohne Rechtsgrund. Daher wird niemand verantwortlich gemacht, geschweige denn darein gezogen. So etwas stützen schließlich Urteile. Deshalb stehen Namen wie RW und JAN EUMANN für dieses System ganz eigenartiger Staatsraison.

Härter bleibt die Diktatur, weil sie folgenlos liquidiert. MAXIM BORODIN fiel aus dem vierten Stock. Er hatte über ‚Wagner‘ berichtet, die Privatarmee des JEWGENIJ PRIGOSCHIN, der als Oligarch, ‚Putins Koch‘ sowie mit ‚Wagner‘ sein Geld macht, aktuell in Syrien. Schutz von Herrschern gegen Konzessionen zum Rohstoffabbau ist das Geschäftsmodell. Dazu senkt ‚Wagner‘ die russischen Verlustzahlen, rein statistisch. In Putins Ring von zwölf Wirtschaftskreisen gehört JP zu den ‚harten Knochen‘, so FRIEDRICH SCHMIDT, der in sowjetischer Zeit neun Jahre im Knast verbrachte wegen Raubes und Kinderprostitution.

PS.: 2.8.
Drei Reporter reisten nach Zentralafrika, auf der Suche nach dem ‚Bokassa-Palast‘. Dort sollen Hunderte Soldaten der ‚Musi-

ker‘ stationiert sein, wie ‚Wagner‘ auch genannt wird. Sie fanden den Tod. Als Täter kommen viele in Frage.

Von 2010 bis 2017 vermißten die Deutschen in ihren Sparbüchern 434.000.000.000 infolge der Zinsrepression, heißt es. Ich glaube, sie vermissen nichts.
Targetsaldo bei 923.000.000.000. Ich glaube, auch der Finanzminister vermißt nichts. Steht ja noch in den Büchern!

22.4. Mit den Elektros zum Griechen an der B 6. Dort sitzen die USA-Fahrer, mit denen wir fröhlich tafeln und reichlich Erfahrung austauschen. – Marion fährt irgendwann, ich gehe unter starkem Blitzlicht um 10 auf den Rückweg, der Rückenwind treibt mich, das Wetterleuchten von hinten, im Bunkenburgsweg setzt der Regen ein.

23.4. Abends 120 Minuten blanke Spannung: ‚Die Frau die singt – Incendies‘ des Kanadiers DENIS VILLE-NEUVE führt in den Libanon zur Zeit der Religionskriege, genauer der Massaker. Den erwachsenen Kindern überreicht ein Notar Briefe an den Vater und einen Bruder, den zu finden sie sich aufmachen – in die Vergangenheit. Das entblättert zum Alptraum, denn 1 + 1 wird 1.

24.4. In die Stadt für Lifo-Nachgespräche. Warum macht keine Frau das Pendant zu GRÖNEMEYERS ‚Männern‘!? – Weil sie es nicht machen, denn es bringt nichts. Hat ja bei uns auch nix gebracht, gell. – In allen Gesprächen die gleichen Situationen der Frauen, ihren Umgang damit, allenfalls ausfransende Differenzen.

25.4. Heute das Gleiche, nein Steigerung. Ich notiere die ‚to do-list‘ für zu Hause und für nächstes Gespräch mit Chefe, sorry, ging nicht mehr anders ... ja, ja, kommt es. – Die Lifo Stärken-Übertreibung-Matrix ist von Männern gemacht, es fehlen frauenaffine Musterbegriffe, hallo Frau ‚LPC‘! – Das fällt mir nach 20-jähriger Anwendung glatt auf, wegen Häufung. – Daß die Geschlechter, ich bleibe der Einfachheit halber bei den zwei berüchtigten, in unterschiedliche Kompensation gehen, wenn sie die Kontrolle verlieren, ist beständige Lebenserfahrung. Auch im

Sucht-Barometer sucht schließlich jede Seite ihren Halt woanders: Männer zu 85 % im Suff, Frauen zu 75 % in Tabletten.

Flucht sei ein Fluch und er wird zur Flut – DORON REBINOVICI zeichnet die Fluchtlinien von Vertriebenen und Geflohenen des Naziregimes nach. Flucht ist Heimsuchung im doppelten Sinn des Wortes, also die Sehnsucht nach der Heimat in der Fremde und die ernüchternde Erfahrung, was ihnen dann widerfährt. Wie es den Juden erging, den Konzentrationslagern entkommen, fanden sie sich in Internierungslagern wieder. – Wie es den Flüchtenden aus Nahost und Afrika ergeht, die in der Fremde sortiert, zugeteilt, mit dem Nötigsten versehen werden – und dem ,hier hat niemand auf euch gewartet'. Und sie verlieren ihre Erwartungen, die schon im Kulturschock zersiebt wurden.

Wieviele es werden, trotz allem, verdichtet sich in wachsender Zahl von Untersuchungen, so der von RAINER HERMANN. Fehlende Aussicht auf Leben mit Perspektive treibt unverändert in hohe Geburtenmengen, in Afrika von 1,25 zu 2,5 Milliarden bis 2050, in der Arabischen Liga mit 22 Staaten auf 676 Millionen, das ist das Neunfache in 100 Jahren. Die Archaik der Verhältnisse ist geprägt von der Stellung der Frau darin, so meine Annahme, begleitet von wachsender Gewißheit. – Und der ,Jugendüberhang' ohne Ausbildung und ohne Chance auf etwas treibt nicht Entwicklung sondern blockiert – reines Sicherheitsrisiko. Das zur Explosion auswächst.

26.4. Wieder dieser NORBERT LAMMERT, wie neulich, als er noch Chef im Bundestag war. Ein Mensch, der das ganze Gewicht der Republik verkörpert, das republikanische Gewicht, die Wucht der Republik wollte ich sagen. – Im Nationaltheater von Mannheim soll über die Leitkultur, diesen strapaziösen Handlauf, geredet werden, nach Schiller, notiert SIMON STRAUSS. Und zitiert den guten Prediger, der die Religion als wirkungsvollste ,Agentur der Sinnstiftung' ausstellt, das Pendant auf der Achse der Vernunft. So macht er eine ,Führung der Vernunft' aus, so erfahre ein Jeder das Seine.

Daneben tritt GERHARD STADELMAIER, der inzwischen selten zu lesende, ein Sprachfest los zum 70. des ‚großartigen Gewaltschauspielers‘ JOSEF BIERBICHLER. Der mußte ja dahin kommen, denn er gibt immer noch ‚ka Ruh‘ – wie der Bruder in Körper und Geist, GERHART POLT (76). – Den ‚König Stier von Grantreich‘ gibt ersterer auf einer seiner hundert Bühnen, eh wurscht, jedenfalls in einer ‚unnachahmlichen, volksstammwürzigen bayrischen Mischung aus schlampertster Vitalität, untergrundwühlender Brutalität und grobklotzig-ätzender Sentimentalität, ... (gleichwohl) in fiebriger Sensibilität und witternder mismischer (? kanns nicht entziffern!) Intelligenz ... gegen alle scheinbar nur bäurische Plautzigkeit‘. – Weil ihm nämlich das Publikum immer schon eh wurscht ist – sowas zum Suhlen gibt’s alle sechs Monate! Deswegen gehört das nicht in die Ablage, sondern in die Kiste Wiedervorlage, Dreckspack. – Bei mir ist selbst der Wahnsinn sortiert.

Vor 73 Jahren öffnete die Rote Armee das KL Ravensbrück und packte, lagererfahren, ihre Kommandantur rein bis 1994. Beim Gang durch das Tor verschwindet der zeitliche Abstand und das Abgründige kriecht an dir hoch.

Der unfertige Mann tendiert, wenn die Verpackung reißt, zum Massenmord per Amoklauf, seit den Vorbildern aus der Levante mit ihren erfolgreichen Kfz-Fahrten. Auch der Mann von Toronto war den Frauen nicht gewachsen und fuhr sie daher gezielt zu Tode. – Es ist nicht auszuschließen, daß auch er jetzt ausgiebig auf seinen Geisteszustand untersucht wird. Jedwedes Ergebnis zählt, die Öffentlichkeit stillzustellen. Das gehört zum Prozeßmanagement, wie sehr auch seine Vorbereitungshandlungen ihn als Mann auszeichnen, der wußte und plante, was er dann tat.

ROLF HOCHHUTH zitiert THEODOR FONTANE: ‚Die Juden finanzieren unser Kulturleben und wir Arier den Antisemitismus‘, womit er gegen Berliner Abrißwahn wettert, aktuell den Abriß zweier Ku’damm-Bühnen, ‚von den zwei Juden MAX REINHARDT und OSKAR KAUFMANN aus eigener Tasche erbaut. – Eine der Bühnen soll weiter hinten in den Keller – Das

Bibelwort ‚denn sie wissen nicht, was sie tun‘, ist eben strengste Reichshauptstadt-Tradition.

27.4.   Aus dem Lifo-Gespräch zurück in die Kundenhalle, lädt AnjaB. zum Abschied und das ‚4you‘ ist vollgestellt mit Kollegen und Freundeskreisen. Singen – anstoßen – ihr Abschiedstext, ein weiterer Workshop ist vorzubereiten. Ich komme mir komisch vor, bin wie immer der Älteste, alle gehen, nur ich stehe, als stände die Zeit. Ich bin schon lange gegangen – und einfach wiedergekommen. Das ist gegen die Regel. Bin ich widerspenstisch? Ich will dabei sein. – Reinhard hat Nr. 1 fertig gelesen.

RAINER HERMANN berichtet von der neuen Achse PUTIN – iranische Revolutionsgarden – RECIP ERDOGAN. Die Notfallausstattung von Recip außerhalb seiner 1000-Zimmer-Hütte umfaßt 11 Flugzeuge, 3 Hubschrauber, 14 gepanzerte Fahrzeuge, einschließlich zweier Limousinen, 28 Jeeps, 6 Krankenwagen, 2 Feuerwehrautos, hatte ich am liebsten, und 30 Motorradfahrer, so die Zusammenstellung von BÜLENT MUMAY. – Bei PUTIN kommt da noch ein Satz Schlösser hinzu!

Wenn das Separatorenfleisch, nicht zu verwechseln mit dem Raptor, den Anteil von 38 % in der Wurst nicht überschreitet und der eigentliche Anteil Schwein daselbst – schmeckts? – 18 % nicht unterschreitet, ist die Prämiierung mit der Silber-Medaille ein Selbstgänger. Mir ist jetzt so schlecht, daß wir auf Madengrillen umstellen.

> Kaum frag ich Marion, ob wir nicht mal wieder en famille essen müßten, geht das Getöse über Wotzäpp los: ob wir sie schon komplett vergessen hätten und so. Also macht Jonas ein Restaurant aus und schickt die Koordinaten. ‚ich will das nicht‘ – Widerstand ist zwecklos! – Mach mal den Kopf klar, Schatz. Isso!

Diese Koalition ist des Wertes dieses Landes unwürdig, der Arbeitsamkeit seines Volkes, der Produktionskraft und Innovation von dessen Volkswirtschaft, der insgesamt stoischen Ruhe der großen Mehrheit angesichts dessen, was das Elaborat ihm serviert, ja ihm vorgesetzt hat. Die Koalition ist dieses Landes unwürdig, das Schlimmeres auszutragen hat, als es verdient. Der Vertrag der Koalition ist nicht nur unwürdiges sondern nur zum Fremdschämen taugendes Papierspektakel. Wesentliches darin ist getreues Abbild eines Starts von Verlierern. Das gilt vorzüglich für Sozialpolitik, die über den defizitären Themen wie Leichentuch geworfen ist und vom Tobewicht HUBERTUS HEIL als ‚solidarisches Grundeinkommen‘ paniert und gebraten wird. Die Finnen kehren den zweijährigen Versuch grade in Arbeitspflicht um.

Das zweite Feld, die Öko-Kasperei, bedient jener RESCH mit seinem Wanderzirkus ‚Deutsche Umwelthilfe‘. Er treibt den wackeren adlatus PETER ALTMEIER im ZehOh²-Kreisch zu weiteren 8000 Megawatt Windmühlen und Dachplatten, nachdem ihm Bosch mit aktueller Diesel-Innovation den Wind aus seinem Prozeßhansel-Segeln genommen hat. Da hat er grade elf Klagen in deutschen Städten eingereicht, diese ‚persona non grata‘. Das Unseriöse an diesem politischen Konglomerat ist, daß der Abmahnverein von Toyota gesponsert wird, dazu mit Millionen an Steuergeld aus ‚mehreren Bundesministerien‘. So verkauft die Regierung ihre Politik an Private, die dann keifend dafür durchs Land ziehen.

Wirtschaftsstaatssekretär REINER BAAKE war lange ‚DUH‘-Chef, bevor ers dem neuen Gesetzes- und Ordnungshüter übertrug. Heißes Wasser, Handtuch!

28.4. Bayern-Chef MARKUS SÖDER, evangelisch, will Kreuze in allen Amtsstuben. Sein fröhlicher Populismus erfülle die anderen Parteien wie auch die Kirchen eher mit Neid, sieht REINHARD MÜLLER. Ihn bringt die Antwort auf, die dem EKD-Chef darauf einfällt. Denn der mahnt im Reflex eine ‚humane Flüchtlingspolitik‘ an. Es ist auch eher Markierung von Standpunkt, der den Kirchenfürsten am Tempelberg abging, als sie ihr Amtskreuz versteckten. Wie überhaupt, so RM weiter, aus Kirchenkreisen ‚eher moralinsaure Glückskeks-Floskeln‘ ausgingen denn christliche Botschaft.

Mit SAMI A., dem Leibwächter des USAMA BIN LADIN geht's
ja extrem human zu, und zwar so: der Tunesier lebt seit 2005 mit
Frau und Kindern in Bochum, von aktuell 1167,84. Das ist der
Regelsatz. Da er seine militärische Ausbildung im Terrorcamp
hier nicht einsetzen kann, ist er Prediger mit großer Autorität,
sprich Anhang. – 2006 wies die Behörde ihn aus. – Der T. (Tunesier oder Terrorist) klagte. – Und obsiegte, fünf – in Worten:
f-ü-n-f – Jahre darauf, also 2011. – Auf behördliche Widerklage
hin bestätigte das Oberverwaltungsgericht v-i-e-r Jahre drauf
die Behördenentscheidung von 2006. – Eine Abschiebung war
jedoch nicht möglich – wegen ,mehrerer Abschiebeverbote', so
RAINER BURGER, in einem parallel laufenden Instanzenzug
zum Asylantrag des T. – Und zwar – bitte anschnallen – weil der
T. ,aufgrund seiner Aktivitäten <vulgo: terroristischer Mitgliedschaft und Betätigung> mit Repressalien durch das tunesische
Regime rechnen muß.

Diese Abschiebeverbote widerrief das Bundesamt für Migration und forderte den T. zur Ausreise auf. – Der wollte aber
bleiben und klagte gegen die Entscheidung des Amtes. – Das
angerufene Gericht meinte dann im Sommer des Jahres 2016, die
Abschiebeverbote beständen weiter. Und dem Amt wurde vom
OVG die Berufung dagegen verwehrt, weil die Unversehrtheit
des T. in Tunesien nicht sichergestellt sei. Der Mann sei mithin
dauerhaft zu dulden. – Die Sache werde ,auf Bund-Länder-Ebene
... fortlaufend diskutiert', so der Berichterstatter. Man bleibt also
dem Mann mit allen zur Verfügung stehenden Mitteln auf der
Spur, er muß täglich Meldung machen, in der Stadt bleiben und
unterliegt einem ,Kommunikationsmittelverbot'. So läßt er sich
dulden von den Ungläubigen, die er verachtet, wenn nicht haßt.
– Von solcher Haltung sieht der Rechtsstaat ab.

So reagiert das Land auf das Großereignis Einwanderung in seinen Standards. Der Klageweg wird Strategie derer, die ,lege artis'
keinen Anspruch haben. Diese Komplexität wird rechtsstaatlich
genannt, ist jedoch kein der Situation angemessenes Verfahren,
selbst wenn der Rechtsweg nicht über Dekaden geht wie beim
Leibwächter des initialen obersten Terroristen. – Die Sache wird
sich zuspitzen.

Das Land ist stoisch – es möchte verbessern, was ist – versteht aber nicht – weil es nicht wahrnimmt, was ist – weil es beschäftigt ist mit der Innenschau, mit der Nabelschau, mit Selbstbespiegelung, geradezu eitel – es möchte gut sein, so gut – das ist fatal, Schicksal.

Und es hat seine schale Spur in die Vergangenheit. PETER SCHNEIDER adressiert PAUL KLEES ‚Engel der Geschichte‘, den unsere Gut- und Gedenk-Eliten nach all dem geben möchten, was angerichtet wurde. Und in seinem Begriff des ‚moralischen Narzißmus‘ faßt er das irrlichternde Motiv, dem bedeutende Teile des politischen Führungspersonals des mächtigsten Landes in Europa nur zu oft verbunden sind, im Handeln wie im Unterlassen. Das bleibt unwidersprochen geschweige denn angesprochen oder gar debattiert. Gegen diese Haltung gibt es keine institutionelle Opposition. Alles ist verklebt in dieser ganz eigenartigen Staatsraison.

Nachdem sie den Widerstand gegen ihre selbstgewisse Arroganz organisiert und darüber Teile ihre Wähler an die AfD verloren haben, inszenieren sie sich im neu besetzten parlamentarischen Plenum ungeniert weiter. Das ist materiale Dekonstruktion des politischen Systems, seiner Institutionen, die auch im weiteren kontaminiert werden. – Zum Glück wiederholen sich historische Dramen selten, aber sie gebären als unverarbeitete Treiber durchaus neuen Horror, Fratzen, eine große Farce. – Wieviele Urteile gibt es, die solche Kontamination dokumentieren! PS zitiert ein Berliner Gericht, das der Klage eines Iman Recht gibt und Anspruch auf eine Entschädigung durch die Lehrerin, der er den Handschlag verweigert hatte.

So etwas wird zur Inszenierung über alles. Sie lebt zunehmend vom Echo, das aus den tausend Wohlfahrts- und Wohlsein-Organisationen befeuert wird und antwortet, gerne zentriert im Superlativ des ‚bürgerschaftlichen Engagements‘. FRANZ WALTER nimmt sich dieses suggestiven Begriffs in historischem Rückblick an. – Nach der Reichsgründung 1871 erfolgte ein zügiger Umbau liberaler Bürgerlichkeit in einen gesellschaftsaktiven, d. h. organisierten Antisemitismus, befeuert durch ökonomische Krisen wie den ‚schwarzen Freitag' 1873, ebenso durch die Inflation fünfzig Jahre drauf. Das traf nicht zuletzt die meinungsbildenden intellektuellen Mittelschichten, die nach festem Grund für ihren Abstieg suchten.

Entscheidender Boden jeden Engagements sei ein an den Kernthemen des Staatsverfassungsrechts orientiertes und handelndes Bewußtsein. Dem kontrastieren, so der Autor, ‚konfrontative Ideologien ... und gruppenzentrierte Selbstbezogenheit', naja und allerlei missionarischer Eifer mit Weltrettungsambition, möchte ich dazu packen. – Aber – sowas braucht der Mensch, oder? Schließlich entlastet es, wenn man weiß, wo es langgeht, kann richtig komfortabel werden. Dennoch, ein schönes Pamphlet für die Verteidigung gesellschaftlicher Grundregeln und des Umgangs.

Solch drohenden Veitstanz der Eliten nimmt auch JAN ZIELONKA in den Blick in einem Brief an den verstorbenen Ausbilder RALF DAHRENDORF. Er hats mit den Brüssel-Apparatschiks, die ‚das Entfremdungsgefühl vieler Bürger ... mustergültig verkörpern'. Das fern jeder Legitimation etablierte ‚Modell sei am Ende' und so ein paar ‚Triple-A-Länder' wie Deutschland glänzten durch Einmischung in die Angelegenheiten der Kleineren. Demokratie sei nun mal an den Nationalstaat gebunden, wo sie inzwischen zunehmend leerlaufe.

Gegen diesen Frust soll ja der Straßburger parlamentarische Verschnitt, dieser Cuvè Parlementaire, helfen, wo alle nationale Herkunft weitestmöglich gelöscht ist. Dem Erfinder dieses Konstrukts gebührt der Eliten-Award. Dort, also weit weg von Land und Leuten, in der europäischen Blase, feiern fundamentale Themen entsprechend fröhliche Urständ'. Zu was Einzelne dieser im Straßburger Rundbau Einsitzenden in ihrem planetaren Eifer, also ökologischem Umtrieb, in der Lage sind, berichtet die Zeitung doch glatt tags drauf: MIRIAM DALLI, vom Stamm der Malteser herkommend, prost!, berichterstattet aus dem Umweltausschuss ein Zeh-Oh-Zwei-Downloadprogramm an die

Autoindustrie und empfiehlt gleich Umschuldung für die damit verbundenen Massenentlassungen. Die Dame ist von Detailkenntnis dieser Industrie sichtlich verschont, wie offensichtlich der gesamte Ausschuß – tut nichts, sechs Monate nach den letzten Co²-Vorgaben aus dem Kommissariat wird verdoppelt. – Das ist fliegender Übergang vom Tollhaus zur Tollwut, ein klinischer Fall, gegen den nur direkte Stillegung hilft, also diese Früh- und Dauerruhestände, mit denen die Welt der EU ja bestens vertraut ist.

Wie konventionell dagegen JCJ mit seinem Durchknutschen, der redet die Leute schwindelig, bis sie klein bei geben und weist mit ein paar ungebührlichen Fiskaltricks die Warteschlangen vor dem nächsten 5-Jahres-Budget in die nächstliegenden Sackgassen. Isso: statt mit festen sollen die Budgets in ‚laufenden Preisen‘, also kontinuierlich inflationiert beziffert werden, ja wo laufen sie denn! So wachsen die Einsparungen für die einen und die Ausgaben für die anderen – ultramontane Methoden, die jeden gestandenen Kleinmafiosi im Regen stehen lassen.

So geht ein ständiger Wind durch die Finanzen – von Griechenland sind alle genervt – SCHOLZ will einen ‚geräuschlosen Abschluß‘ – Frankreich fordert Großzügigkeit, denn es zeichnet sich ein *deal* ab: Fregatteneinkauf (gleich vom nächsten Kredit!) – der IWF hat eh keinen Bock auf das Schwindelsystem mehr – da kann der Vorratsbeschluß von SCHÄUBLE auch gezogen werden.

EZB tüftelt Einlagensicherung, schon der Begriff: obszön, Herrschaften! – MICHAELA WIEGEL ruft zum 60. Mal die ‚letzte Chance für Europa auf‘, Europa, ein Raum der Inkontinenz oder so ähnlich, also die Außengrenzen mit den 1000 Vorschlägen und 10.000 Regeln ohne Anwendung, daher alles in-kontinent, wenn Sie bitte folgen wollen. Nur die Elitenzuarbeiter schreiben sich die Finger wund. De SCHOLZ mit der SPD-Europa-Flüchtlingsorgie im Rücken wird das auf seinem ESM-Sitz schon durchwinken.

Ein System laviert – von lavare, also baden, waschen, auch rein-
waschen, nur so zur Info – zwischen ‚Tanz auf dem Vulkan‘ und
wahrhaft ‚spätrömischer Dekadenz‘. Kritik und Affirmation ve-
getieren als Parallelwelten – hat irgendeiner der Geisterfahrer
mit EU-Fahne mal die seit 30 Jahren produzierten Einwände
aus Stellungnahmen und Gutachten des ersten, des zweiten und
jetzt dritten Jahrzehnts gelesen, gewogen und bedacht? Nein!
Sie können nur Beißholz. Aber die Zeit der Erträgnisse und des
Erträglichen geht zu Ende – jetzt sehnen sie bereits die Katastro-
phe herbei – die sie längst als weitere Rechtfertigung präpariert
haben, alles Teflonschubser, die ihre Schäfchen im Trockenen
wähnen, natürlich auf Dollarbasis.

30.4. Das Geschäftsmodell BER könnte auch so aussehen: antreten –
an der Organisationsstruktur verschleißen – vorzeitig abtreten
und mit Abfindung vom Hof. Der vierte Technikchef wirft hin.
Das Entgelt wird bis Vertragsablauf ‚hinfortgezahlt‘, fast wie bei
Krankheit – dann gibt's Abfindung von 285.000, vielleicht für
die Rekonvaleszenz. Als wärs betriebsbedingte Kündigung we-
gen Fortfall des Arbeitsplatzes. Kurz: alle sozialpolitischen Er-
rungenschaften der letzten fünfzig Jahre werden dem Abtreten-
den auf den Tisch gepackt. Vielleicht ist es ja nur Schweigegeld.
Das ist das Geschäftsmodell dieses frivolen Unternehmens, dem
Ergebnisorientierung fremd ist.

JP Morgan verdiente in Q1 infolge Gewinnsprungs, hoppla,
8,7000.000.000. Mal vier, wärens 35, das wären 10 über dem ak-
tuellen Börsenwert der Deutschen Bank. Zum Glück interessiert
sich keiner für die Frankfurter Türme.

Banken im EU-Raum zahlen der EZB nach kräftigem Aufschlag
500.000.000 für die Aufsicht.

Wenn so ein Greifvogel beim Queren eines Windrads eine
Klatsche kriegt, vulgo zerlegt wird, ist das betrüblich, doch, so
WINFRIED KRETSCHMANN neulich beim Anfahren eines
Windmühlenensembles, würde der Klimawandel viel mehr Vö-
gel ausrotten als diese Opfer der Rotoren. – Der Kluge insinu-
iert – pardon, das geht jetzt nicht anders – unverdrossen, daß

der Klimawandel vorbei sein wird, wenn der Planet mit diesen Apparaten vollgestellt ist. Das sind galaktische Botschaften, in deren Gefolge sichs wohl sein läßt. Was wohl die liebe Sonne dazu sagt. Im Kinderlied lacht sie bekanntlich.

1.5.   Marion wird zum Spaziergang abgeholt, ich mache das Fernsehen auf und erwische einen alles sprengenden Auftritt eines Trios unerträglich schöner Frauen mit Umfeld und noch vier ihrer *sounds* von Stimme, Rhythm & Rock, *this boundless american way, ifya understand* ... es zieht mir Schuh und Strumpf aus – Tränen vor so viel Schönheit & Grazie. Sie nennen sich ‚Dixie Chicks‘, Ausschnitt aus ihrem Planetenritt 2016, *never heard of it.*

2.5.   7.00 – Marion geht aufs Fahrrad nach Osterholz.

Was fällt auf? – In Berlin hat sich gestern die revolutionäre und sowieso kommunistische Weltbewegung zum wiederholten Mal konstituiert, bereichert um den schlecht getarnten Berliner Antisemitismus, also QUD & Co., ‚Jugendwiderstand‘ führt den Massenlauf von an die 120 Leuten durch Neukölln. Was sich nicht einreiht, also alles, wird schnell faschistisch markiert.

Im Biotop Bremen sackt die SPD auf historische 26 %. Das Milieu schlägt sich zur Linken auf 15 %. Die Konservativen verharren, ich nenne es so. – Im dritten Alarmbereich der Republik, NRW, entfaltet sich wieder ein ‚EU‘-Fall, wenn Sie bitteschön das Karrieremuster EUMANN erinnern: unter Teilnahme der üblichen Verdächtigen – aus Gründen der Haltbarkeit macht das selten eine Partei alleine – wird da nicht nur ausschreibungsfrei so eine 500.000er Haltestelle an den SPD-Freak, Abkürzung für Fraktion, MARTIN BÖRSCHEL. vergeben. Dafür wird im Kegel des 11.000-Mann-Konzerns namens Stadtwerke Köln eine Stelle geschaffen, verziert mit der Bezeichnung ‚Hauptamtlicher Geschäftsführer‘, anders ist die halbe Million nicht zu rechtfertigen. Der gemeine Beobachter gewinnt den Eindruck, der Kommunal-Konzern sei bisher führungs- und orientierungslos durch die Wasserwirtschaft getreidelt, geführt nur von Wind, Wetter und gelegentlicher Überschwemmung.

Wahrscheinlicher ist, daß unter dieser Bezeichnung bereits ein halbes Dutzend Amtsträger residieren und Maddin sollte einfach dazustoßen. Macht ja nix, kommt auf die Wasserrechnung.

Jedenfalls fährt die Köln-Chefin HENRIETTE REKER dazwischen, als sie davon Wind (sic) kriegt. Nachdem die Reihen-Empörung abklingt, ‚wie in der Unterwelt‘ (KONRAD ADENAUER), ‚stillos‘ (FRITZ SCHRAMMA), ‚gegen urgrüne Grundsätze‘ (URGRÜN), deutet sich das ‚konvulsivische Zusammenwirken‘ (CLASS, Grundlagen Strafrecht, 2. Semester 1967) bereits stark ausgeprägt an, hier in der gleichzeitigen Zusage auf ‚Ausgleichsposten‘ für die Teilnehmer dieser Affaire – ganz so, als hätten diese investiert, seien in Vorleistung getreten. Mit einem Satz ‚post scripta‘ ist zu rechnen.

Derweil machen wir jetzt eine ‚P.S.‘-Übung gegen das Verkleben der Synapsen: ihr wart mal klein und kennt das Spiel ‚ich packe meinen Koffer‘, (was alles kommt da rein ...). Das machen wir jetzt mit Leuten – wer alles war im Corrupti-Stadl, in den letzten zwölf Monaten? Also nur der in der Mitte, der bedacht wird – die Einrichter, die im Kreis herumstehen, machens ja für den guten Zweck – auch in den Kreis zu kommen. Und nur Namen aus der letzten Zeit! – S ... denk, grübel, schnauf ... richtig Selmayer. Eu, jeu, joi ... ja! Eumann, dann B potzblitz! ... Ba..., Be..., Bi..., Bo... klingeling – richtig Bonde, Alexander, und schnell noch ein Bö! ... der gleiche Klang ‚klingel ... klüngel ... Köln!‘ führt an den Ort des Geschehens, zum Börschel, Martin.

Die Zeitung hat ja einen Riecher fürs Korruptiös-Delikate und lädt die parteilose Köln-Chefin zum Interview. Wies denn sei mit diesem Anfall von Fürsorge für den SPD-Fraktionschef, daß für den extra eine Stelle ... und ohne Bedarfsprüfung? HENRIETTE REKER vermeidet jede Zuschreibung, es sei wohl ein ‚defining moment‘ ihrer Amtszeit, aber dann: den Kollegen im Aufsichtsrat des kommunalen Groß-Konzerns fehle wohl das Bewußtsein ihrer Aufgabenstellung – und: die Stadt gehöre nicht den Parteien. Das ist eine feine Zusammenfassung, die auch anderenorts geschäftiger Selbstversorgung ein ‚Obacht‘ sein könnte. Idee: im Regierungsviertel unter jeden Straßennamen.

Und das ‚PS‘ folgt, auf dem Fuße! – Denn bei der kurz drauf
fälligen Neuwahl dieses illustren Wasserwerks fällt die Oberbür-
germeisterin gegen das Votum des Rates der Stadt – durch. Und
wer machts? Ei der, der den BÖRSCHEL-Deal soll eingefädelt
haben. Und wer ist das wohl? Ei Harald Kraus, is doch logisch!
Warum? Ei, weil der Betriebsratsvorsitzender und (buchstabie-
ren Sie: u – n – d) stellvertretender Aufsichtsratsvorsitzender ist.
Pack klebt zusammen wie Pattex. Da hilft nur eins: Pack-ex!

In unvorstellbarer und blendender Pracht aus ‚Leinwand, Holz
und Licht‘ ist der Zuschauersaal des ‚Markgräflichen Opernhau-
ses Bayreuth‘ wiederhergestellt. – Und MARC ZITZMANN ist
auch wunderbar – wenns schön wird, fehlen mir die Worte – in
seinem Gang durch die Kunst-, Zeit- und Sozialgeschichte an-
hand der ‚Kleinen Tänzerin‘ des EDGAR DEGAS.

„La Petite Danseuse de quatorze ans“
Bronzeplastik im Musée d'Orsay, Paris

Die der Unterschicht ent-
stammende und der Unter-
welt verbundene 14-jährige
Ballett-‚Ratte‘ verbreitete die
Pest der Syphilis, trieb Söh-
ne aus gutem Hause in den
physischen und finanziellen
Ruin – also ganz das Übliche.
Die aus Wachs, Menschen-
haar und maßgeschneider-
ten Kleidern hergestellte
Statuette, Material einer To-
tenmaske, wirke lebensecht,
erinnere jedoch durch ihre
grau-braune Hautfarbe an
einen Leichnam. – Das Pub-
likum von 1881 rebellierte, es
erkannte sich in dieser Arti-
fikation von ‚Edel-Gunstge-
werbe und Kinderprostituti-
on‘ in den feinen Salons und
Theatern von Paris.

Es wird wärmer, erstmals Abendbrot im Unterstand über Ritterhude, nachmittags auf dem Hochsitz über Ritterhude. Abends zehn Hemden zum ‚Novembermann‘ mit GÖTZ GEORGE.

3.5. Früh zur Auftragsklärung in die Sparkasse – weiter zur Agentur an die Texte fürs Netz – nach köstlichem Essen, ich liebe dich, auf Gassitour – bei jedem Schritt knackt es in Bein drei, hinten links. – Marion hat Knieschmerzen, prompt wird ihr ein Treppenlift annonciert. Du mußt echt aufpassen, was du sagst, vielleicht sollten wir auch im Haus nur noch flüstern, oder Zeichensprache? Wir haben keine Alexa, aber der Maulwurf hat uns.

WARREN BUFFETT erwägt den Erwerb von Aktien des Konglomerats von ‚General Electric‘, so 500 Kilo, schätze ich. Ich schließe mich dem an mit 50 Gramm. – Später zieht er seine Erwägung zurück, er weiß wieder mal mehr. Ich werds ihm zeigen! – Tröstlich, auch die Zeitung dreht am Rad: ‚Volkszählung in der Milchstraße!‘ – das wohl Allerletzte. – Ei, wenn die ‚Gaia‘-Truppe erst ein Prozent des rumfliegenden Materials auf dem Schirm hat, *is ebe noch was offe*! Ordnung muß sein, also wird der Kram erfaßt.

Wenn Männer gesund leben, so ab 50, gibt’s 12 drauf, bei Frauen 14 – typisch.

Wenns Europa-Projekt ruft, bleibt Deutschland zuverlässigster Lieferant. Wer gegen erste Annahmen von drei bis fünf zusätzlichen Milliarden vorauseilend zweistellig anbietet wie neulich SIGMAR GABRIEL, der wird gerne beim Wort und mehr genommen: 12 sollens jetzt sein, jährlich. Statt das System von Fehlallokationen und Geldvernichtung im Containerformat, vorrangig Agrar & Kohäsi, auf den Tisch zu packen, gehen die Euroklunkerwarte ins Plus von 11 Prozente & Präsente fürs Mittelfristige. Was also Ötti im Schwurbelenglisch fordert, liefert OLAF SCHOLZ, bevor es in Klarschrift vorliegt. Der Rest ist eh Soziales, denn Deutschland ist hauptsächlich Sozialstaat, national Transferunion. Wie sonst sollen die weltweit 50 % aller Sozialausgaben für Europa zusammenkommen, worüber die Welt schließlich staunt. Das Armenhaus muß hier liegen!

Früher war Staatsaufgabe Äußere und Innere Sicherheit, Infrastruktur, Investition in Bildung und Ausbildung, sodann Soziales als Grundstock. Heute wird das abgepreßte Einkommen nach Klientelgesichtspunkten verteilt, also nach Wählerneigung, Geschäftsmodell ‚Wählerbestechungsdemokratie‘, wie die Kanzlerin neulich aus Asien mitbrachte. Soziales daher kurz vor einer Billion. Motto: immer lustig und vergnügt, bis der Arsch im Sarge liegt, Zitat Grobschnitt UDO LINDENBERG. So!

Und dieser speziell deutsche Fluchtweg ins Universale findet im Euroregime seine Spiegelung, denn das mephistophelische Trio von Goldfinger, seinem gefrorenen Grinsen, von JCJ, seinen unhintergehbaren Umarmungen und Ötti, dem deutsch- und kreuzbraven adlatus großer Entscheidungen, dieser Dreibund mit Divisionen in der Rückhand bereitet alles auf das Entschiedenste vor: während JEAN CLAUDE nervös haspelt, es sei doch gut jetzt mit der Einlagensicherung, werden südlich die Milliarden den maroden Instituten zugeschoben, werden die wahren Verhältnisse in Sachen *‚skunk credits‘* nach Kräften übertüncht und jetzt noch befeuert vom großen Kassenwart in Frankfurt, doch bitte die wahren Verhältnisse im Institut zu verschweigen, also ‚Pillar 2 Guidance‘ statt ‚SREP-Quote‘, wenn Sie verstehen, was Sie wollen.

> Mittags, na, wie is? – schwer, seit die Förderschulen dicht sind, haben wir bei 60 Kindern 23 als Inklusion – es geht überhaupt nicht, dazu die Sprachlernkinder, die unterschiedliche Klausuren schreiben – ich weiß gar nicht mehr, wieviele Gute wir noch haben. Das Niveau sinkt.

> Derweil der Weißdorn blüht, im Bienengetöse. Geht doch! Um 17 Uhr nach Bremen, wo Gabi heiratet. Matthias läßt immer einen Schluck Kaffee im Pott, findet sie unmöglich! Autobahn verstopft, Stadt verstopft, wir kommen zu spät – wie alle. Es wird fröhlich, jedoch die Traufrau spricht leise und 400 Anschläge pro Minute, das nimmt dem Zuhören den Reiz – und ihr den Auftritt.

5.5.   Der Weißdorn summt! – Elvis bekommt den großen Knochen, arbeitet darauf eine Stunde und, bevor er reinkommt, deponiert ihn in der Garage. Mensch und Tier lernen am schnellsten in der Beschaffung und Sicherung von Futter. – Nach dem Mittagessen, dem er aufmerksam beiwohnt, begibt er sich in die Garage, schleppt den Knochen auf die Weise und weiter geht's.

Der beliebteste Vorname in Bremen ist ‚Mohammed'. Ich bin irritiert.

Früh kam Jonas an den Frühstückstisch, wegen eines geschäftlichen Gesprächs, so die telefonische Ankündigung. – Geld? – aber nein, er baut an seiner geschäftlichen Perspektive und will mich, solange ich noch bei Verstand bin, da mit reinziehen. Meine Treiber seien ja stillgelegt, also Geld, Ruhm und Ehre und was es sonst noch sei, aber zu einigen geschäftlichen Aktivitäten und Bemerkungen sei ich ja noch zu bewegen. Mal sehen, so meine sparsame Antwort.

Wir beschaffen Pflanzen, gärtnern etwas, um halb vier ist Hochsitz.

Im Geiste führe ich bisweilen Gespräche mit Leuten, die bereits tot sind, möchte schon mal dorthin fahren, wo niemand mehr anzutreffen ist. Geht Ihnen das auch so – nein!

Und jetzt KARL MARX, fünfeinhalb Meter hohe Bronze mitten in Trier aufgestellt, mit Festakt. MALU DREYER lobt den Denker und die spendende Diktatur, sie empfindet das ‚als eine Säule und Brücke der Partnerschaft'. JEAN CLAUDE JUNCKER redet auch. ANDREA NAHLES will ihn in die Gegenwart übertragen – als wäre das nicht jahrzehntelang versucht worden, am Ende mit Mord & Totschlag. Jedenfalls hat die Stadt jetzt das Problem.

Es dauert etwas, dann wird CHRISTIAN SAEHRENDT diese ‚aufgedrängte Bereicherung' der Stadt zwischen gleichartige Aktionen untergegangener Diktaturen stellen. 1971 wurde Chemnitz ein 40-Tonner zuteil, gratis vom Politbüro in Moskau – heute ,wie ein rätselhafter Meteorit aus einer fremden Welt'. Und dasselbe widerfuhr dann Addis Abeba durch den deutschen Staatsratsvorsitzenden, auch fünf Meter hoch und fürs ,Wachsen und Gedeihen des *sozzjalisdschn* Weltsystems' gedacht. – ,Projektionsfläche für die Größenphantasien des Schenkenden' seien es, für die der Beschenkte herhalten muß.

China verstand sich zu dieser Landmarke aus wohlverstandenem Eigeninteresse, so der Autor weiter: wenn nämlich die 50.000 Trier-Touristen auf ihrem *miles & more*-Weltlauf vorbeikommen, möchten sie gerne heimische Kulisse fürs Foto haben, jedenfalls Xi möchte das so. Dafür das Trumm! Er setzt ja überall Zeichen, erst das Trumm, dann die Touris, dann Bau-Kindergeld oder auch ohne, kommen die Container – mit Geld, Baumaterial oder gleich Bauarbeitern. – MALU sollte aufpassen, das nicht plötzlich ihre ,Porta Nigra' im Weg steht.

Da ist es tröstlich, daß Xi kein Exemplar aus dem Wald der Dämonen angeboten hat. Das wäre wohl komplett unpäßlich gewesen – oder!

6.5. Morgens ist der Weißdorn stumm – schon hat er eine Stimme! Dabei schweigt er das ganze Jahr. Das ist wie mit dem Klimawandel, alle Welt ist dagegen, statt mit ihm zu sein. Wie mit ANGELA MERKEL und ihrer Einladung an die Welt oder dem trotzigen ,gehört aber doch zu Deutschland'. Da setzt KARL LAGERFELD mit Karikatur auf und trachtet sie ein. Wenns zuviel wird für sie, nein fürs Land, macht sie einen *Deal* mit RECIP, schmiert den mit Milliarden für den Ausbau seines Ein-Mann-Ladens und läßt die Geflüchteten in den Elendslagern auf Lesbos lungern. – Ja, was denn nun!

KARL LAGERFELD LÄSST NICHT LOCKER

12.00: der Weißdorn steht im schönsten Weiß – und summt in den höchsten Tönen – Quatsch. Wir nehmen den Moor-Expreß nach ..., nach Nord Sode, also da ist sonst nichts, steigen aus und gehen auf die Elektros, kleine Ausfahrt zur Feier des schönen Tages. Später in Worpswede schiebt es, Volksfest wie immer. Wir schieben auch, ins Café, sodann zurück – vor Ritterhude über die kleine Brücke, alles voller Jugend – waren das Zeiten, als wir in die Wiesen fuhren zum Vögeln – alles hat seine Zeit, kommt es umgehend salomonisch. Ich liebe dich. – Marion hat Spargel zugekauft, Jonas und Chrissi kündigen sich an. – Es wird ein nachhaltig fröhlicher Abend. Wir tragen den Tisch der Sonne hinterher und öffnen darüber zwei Flaschen von ‚Lauras‘ Feinstem, da Ann-Christine dem auch sehr zugetan ist. Schließlich setzt sich Tobias von nebenan dazu.

7.5.   Markus wird 48, wir kennen uns seit seinem 8. Lebensjahr. – Blanker Himmel durch den Tag. – Abends mit den Elektros zur Chorprobe. Dort bin ich wieder einziger Tenor. Eine halbe Note neben dem Bass, das schaffe ich nicht.

Tags drauf an die Korrekturen der *website*.

Später wieder an die Zumutungen des Kommissariatsregimes, dessen Exponenten ja das Sagen haben in diesem Großreich und nationale Zuständigkeiten, die gewählten, untergraben – heute MARIANNE THYSSEN, Oberkommissarin fürs Soziale und eine von bestimmt fünf Diskriminierungsfazilitäten. Die fehlte noch und was sie sagt, zwingt zur Flasche:
sie kommt mit dem Einwand, eine Senkung des Kindergeldes auf das Kaufkraftniveau des Landes, in dem sie leben und versorgt werden, komme nicht in Frage, denn das sei ‚Diskriminierung des Arbeitnehmers aufgrund seiner Nationalität‘. – Solches macht selbst die EU mit den Gehältern für ihre Beamtenheere. – Die Bundesregierung ‚wartet‘ nun schon seit einem Jahr darauf, daß die EU eine solche Anpassung zuläßt. Die Regierung Österreichs wartet nicht. Die Bundesregierung ist eben folgsam,

wenns europäisch ist. Hauptsache europäisch, koste es, was es
wolle, heißt es im Land seligen Europäertums. Man möchte sich
am liebsten auflösen in Europa. Aber dann heißt es wieder: ein
Gespenst geht um in Europa! Davon hatten wir ja nun genug,
oder!

Zurück zum Kindergeld: der Anlaß für die Überlegung, es an-
zupassen, ist noch peinlicher und ruinöser fürs Ansehen unserer
Warte-Regierung. Im Zuge der allgemeinen Freizügigkeit von
Material und Mensch beschließen bekannterweise Menschen
ohne große Aussichten in den armen Ländern, ins reiche West-
europa zu reisen und dort ihren Lebensunterhalt zu organisie-
ren. Wenn im Zielland keine Aussicht auf Arbeit für den Lebens-
unterhalt besteht, ist das kein Grund, von der Reise abzusehen.
Vielmehr findet Anpassung vor Ort statt, es bilden sich ‚zz‘ Wege
und Systeme der Beschaffung heraus, die bei Alleinstehenden
im besten Mannesalter nunmal anders aussehen als bei Famili-
en, die sich bereits mit fünf Gören herumschlagen. Um letztere
geht’s hier: das Beschaffungssystem trägt den Namen Kinder-
geld. Die Beschaffung ist professionalisiert, also teilweise ban-
denmäßig organisiert.

Von Hunderttausenden, die aus Bulgarien und Rumänien buch-
stäblich ins Kindergeld eingewandert sind, wird akut für 127.000
rumänische und für 78.000 bulgarische Kinder jenes Geld be-
zahlt, erzählt KARSTEN BUNK, Wächter der hiesigen Famili-
enkassen. – Man entschloß sich jüngst nun, Stichproben durch-
zuführen und stieß bei 40 Prozent auf Falschangaben, vulgo
Betrug. Das seien hochgerechnet dreistellige Millionenbeträge
im Flottiermodus, für 2017. Es müßten aber nicht immer vierzig
Prozent sein, setzt es beruhigend nach. Nein, es könnten auch
sechzig Prozent sein bei dieser wohlwollenden Prozeßorganisa-
tion – denn es spricht sich rum, wies hierzulande zugeht, das ver-
stärkt Neigungen zur Inanspruchnahme – wie im Migranten-
stadl, gell! – Dazu sieht sich der informierte Mann zu weiterem
Hinweis veranlaßt: der organisierte Sozialleistungsmißbrauch
werde auch aus der Türkei und den Maghrebstaaten stark fre-
quentiert. – Bleibt ja alles in Europa, mag eine gepflegte Euro-

pa-Predigt jetzt lauten – mir bleibt nur erneut, schreiend vom
Hof zu laufen, dem Absinth entgegen.

Noch eines zur Oberkommandierenden für Soziales im Häd-
quorter Brüssel. In ihrem Frohsinns-Gut-Bio-Glutamat-Koch-
studio bleibt jener MARIANNE der Weg in die Kenntnis der
sachlichen Umstände einigermaßen verschüttet. Das Kinder-
geld, Werteste, stützt Eltern bei der Aufzucht der Blagen, so. Ein
Teil der am Wohnort gegebenen Lebenshaltungskosten soll da-
mit erstattet werden, Sozialstaat vom Feinsten, gell! – Leben die
Kinder nun daheim, die Eltern jedoch im freundlichen Ausland,
etwa wegen Beschaffung in Westeuropa, dann richten sich doch
die Lebenshaltungskosten weiterhin nach dem Niveau, das am
Wohnort der Kinder für ihre Aufzucht anfällt – und nicht nach
dem hochprozentigen Beschaffungsort, ja? In Rumänien wird
der soziale Unterstützungszweck also mit 40, 50 oder 60 Prozent
des hiesigen Betrages gleichwertig erfüllt, Sie können mit Si-
cherheit folgen! Dann, letzter Schritt, drücken Sie Ihre wohlfeile
Diskriminierungsarie mal flott in die Tonne, bevor ich wieder
einen Anfall kriege.

Der Begriff in seiner suggestiven Strapaze ist seit zwanzig Jahren
Türöffner, Totschlag und Abräumer gegen den gMV, das ist der
gesunde Menschenverstand. Da der dem Konzern Brüssel eben-
falls seit wenigstens zwanzig Jahren ausgetrieben wurde, können
Sie gar nicht anders als Diskriminierung sagen. Das verstehe ich.
Sie sind ja nur eine von fast einem halben Dutzend D-Zustän-
digen. Es ist eben einfach Kommissariatsdenke, es klingt dann
wie beim Kuckuck, der in seiner Uhr steht: 4 Uhr – Klappe auf –
Ausruf – Klappe zu – 5 Uhr … wieder voll im Keif-Modus.

Dabei ist es, als ob der Postmann zweimal klingelt, hier der
nächste Aufschlag mit Einleitung. – ‚Mit der Politisierung der
Lebensvorsorge vollziehe sich eine Nationalisierung des Men-
schen‘, zitiert GERD HABERMANN den Klassiker WILHELM
RÖPKE. Ich möchte es die ‚Verstaatlichung des Menschen‘ nen-
nen, die hierzulande einen hohen Reifegrad hat – und weitere
extreme Ausbildung im Brüsseler Kommis‘-Regime findet. Das

Ideal, welch Mißbrauch des Wortes, der liquidatorische Endzustand war und ist der Kommunismus, genauer das Stalinat, welches den Menschen planiert und als Maske wiederauferstehen läßt.

Die Kennzeichnung des Kommissariats als Politbüro findet in diesem ideengeschichtlichen Hinweis ihre Substanz – nur damit ihr versteht, wohin die Reise geht, ihr Pausbacken. Denn, jetzt kommts, eine aus dem ‚Kollegium der Kommissarinnen und Kommissare‘ hat wieder zugeschlagen. VĚRA JOUVORÁ ist die rechte oder linke Hand von MARIANNE THYSSEN, noch verschärfter auf Diskrimi' angesetzt, hier die hohlraumversiegelte job description:

> Fighting discrimination, promoting gender equality and persuing negotiations on the proposed Anti Discrimination Directive, which would ban discrimination in all areas where the EU has jurisdiction.

Mit solchen Texten kannst Du Brüssels Innenstadt tapezieren, am besten die Hauswände, dann hauen die verbliebenen Natives auch noch ab. D' in jeder Zeile! Die größte Diskriminierung besteht ja zwischen Arbeitgeber und Arbeitnehmer und den Vorläufern der Beiden, also seit Olims Zeiten. Ist Letzterer dann abends raus aus dem Gefängnis, wechselt er ins nächste, macht praktisch nur einen Formwandel durch, wenn er gebeugt das Fabriktor verläßt: vom Arbeitnehmer zum ... na? Verbraucher, richtig ihr Fragwürdigen! Und nu? Tritt ihm der gleiche Ausbeuter als Halsabschneider, Zinsgeier, Billigheimer und Kredithai wieder entgegen.

Das gebietet 24-Stunden-Vorsorge, meine Herren! Und das Regime nimmt die Herausforderung an, mit dem größten Vergnügen. Heute VĚRA mit ihrer Notausrüstung, der Verbraucherklage. Die ist so wasserdicht, daß es überhaupt keine Verbraucher mehr braucht, um vor Gericht Lärm zu schlagen, am liebsten gleich beim *Oigehah*, dieser Kommis'-Dependance. Denn klageberechtigt sind die 1000 (geschätzt) Verbraucherkon-

zerne und -nerds, vorneweg wie immer Kollega RESCH von de'
DUH, dahinter zusätzlich ‚unabhängige öffentliche Stellen‘, wie
jetzt, gleich die Regierung? Das schreibt LUDGER GIESBERTS.
Da muß jetzt kein Verbraucher mehr zustimmen, das Mandat
liegt gewissermaßen im freien Raum, zur freien Verfügung der
hauptamtlichen Verbrauchervorsorge. Auch ein Nachweis von
Schäden, Verlusten irgendeines Verbrauchers nicht mehr nötig!
Das ist die schneisenschlagende Querbeetklage, wenn Sie noch
irgendwas verstehen. Wenn doch mal ein Verstoß vorliegt, kann
der überall eingesetzt werden, also gilt vor jedem Kadi ‚als unwi-
derlegbar nachgewiesen‘, ist das nicht geil?

Es hört aber nicht auf, jetzt kommunistelts wieder, es geht nicht
mehr um einen Verbraucher, dem Leid widerfuhr, es geht um die
‚Kollektivinteressen der Verbraucher‘, also wie Arbeiterklasse bei
Stalin, nur ohne physische Liquidation. Ja, ja, is jetzt leicht über-
trieben, aber ihr kapiert ja sonst nichts, fahrt lieber in Urlaub,
ihr Brathändl.

Das Regime setzt solches Recht – und in 28 Staaten ist Umset-
zung angesagt. Der Brandschneisenorganisation ‚Verbraucher-
schutz‘ stehen Tür, Tor, ja Gartentor offen, jetzt sogar ohne die
lästige Klientel. – So geht's zu im Reich der Exekutoren, die keine
Sau gewählt hat. Soviel aus der Perlenkette MIRIAM DALLI &
die Zehoh!-Zwei-Wundertüte, MARIANNE THYSSEN & Kin-
dergeld in die Karpaten und der VĚRA JOUVORÁ als Amazone
mit dem Kettenhemd, bitte vor dem Anziehen ausatmen. – Ei-
ner spricht von Feudalherrn, das muß doch die Damen von der
Diskrimi' schon wieder auf den Plan, wenn nicht auf die Palme
rufen. Da sitzt ja schon KEITH.

9.5.   Ein Film von Frauen mit einem Mann: ‚Der Effekt des Wassers‘,
dazu französisch, die isländische Regisseurin starb vor der Fer-
tigstellung am Krebs, 54.

10.5.   7.30 – schubs! – Gassi – Brötchen – Frühstück im jetzt
Voll-Tarnfleckenanzug des Wintergartens – aufs Elektro
zur *Open Air*-Pfingstfeier vor das Gemeindehaus. Aus

allen Chören der näheren Umgebung sitzen sie in fünf Reihen – nur ich wähne mich *Single* als Tenor, da winkt Edeltraud und wir singen kräftig zum Dirigat der CAROLINE SCHNEIDER-KUHN. Schöne Texte in Lied & Wort, ein umfangreiches Gebläse-Ensemble gibt vor und begleitet. Ich sage euch, singen macht fröhlich, natürlich gibt's auch hier auf die Fresse bei kontinuierlichen *misfits* – ich werde dann leiser, um dem auszuweichen. Zwei Pastoren wickeln die Agenda ab, die Sonne heizt, Marion hat Schirm. – Zurück gegen den kühlen West. – Leon mit dem Brenner zu den Abschlußarbeiten in der Garage.

Im Fadenkreuz von 155 Grad Länge und 19 Grad Breite reißt die Straße auf und ein Lavastrom bricht mitten im Ort hervor, wälzt sich von Haus zu Haus. Anwohner stehen im Garten vor feuerroten Fontänen und fliehen mit Handgepäck. Versichert ist in Vulkannähe auf Hawaii ohnehin nichts.

Vor die Grund- und Vollversorgung hat der Herr die Erfassung gesetzt – und zwar aller volljährigen Siedler des Landes. Die Einwohnermeldeämter also in der Listung, die an das Gestüt ARD & ZDF geht, früher GEZ. Ihr müßt nix tun, ihr werdet abgebucht. Gebotene Korrektur findet direkt am Mann statt, am Haushaltsvorstand, Mutti lacht sich tot. Alles fürs abendliche Flötenkonzert. Ich muß ja nicht hinhören, aber bezahlt is! Ziel ist 9 Milliarden, bis zur ‚sachgerechten‘ bzw. zwingenden Erhöhung. Mit Widerstand wird nicht mehr gerechnet. Sonst kann das alles nämlich im gegenwärtigen Umfang nicht aufrecht erhalten werden.

RAHIM TAGHIZADEGAN, Ökonom aus Österreich, schreibt über die Domestikation des Bürgers zum Amok- und Angstbürger, seit das Massaker in der Gesellschaft heimisch geworden ist. Vorbild bürgerlicher Selbstverwaltung war die waffentragende Miliz. Nach dem Waffenverbot werde in Großbritannien das Küchenmesserverbot erwogen, verständlich, da 45 Prozent der Morde durch Messer erfolgen, davon 85 Prozent tatsächlich mit dem Küchenmesser. Jedoch: ‚der Bürger wird nicht dadurch sicherer, daß man ihm das Messer abnimmt. Er wird zum Kind'. Das wird gefördert durch eine ,totalitäre Gleichheitsdoktrin', die voraussetzungslos ,Rechte' gewährt und als ,infantile Gleichheit ... Ungleiches gleichbehandelt'. – Harter Text, dessen Konsequenz es durch überzeugende Sublimation zu kompensieren gälte. Haben Sie eine Idee?

Das Kindergeld-Motiv treibt übergangslos ins zweite Thema, das mich des Nachts hochfahren ließ (der Arzt hatte keine Sprechstunde): der Abschiebung abgelehnter Asylbewerber. Denn ein gut Teil kommt mit dem gleichen Motiv wie rumänische und bulgarische Eltern: Beschaffung. Auch hier sind die Abläufe systemisch, genauer auf Unvereinbarkeit ausgerichtet.

Die Einreisenden kommen hochorganisiert, aus asiatischen Resterepubliken des einstigen Sowjetreiches etwa oder aus dem Maghreb – und wissen genau, was sie zur Erlangung längeren Aufenthalts zu tun haben. Option Papiere verlieren, *storytelling*, dann Grundversorgung, abwarten – das deutsche Prozeßrecht läuft an, nach sechs Monaten: Ablehnung – Einspruch – Widerspruch – Klage auf Anerkennung. Das sind mittelfristig zwei Jahre, im leuchtenden Grenzfall des Bin Ladin-Kompagnons wird's Dauerduldung – im Reich der Wohlgesinnten und Duldsamen.

Das starre deutsche System, unvorbereitet und unangemessen aufgestellt, verteidigt in moralischer Verseuchung, voll die Seuche, unter dem beständigen Verweis auf Rechtsstaat solch Procedere. Die Substanz dieses Kernwertes ist im moralischen *overkill* inzwischen vielfach ,geschüttelt und gerührt'.

Denn die Schleuser wissen, sagen wir gegen 1000 Euro Aufpreis, wo es sich unterm Asylsystem am komfortabelsten aushalten läßt. Berlin ist da unter seiner links-koalitionären Gerechtsame erste Adresse, sodann selbstverständlich Bremen, wo auf neulich, guxdu 21.4., noch ein sattes ,PS' folgt: jene Regierungsdirektorin ULRIKE B. nach organisiertem Rechtsbruch in die Qualitätskontrolle zu versetzen, ist für sich schon großes Kino. – Jetzt kommt ihre Nachfolgerin JOSEFA SCHMID auf 99 Seiten mit dem, was sie in Bremen vorgefunden hat. Das systematische Einwinken war dem Nürnberger Amt seit Jahren bekannt, also auch so ein Duldungsmodus, wie beim halbwegs kundigen Zugereisten ohne Aufenthaltsrecht. Nein, der Verdacht aktiver Mitwirkung erhärte sich stündlich, von jetzt 3332 Fällen spricht das Papier (Papier kann sprechen!).

Hier gleich das nächste PS: eine am 26. Juni abgesandte elektronische Nachricht mit Massivinformation über das Bremer Rechtsbruchregime sei wohl bei ihm angekommen und weitergeleitet, aber an wen, wisse er nicht, so der Innenminister Niedersachsens. Daher, oder sowieso, oder wie?, passiert ist auch nix. Das Postfach sei oft zu voll, dann löscht er solange, bis es wieder sendebereit ist. – Als wärs ein Stück von mir! – *,Ob mersned größer mache könnt'* (Obacht Mundart), fragt der Mann sodann in den U-Ausschuß. Ein Abgeordneter hat Zweifel an solch einer ,kollektiven Amnesie im Ministerbüro', vulgo: ein bißchen viel Zufall. Gezieltes Versandenlassen werde derzeit nicht gestützt ...

Das ,PS' nährt das ,PS': kaum ist ihr Bericht raus und beim ZDF, wird JOSEFA SCHMID, grade aus Bayern hochversetzt, nach Deggendorf zurückversetzt, ,zum Schutz der Beamtin'.

Solche Strukturen des Vermeidens und Wegsehens und natürlich das bundesweit bekannte ,Bremer Schlupfloch' schätzen auch die Clans, schon lange, neben Berlin, versteht sich. Die Parlamentarischen geben sich der Reihe nach empört und zitieren den Rechtsstaat. Der Ärmste. – In ihrer R & S©-Verstrickung, also ihre Haut zu retten, beklagen sie kriminelle Machenschaften und fehlende Integrationsbereitschaft. Ihr Lachnummern beklagt nur eines: daß die Welt sich nicht um euer Komfortbild von ihr dreht. – Kein Vorwurf an die Einreisenden!! Wer solch ein System von Einladungen anbietet, garniert mit Inkompetenz & Unwillen & Unverständnis & identitärem Moralismus, der tut! Wer tut, ist Täter – ja? Aber ins Gebläse steigen, wenn das Pack AfD wählt.

Später kommts zum GAU-PS.: man habe kaum Rechtsbruch vorgefunden, 3 der 6 Fälle. Also doch ,vorsätzliche Mißwirtschaft‘ bei JOSEFA SCHMID und allen, die aufdeckten?

Aktuell werden 6-stündige Regel-Kurse zum Grundwerte-System angeboten, man ist gespannt, ob die so Belehrten dann mehr Integrationsfeeling haben – und zeigen! So hoffte vorgestern der Mann des ZDF. Ich glaube ja, die lachen sich tot. Mindestens macht sich die Welt lustig, meint HOLGER STELTZNER.

Überhaupt, dieser Werte-Info-Kanal als *short cut* ist die 85. Lachnummer, ihr Wünschelruten-Rettungsgassen-Heinis! HEIKE SCHMOLL macht Text: abgesehen von weder Lehrer- noch Stundenkapazitäten hören die Freaks gar nicht zu – weil es sinnlos ist – sie sind weder sprachlich noch schreiblich in der Lage, dem deutschen Wertekomplex zu folgen, ihr Wertefrömmlinge, jawohl! Weil die Sprach-Intensivkurse grademal ins Buchstabier-Paradies führen, also solcher Art: und? – klar! – und selbst? – läuft! – Der Dialog unter Deutschen ist länger: ... Last mit dem Finanzamt! – das sach!

Das sind Blüten einer in Alarmismus agierenden Schnellschuß-Pädagogik im Hurtigruten-Modus. Den so Dichtgeschulten fehle es an Vorbildern und praktischem Erleben, meint die Journalistin, wohl in Richtung Balkon-Attitüden.

Wo ist der Leibarzt, der mich zur Ader läßt.

Zum Thema ,Unangemessenheit‘, besonders in der Ausprägung ,langsam und bürokratisch‘, gehört unbedingt die Organisation des Prozesses Einwanderung – Aufenthalt – Zusage/Absage – Abschiebung. – Übers Transportwesen bis an die Grenze ist ja Einiges gesagt. ALEXANDER HANEKE widmet sich Ende Juli dem letzten Kapitel dieser Odyssee, dem unendlichen Verfahren der Abschiebung. Das scheitert nicht nur am Unwillen vieler Beteiligter – allein die Ablauforganisation führt zwingend zur Erfolgsquote zwischen 10 und 1 %, Ende April warens 8008 von 232.000: denn ab Bescheid ist nicht mehr das BAMF oder eine andere Bundesbehörde zuständig, sondern die *local heros,* sprich das örtliche Ausländeramt – für die Aufgabe, ‚die am meisten internationaler Koordination bedürfte‘, so der Berichterstatter.

Dazu gehören Passersatzpapiere, weils Original längst verwittert, Flugorganisation und das Auskundschaften im Abschiebe-Zielland, obs denn willig ist, ob ungebührliche Behandlung droht, ob eine bestehende Erkrankung des Patienten dort fürderhin behandelt wird. Das Empfängerland möchte in der Regel keine Aufstockung seiner Arbeitslosenheere. Segelt dann noch ein Anwaltsschreiben rein, gar ein Gerichtsbescheid, ist es eh Essig – Flug stornieren – Abholung durch die Polizei – aber nicht ohne Durchsuchungsbeschluß, gell. – Sind die Örtlichen nicht ohnehin politisch unwillig, so sind sie mindestens *not amused* angesichts eines Anforderungswustes, der fachlich, organisatorisch und personell komplett überfordert. – Das sind heilsame Infos, Leute, denn bei diesem Thema könnt ihr euch auf Betriebstemperatur runterfahren: sowas kann nicht funktionieren! Das ist wie BER oder die Autobahnbrücken in NRW! – Es ist politisch gewollt oder wird ‚billigend in Kauf genommen‘. Andere könnens.

Die Empirie belegt, was da vor sich geht: der Abzuschiebende, verwaltungstechnischer Fachbegriff, öffnet zu 50 % eh nicht die Tür – weil er weg ist! Schon geht die Sucherei los nach den professionell Untergetauchten. Dazu kommen abgebrochene Rückführungen wegen aktiven (Hammer) oder passiven Widerstands (fallen lassen), Weigerung von Piloten.

Noch ein PS'chen: das Verschiebesystem innerhalb Europas übertrifft das eben Geschilderte in seiner Undurchführbarkeit in mehrfacher Potenz. RÜDIGER SOLDT erzählt von den ‚Regeln ohne Wirkung‘. Trotz Messerangriff auf die Polizei gelang die Abschiebung eines Mannes von Pforzheim nach Toulouse. Tags drauf war die Familie zurück, ohne Grenzkontrolle – die ist gar nicht zulässig – was soll dann ein Einreiseverbot? – nur zwischen Österreich und Bayern hat Master Seehofer diesen Plan – im übrigen wird mehr Schleierfahndung empfohlen, da kammer ja

gleich die Flüchtlinge einsetzen, die sowas mit sich führen, oder!
– Schengen und Dublin stehen sich da im Weg, wenns handfest
wird – das ist wie im heimischen vielsträngigen Gerichtsverfah-
ren. Da zudem im gut sortierten Dezernenten- und Stabssystem
der Behördenvielfalt nicht immer klar ist, wer grad was macht,
passiert eher nix – ‚verwaltungstechnisch‘ sei die Pforzheimer
Behörde von der Abschiebung des Mannes informiert worden,
als der schon wieder zurück war – was sollmer da noch schieben!
Aber Stoff für einen Zwei-Akter hätten wir spielend.

Noch einer: unter genauerer Betrachtung des Prozeßrechts, wel-
ches deutsches Verwaltungsverfahrensrecht ist, würde eine sol-
che Aufführung abendfüllend. Das Ausländerrecht bindet in-
zwischen die Überzahl der Richter in diesem Instanzenzug, so
PETER CARSTENS, in Berlin Ende Juli 21.000 offene Verfahren,
davon zwei Drittel um Asyl. Das Gros der Verfahren dabei ist
ohne Aussicht. Zügige Aufstockung der Richterzahl führt zur
Dauerbelegung bis ans Ende der Pension, hat also drastische
fiskalische Folgen. Die Verfahrensbelegung bedeutet für ganze
Gruppen von Antragstellern, so aus der Moldau, ‚zeitlichen Auf-
schub ihrer vorhersehbaren Ausreisepflicht‘. In anderen Berei-
chen fällt sowas unter Rechtsmißbrauch.

Da das Ayslrecht keinen eigenen Verfahrenszug hat, steht ein
‚Spurwechsel‘ ins Verwaltungsgerichtsverfahren gleich am An-
fang. Die Justizspur des Sami A. ist gleißende Illustration über
zwölf Jahre hinweg. Allein die siebenfache Gerichtsbefassung
in 2018, vier Verfahren plus drei Anträge schlägt sämtlichen
Fässern eines Weinguts jeden Boden aus:

    erstes Eilverfahren
    Hauptsacheverfahren
    zweites Verfahren
    dritter Antrag
    weiteres Verfahren
    Rechtsmittelverfahren
    Zwangsgeld 1
    Zwangsgeld 2-Verfahren

So gehört das Brigitte-Schnittmuster des Asyl-Aufenthalts- und Abschiebrechts zu den krönenden Ausstellungsstücken im Projekt Europa. Es ist schrille Dokumentation eines Umgangs mit einem herbeigeführten Drama, welcher der Sache völlig, nein total unangemessen ist. Asylrecht muß kurzfristig und entscheidungsunmittelbar abschließend organisiert sein. Die Holländer können das. Sie sollen auch ein rechtsstaatliches System haben, heißt es. Das deutche System erschöpft sich in Überarbeit, Erschöpfung, Frustration bei den Berechtigten und Mißbrauch bei den Anderen. Dazu bietet es dem ohnehin in Belehrung und Hochmoralismus übenden politischen Parkett tägliches Feld zum Posieren bei Mikro und Kamera.

Das Ganze hat seine unüberbietbaren Vorbilder in den Materialschlachten deutschen Energie-Wende-Klima-Wandels und den Konvoluten von Brandschutz-, Bau-, Steuer- undsoweiter-Recht. Brandbeschleuniger Brüssel tut auch sein Bestes. Dagegen hilft kein Wahlrecht, ihr pflegeleichten Traumtänzer.

11.5. Und jetzt noch WOWI! Nach vierzehn Jahren als Berlin-Chefe auf Ruhesitz, schreibt er wie wild über die ‚kriminellen Clans‘ – die er im Berliner-Prima-Klima so gedeihen ließ. – Das ist ja nun wohl das Allerletzte, wie es bei SEYFRIED gerne hieß. Statt zu Lebzeiten das Gehirn mal auf volle Lautstärke zu bringen und zu handeln, wird im Beichtstuhl der Erinnerungen neue Erkenntnis serviert, R & S und Feinwäsche vom Feinsten.

Neue Steuerprojektion bei aktuell 772.000.000.000, davon aus L & E 268, aus Mehrwert 235, bis 2022 bei 906.000.000.000. Einfacher wärs ja gleich mit Essensgutscheinen vom Sozialamt, also Grundversorgung wie beim Venezuelaner. Dann könnte man Berlin und Brüssel zurückbauen, so abrißbirnenmäßig. Wahrscheinlich wärs dann fad. Also machemer weiter auf Platz 2 im OECD-Steuer-Ranking. Läuft ja.

STEVE WINWOOD wird 70, nach ‚Spencer Davis Group‘, ‚Blind Faith‘ und allem sonst.

12.5.   Tee auf dem Hochsitz, sodann nach Hude, wo Marion einen Elektro-Rasenmäher entdeckt und gleich klar gemacht hat. Also zur Fähre Vegesack und dann im Schuppen der Lady – was haben Sie denn noch! – eine brandneue Akkordschaufel, endlich! Und einen Fuchsschwanz, mit einem Blatt kurz unter einem Meter, also kurz vor der Baumsäge. Wir fahren zurück, äußerst zufrieden – vier Würste auf den Grill, nach der ersten ist mir schlecht, wie immer – später Leverkusen mit 4 zu 1 gegen Bayern, das kesselt.

Und gleich wieder ins Biotop Bremen, kannst die Uhr nach stellen! JOSEFA SCHMIDS Skandalstory kokelt noch, da rückt die Justiz auf die Seite 1 der Lokalzeitung. Seit bald fünf Jahren ist ein Verfahren gegen, wie es zurückhaltend heißt, ‚eine arabische Großfamilie‘ anhängig – ohne Aussicht auf Termin. Da es beim seinerzeitigen Überfall auf Bauarbeiter weder Mord noch Totschlag gegeben habe, sei Anderes im Lande Bremen konstant vorrangig. Die Clan-Chefs luden ja immerhin die Verletzten zu Kaffee & Plätzchen mit Entschuldigung. Das ist zwar kein justiziabler Einwand, zeigt aber die vergleichsweise hohe Effektivität ihrer Schlichtungsfähigkeit. Zugleich werden sie solches Vorgehen auswerten und Bremen weiterhin zum bevorzugten Siedlungsgebiet zählen.

Prompt, also vier Tage drauf, kommt die Verallgemeinerung dieses verschleppten Falls am Landgericht – es ist eben Teil des Apparate-Systems Bremen, also systemisch. Ein ex-LG-Präsident aus dem Umland wurde mit der Visitation der Arbeitsabläufe beauftragt. Er sieht da ‚eine explosive Gemengelage‘, ‚das kann nicht funktionieren‘ und ‚wenn soviel Sand im Getriebe ist‘, formuliert er Gesehenes. Solche Urteile über Bremens Apparate sind Legende, man begebe sich in die Bibliothek des Rechnungshofes.

Im Kampf der Ränge um die ‚Rote Laterne‘ kann allenfalls Ausflucht nach Berlin Trost spenden, etwa zu den aktuell 6000 Baustellen unserer Hauptstadt, deren Organisation wie die ‚Verkehrslenkung‘ nach wie vor führungslos ist. Hier lautet das Urteil frei von Zweifel ‚einmalig in Deutschland‘, so der Kommentar ‚Rh‘.

Bremen gerät ob seiner akuten Zustände für die Zeitung auf die Seite eins. RAINER BINGENER nennt das ‚tief in die Behörden reichende politische Milieu Bremens‘, voll de’ Seuche, welches zur Mentalität auskristallisiert ist – und zur Arbeitsweise. Sonntags mit dem Rad ins Blockland und eindeichen gegen die Sintflut. – Diese Arbeitsweise ist zuvörderst flagrantes Versagen, ja Ausbleiben von Führung, so sein weiterer Verweis. Wie in Unternehmen – wo Führung fehlt, verwahrlosen die Mitarbeiter, was in Verwaltungen verschärft gilt, wo Beschäftigung vor Zielerreichung rangiert.

Solche Zustände sind idealer Nährboden für Sabotage durch das Milieu, wie geschehen. Alsdann lebhafte Klage in der Bürgerschaft zu führen und lebhafteste Distanz zum Wortgefecht aus der rechten Ecke zu zelebrieren, einfach abgeschmackt, Leute. Wer Verantwortung nicht ausführt sondern nur beformelt, der radikalisiert solche rechten Milieus. Das linke lebt ja seit Dezenien gut damit.

> Und wenn dann Wochenende ist, also wenn andere Leute nicht arbeiten, dann frage ich mich, was das alles soll, ob ich nicht doch nur euer Gewissen dichtscheisse, weil hinter allem doch wieder das Gute haust, dieses ‚ändere die Welt, sie braucht es‘ – warum nicht lieber das volle Brett von Wacken? – Denn es ist alles gesagt, was euch nicht die Bohne interessiert, grade quietscht so eine China Queen auf einer dieser anmutigen Brücken im Chinagärtchen. – Also ich habe noch zehn, wenns der Herr läßt, ihr müßt ja noch länger. Nur interessiert euch das Verludern, treppauf, treppab kein bißchen, weil ihr Trickser, Wixer, Bauernfänger schon wißt, wie ihr Bartel das bißchen Most abzieht, das ihm schon am Innenschenkel runterläuft, sorry. –

> Aber dann auf dem Balkon einer Schloßkopie über die Bucht von Canyamel schlittern, bei wehendem Haar, der

Weinkeller voll, das sechste Glas auch – die Penner haben sich längst verkrochen, der ungebrochene Blick hastet übers Wasser (guxdu Bd. 1, Seite 39 f.).

Also – was soll das Ganze! Wenn ihrs wirklich *hard core* mit Außenwirkung treiben wollt, dann ab in den Boliden nach Frankfurt mit seiner frischen Altstadt und – und in die Schirn und stundenlang vor den *smash boards* des JEAN-MICHEL BASQUIAT stehen. Da sind Flächen, die werdet ihr nie entziffern. Und sich einzugestehen, nicht zu verstehen – dafür die weite Reise? Da braucht ihr Pausenbrot, ihr arroganten Tagesausflügler. Und den JMB interessiert überhaupt nicht, was ihr von seinen Formaten vor euch hinsummt. Der hatte nämlich ein hinreißend kurzes Leben, 27 war er bei Abgang, die magische Zahl der 70er und 80er Jahre. Das wäre ein Oberseminar wert, na gut, ein Wochenende, ihr Kurzgebackenen, mit Zeitangabe, wie lange es dauert, steht ja inzwischen bei jedem Vierzeiler. Buchstabieren lernen, warum ihr die Welt nicht versteht. Ich spreche von mir, ihr Empfindlinge, ich bin viel empfindlicher und das ist schwer erträglich.

Also der JMB hat seine kurze Zeit genutzt, brachte sein inneres Szenario aus der Karibik mit und damit blickte er auf die Straße, eine Straße in NY, täglich – das brachte ihn zum Leuchten und er fand den Außen-Flash-Mob ANDY WARHOL – denkt nicht dran, die Preise sind auf und davon. Was wolltet ihr auch mit einem WARHOL. Da steht ihr genauso fassungslos davor. Und tröstet euch über den Preis. Und wenn Besuch kommt, wird's nur peinlich. Einzig das darin verarbeitete Geld tröstet.

Es wird einsam, wenn wirs übertreiben – dann stehen wir ungewollt im kürzer werdenden Ausblick. Mir geht's so, auch ohne Übertreibung. Nur wer das Ende, den Tod anerkennt, führt ein erfülltes Leben, heißt es. Leichter wird's deshalb nicht, Herr Prediger! Was hilft, ist Aufmerksamkeit für Differenz, die zwischen Form und Substanz, da

kannst du fünfmal umblättern, abziehen oder sonstwas –
und findest immer wieder Neues. Also wie Zwiebel, wenn
die Augen tränen, bist du etwas näher dran.

Ich habe, warholmäßig, so einen kleinen Selbstversuch
hinter mir mit einem Druck des FRANCIS BACON –
habe mich über all die Wegelagerer echauffiert, die sich
an so einem *deal* gleich beteiligen, von Verpackung bis
Zoll. Jetzt steht das Ein-paar-tausend-Dollar-Baby auf
dem Regal. Die Sache selbst stimmt, ich könnte es küs-
sen, der Vorgang mit seiner Entourage von mitlaufenden
Motiven auch, also der Kitzel. Ich achte inzwischen mehr
auf Gegenwert. Dann ist es zu Ende. – JCJ ist da handfes-
ter, der verarscht euch – und lebt, steht dazu. Wie JAMES
BROWN.

Fahrt hin, zu JMB in die Schirn, guckt drauf und fahrt zu-
rück. Provoziert keine Nachfragen, jedes Wort ist zuviel
– einer fragt nach und du kommst ins Schwurbeln und
verpißt, rein verbal. Manche schaffen es zu einer selbsttra-
genden Bugwelle, Europäer können das, substanzlos, ein
Wort genügt.

Denn selbst im Katalog wird gefragt, inwiefern er in sei-
nen Arbeiten die afrikanischen Wurzeln ‚verarbeitet‘ hat
– ja inwiefern denn! Oder wies denn mit den Inspiratio-
nen durch ANDY W. war, ja Teufel auch – wie kriegst du
das raus, wenn du den ganzen Tag am Bildschirm vor den
Zahlenkolonnen sitzt – gar nicht, es ist sinnlos.

Der Katalog wiegt 1500 Gramm – das Porto! Wenn ihr
euch was beweisen wollt, nehmt das Format ‚Pegasus‘, das
faßt 2,2 mal 2,3 Meter – und dann guckt! Schlimmer als
eine Bilanz! Dann lieber bunt, sage ich. – ESC geht weiter
– das ist keine weitere Finanzmarktfazilität aus der Brüs-
seler Spielhölle, ginge aber im Nu: ‚European Security
Container‘, einfach da anmelden! Es ist der Scheiß-Song
Contest! Wie HORST SCHLEMMER. Oder Europaparla-
ment.

Ach so, dieses Ende von JEAN-MICHEL BASQUIAT mit 27. Im legändären ‚Club 27' sinds inzwischen ein halbes Dutzend von *tragic freaks,* deren *voices & strings* mich noch aus jedem Erdloch wieder rausgeholt haben, also JIM MORRISON, JIMI HENDRIX, JANIS JOPLIN, KURT COBAIN und diese unendliche AMY WINEHOUSE. Den Anfang machte ROBERT JOHNSON 1938 in Greenwood (Mississippi), wovon PETER KEMPER in einer großartigen Frühgeschichte des Blues erzählt. BASQUIAT hat seine Noten gemalt, also gehört er auch in den Club! Wer schafft es schon bis 27. Und JMB bekam dieses Gedicht über seinem Sarg, von 1937:

> This is a song fort the genius child.
> Sing it softly, for the song is wild.
> Sing it softly, as ever you can –
> Let the song get out of hand.
>
> *Nobody loves a genius child.*
>
> Can you love an eagle,
> Tame or wild?
> Can you love an eagle
> Wild or tame?
> Can you love a monster
> Of frightening name?
>
> *Nobody loves a genius child.*
>
> *Kill him* – and let his soul run wild!

Warum? Es geht nicht ohne.

Zurück zum Container, wer moderiert? BARBARA SCHÖNE-BERGER – das ist blanke Eskalation. Das Schlimmste: sie weiß es, trägt das Bewußtsein davon, ihre feurigen Worte der ersten fünf Minuten dienen nur der Flurschadensbegrenzung derart, ich bins gar nicht, man kann auch mit Billigklamotten schön aussehen und so. Anschnallen!

Das Ensemble der Frau macht den Abend, alles andere ist Ab-
wicklung, wie bei der ‚conversazione platonica‘ oder bei JULIUS
EVOLA. Am Strand pack ihn bloß in Zeitungspapier, der ist
nicht korrekt, den pflückt dir die Strandaufsicht aus der Hand!
Und du kommst aus deiner Haut ja nicht raus. Klar, die Frauen
auch nicht – der Unterschied, wollen die meist auch nicht. Ab
siebzig solls ja weniger werden. Die Antwort der Zivilisation auf
das Testosteron ist der Fußball, das muß reichen nach den fehl-
geschlagenen Ausfällen des letzten Jahrhunderts. Ohne Frauen,
bis das große Wort des HEINRICH LÜBKE fiel: equal goes it loo-
se. Jetzt sind Frauen gezwungen, auch zu kicken.

13.5.   Wir nehmen die Elektros nach Vegesack, dort ist es leer
              und schön. Pizza und Rosso auf der Zentralmeile und zu-
              rück. Nachmittags Tee in der *westside suite*, vulgo Unter-
              stand.

14.5.   Nach dem Weißdorn summt der Blauregen.

Seine Eltern kamen bei einem Eisenbahnunglück ums Leben,
weil ein Zugführer das Zeichen übersehen hatte. Seither steht
das Andreaskreuz in den Flächen des NEO RAUCH, aktuell in
Zwolle. In den ‚fehlfarbenen‘, die STEFAN TRINKS gesehen hat
und darüber schreibt: als sei den Figuren das Bedenkliche des
Schicksals eingeschrieben, körperlich, im Ausdruck, so stehen
sie, sitzen sie – bedenklich an einem Platz. Während andere fol-
gerichtige, aber ziellose Tätigkeiten ‚verrichten‘ – in der verfes-
tigten Vergangenheit.

NOURA HUSSEIN wollte Lehrerin werden, wurde jedoch mit
Zwang einem Vetter zur Frau zugesprochen. Das sei, so heißt es,
gewöhnlich so unter der Scharia im Sudan. Verheiratung beginnt
mit zehn, so denn ein Richter das genehmigt. Die Frau floh vor
dem Akt und verbarg sich für drei Jahre. Dann ging sie ihrem
Vater in eine Falle und wurde der Ehezeremonie unterworfen.
Den, wie es weiter heißt, Vollzug der Ehe organisierte der Mann
gewaltsam mit Hilfe seines Bruders und zweier Cousins, welche
die Verheiratete sistierten. Tags drauf erstach sie den Gewalttäter

beim erneuten Versuch ihrer Vergewaltigung. Die Bewertung ist Mord, wofür die Frau hängen soll.

15.5. Schon wieder so ein STADELMAIER, GERHARD – über die ganze Seite. Er widmet seinen großen Text dem Bühnenbildner KARL-ERNST HERRMANN. Der Text gehörte gerahmt, wie die Bühnenbilder dessen, dem er gewidmet ist – jeden Morgen ein anderes Bühnenbild an der Wand, wäre das was! Wie anders würden wir in den Tag gehen, ich jedenfalls.

Aber zum vibrierenden Nachruf auf den Gegangenen. Da werde ich durch eine Bühnenwelt geführt, die ich nie sah, deren Aufführungen, die sie trugen, mir unbekannt blieben – und dennoch tauche ich in ein Empfinden dessen ein, was da erzählt werden sollte. Selbst wenns mißlang, ihm, Beiden gelang es. Nun ist er tot, der Bühnenbildner.

Wie anders hingegen jener ‚*modernismo*‘, mit dem die ‚Salome’ in Stuttgart zur Aufführung gebracht wird. – Der Schule des EINAR SCHLEEF verbunden, bringt, so verstehe ich es, die Regie des Dramas Skelett zur Aufführung, ‚das nackte Gerippe einer Emanzipationstragödie‘, der mit Form und Ausdruck in ‚hysterischem Gebrüll, endlosem Gekasper, gräßlich zerdehnten Vokalen und gar Berliner Dialekt‘ appliziert wird. – Männer, schließt der Berichterstatter, sind ‚Gefangene ihrer religiösen und politischen Ideologien‘. So bleibt Johannes für Salome nur ‚der Hammer, während sie für ihn nur die Hure Babylon, der Amboß dröhnender Moralpredigten ist‘.

Kein Wunder, daß er seinen Kopf verliert. Solche Verkarstung des Genres findet sich häufiger. Selbst ich kämpfe immer noch mit der ‚Freiheit von Botschaft‘. Aber den Text bestelle ich sofort. Und er ist tags drauf da, so ist das heute, in der Aufmachung der 1. Auflage 1919, zum 21. Mal wiederaufgelegt, mit den Illustrationen des AUBREY BEARDSLEY – ein einziges Kunststück.

16.5. Um 9 sitze ich beim türkischen Frisör in Walle, Leon mit, denn Papa zahlt dann. Es gibt Tee, süß. Leon zuerst, der

Mann arbeitet sich durch den Pelz, anschließend behände durch mein Leichthaar, feuert die Strähnen aus den Ohren, der Verbrennungsgeruch verfliegt und es sieht ungemein gepflegt aus. Das Entgelt richtet sich nach Aufwand, Leon also weit vor mir. Er möchte diesen Frisörgang zum Standard machen.

WINFRIED KRETSCHMANN wird 70, läuft.

19.5. Vom US-Kriegskabinett spricht BRUNO BANDULET mit Blick auf Teheran, es werde Gold gekauft, die Türkei habe zweihundert Tonnen aus NY abgezogen.

Über die Europa-Spiele im kommenden Jahr soll MARTIN SCHULZ erneut das Straßburger Rund entern. Er sei schließlich ‚der deutsche Europa-Politiker schlechthin‘. – Vielleicht kann man ja auf dem Stimmzettel im Küchenrollen-Format einfach ‚Präsident‘ ankreuzen. Offensiv ist er ja, in seinen Grenzen. – Wie JCJ in anderem Format. Der forciert grade wieder die endgültige Politisierung der Euro-+Staatsschulden+Bankenrettung als Gesamteuropäer-Haftung bei privater wie einzelstaatlicher Haftungsfreistellung. – Die aktuelle Nummer, die er zum Besten gibt – Stopp! – geben läßt, das Wort hat Finanzspezi VALDIS DOMBROVSKIS – na, wieviel Kürzlis hat die Nummer ... heute vier: SBBS. Klingt so harmlos wie die Schweizer Bundesbahnen, hängt nur noch ‚Security‘ hinten dran, wie immer – für die Pappnasen, die bei dem Wort schon aufatmen, Auflösung im kommenden Freitagsrätsel!

Italien macht längst vor, wie das Regime laufen wird, denn seine Banken ‚kommen in Tritt‘, so die Zeitung. Und warum? Ei, weil der Pleitestaat für die Dutzende Milliarden gradesteht, also garantiert umschichtet, umwuchtet, auf galaktische Plattformen überträgt oder einfach alles übernimmt. Oder sonstwas. Daß er dabei dem Staatsbankrott über solchen Unter-, Über- und Dauerschleifen wieder einen Meter näher kommt, wird nicht in Kauf genommen – es ist gewollt, weil feinstes Erpressungspotenzial gegen Brüssel und die nordeuropäischen Maulhelden. Ziel ist das Abfallen ins EU-Gesamthaftungskonsortium.

Früher hieß es, die Tinte ist noch nicht trocken, da lautets aus
dem Römischen, die EZB solle mal 250 Milliarden streichen, so
die Leute der ‚Lega Nord‘ (‚rechts‘) und die Spaßvögel der ‚5 Ster-
ne‘ (‚links‘). – Fünf Jahre lang hat Dragobert, zwar quotenmäßig
gebunden, doch durchaus vorzüglich italienische Staatspapiere
gekauft – jetzt soll er reinen Tisch machen, in Summe stehen
340.000.000.000 im Feuer.

Man will die Austrittsoption im Regelwerk festhalten, die eignet
sich ja schon aufgeschrieben für allerlei. Und übrigens die Früh-
chen-Rente wieder einführen, schließlich lebt auch der Italiener
nur einmal, so. Und für die paar Jahre davor das Grundeinkom-
men für alle, die es schwer haben. Dazu Steuersenkung auf 15 %
für alle – da bleibt nix. Der Traum des einen ist der Alptraum des
Anderen, so HOLGER STELTZNER. – Alles lange vorausgesagt,
also 350 plus 447 Target-Miese, das ist schon griffiges Potenzial
fürs Erpresserli. Da muß den Politbürohengsten schon was ein-
fallen, was dem staunenden Michael sodann als unvermeidlich
saurer Apfel präsentiert wird. Wohlsein! Die Meisterfälscher für
WKM II sind sicher längst an der Arbeit. Auflösung im Ratespiel
für die ganze Familie.

Sogleich kommt H.-H. SINN um die Ecke: die Euro-Rettungs-
politik habe dem laufenden Desaster zugearbeitet, in Südeuropa
mit einem *Keynesian Flash* und das *Quantitative Easing* produ-
ziert. Italien habe – daher – ‚zehn Jahre nichts für die Wettbe-
werbsfähigkeit‘ getan und stehe auf dem vorletzten Platz, d.h.
vor Griechenland in Sachen BIP.

Das Freudenfest von Eliten als fröhliche Ausfahrt in den Ab-
grund – dialektische Kopie deutschen Froh-Wahns: Meister im
Anschaffen, sitzend in Dutzenden Institutionen, als Ministerien
und *three partite abbreviations*, Horden von wohlgenährten und
aussichtsreichen An-Gestellten, kumulierend Papier schwärzend,
mein Vorwort zu KARSTEN SCHULLERS Finanzregulatorik: 1.
das Kerngeschäft der Bank sei ‚Fristentransformation‘, bedeut-
sam fürs sparen, kreditieren und investieren, ja volkswirtschaft-
lich fürs allseitige Gedeihen auf das Profitlichste. – Macht der

EZB-Turm kaputt beim Einlagezins von -0,4 Prozent = Marge hops, jeder eingelegte Euro kostet!. – 2. Weg fürs Auskommen im Bankgeschäft: Anleihekauf – räumt Dragikowski ab mit seinem QE-Programm! – 3. Weg: Aktien? erstickt an der Regulatorik! – 4 .Weg: Kredite rauslegen? zu 1 Prozent? Fleutschepiepen! – Aber die Eigenkapitalanforderungen boosten – ein inverses System, das sich mit jedem Staatsdiktat messen kann.

> Jonas kommt mit Chrissi zu essen, schlimmer wird's mit dem trinken, nach Lauras Sekt geht's an Lauras Weißen und einen spanischen Albarinho – das nimmt dem Abend jede Langeweile, dazu 500 Gramm Magerquark für die verbrannten Beine – Später folgen wir dem Aufruf der Nachbarn über den Kreisel, dort werden weitere zwei Flaschen guten Tropfens zu dritt auf null gebracht. Alles in allem zu viel, um noch irgendwas zum gewünschten Ergebnis zu bringen.

20.5. Früh hoch, Qualität hält den Kopf frei, und mit Edeltraud zur Ökumene nach Marßel. Der chorale Beitrag unterstützt den Aufzug der drei Pastoren nachhaltig. So. Danach Kaffee, am Alkohol stumpf vorbei. – Das wochenlange Hoch überwölbt den Garten. – Wir tragen zwei Beileidskarten aus. Zwei Männer starben, der eine erwartet, der andere unversehens, vor dem 60., zwei Monate nach dem Arbeitsende. Die Witwen in schwarz. – Nachmittags in Kleingruppe zur Mühle, wo Ausschank und Umtrunk nebst breitem Kuchenangebot zum Verweilen laden. – Alles unerträglich im Gleichmaß.

21.5. Alles ist *sandwich*. Das <u>Sandwich</u>, wie vieles, was rollt, fliegt und bei zügigem Verzehr schmeckt, kommt aus dem Raum Nordamerikas. Es wird verkannt! Als hermeneutische Kategorie, hier mein Versuch: rein familiensoziologisch ist das Kind schlicht im Sandwich-Modus, links Papa, rechts Mama – oder! Jedenfalls im noch geltenden Regelfall. – So auch makromäßig: die Zustände in Bremen und Berlin, um nur die Notaus-Stationen aufzurufen, markieren Sandwich! Genauer, eine Seite des Sandwich:

was kommt nach? Die andere Seite nenne ich: was geht ab? Und
worum geht's? Ei um die jungen Alten, ihr Saftschnullis. Das ist
der Rahmen verfügbarer Kreativität und Produktivität im Land!
Was dazuwandert, lassen wir im Moment weg.

Vorweg und zur Unterfütterung: die ‚gute und alte Zeit' ist ja
vorbei. Die stabile Sandwich-Zeit einer aufgeteilten Welt, als der
Chinese blieb, wo er siedelte und im eigenen Land in Abständen
‚tabula rasa' machte, als der Russe zwar drohte, aber im Grunde
zusammenhalten mußte, was er, Sowjetmensch, der er war, unter
den einmaligen Bedingungen der Jahrhundertmitte arrondieren
konnte. Also diese Zeit, wir Wessis zwischen Zaun und atoma-
rem Schirm der Großmacht, die ist weg, eben vorbei. – Bei al-
lem Widernis wars gemütlich: das Volk arbeitete, stellte was her,
Amerika schützte, hielt den Zaun stabil und alles, was so anfiel,
fand Orientierung in der Ost-West-Verankerung. Jedes Thema,
jeder Streit fand seinen Fixpunkt – so gings!

Exkurs aus Absurdistan: welchen sprachlichen Ausdruck diese
Zustände im Osten gebaren, breiten JAN SCHÖNFELDER und
RAINER ERICES anhand von Stasi-Notizen aus, die gelegent-
lich der Reise des HELMUT KOHL in die DDR gefertigt wurden.
Die Tour war natürlich grob abgesprochen, aber er fuhr schon
querbeet, begleitet von wohl hunderttausend, überwiegend in
Volltarnung – natürlich nicht in Tarnflecken wie auf dem Win-
tergarten. Die Stasis hatten sogar die Familien mit, zur Tarnung.
Und das Politbüro schweißperlte.

> Notiert wird, zu Personenversammlungen und Kontaktauf-
> nahmen sei es nicht gekommen. Beim Bier habe die Anwe-
> senheit Kohls ‚zunächst keine Reaktionen ausgelöst'. Das hat
> ERICH MIELKE notiert. Er informiert weiterhin, mittels der
> Speisekarte habe Kohl sich – seinen Äußerungen zufolge – über
> die Preise informieren wollen. – Und: durch Winken zu vor-
> beifahrenden Straßenbahnen habe Kohl auf sich aufmerksam
> machen wollen. – Die Feststellung von Personalien erfolgte
> ‚ohne Öffentlichkeitswirksamkeit', zwei hatten einen Aus-
> reisebrief übergeben, die wurden sodann erfaßt. – Die Aus-
> wahl der durch den Bundeskanzler ... bei den Spaziergängen

durchlaufenen Wegstrecken erfolgte offensichtlich unter dem Gesichtspunkt des Vorhandenseins einer hohen Personenkonzentration. – Dresden: ... keine körperlichen oder anderen Auseinandersetzungen sowie Zuführungen im Handlungsraum ... allmähliches Einsickern von MfS-Kadern in Menschenaufläufe, Ehefrauen und Kinder als Bestandteil des allgemeinen Passanten- bzw. Besucherverkehrs ... Tischreservierungen für operative Mitarbeiter, Zählung Ausreisewilliger am Ort. Olle MODROW positioniert zusätzliche 50 politische Mitarbeiter, um bei unerwünschten negativen Ansammlungen ein positives Übergewicht zu schaffen, insgesamt 968 MfS plus 173 VoPo. – Im Interhotel ‚Bellevue‘ Vollkontrolle der Mitarbeiter, der IM und der Gäste, während der Kanzler Preise vergleicht – Bei Wagners ‚Tannhäuser‘ werden 25 operative Einsatzkräfte und deren Familien als Veranstaltungsbesucher eingesetzt, entsprechend den ‚objektiven Bedingungen‘, sich beständig in unmittelbarer Nähe aufzuhalten ... und die ‚entsprechend zugewiesenen Sicherungs- und Beobachtungsmaßnahmen wahrzunehmen‘. Zum Ende hin: hinter dem Gast und dem Intendanten ‚ist durch die Mitarbeiter mit Ehefrau ein Sperriegel zu bilden, um nachdrängende Besucher vom Gast fernzuhalten‘.

Solch gerasterte Sprache aus einem gerasterten Weltbild konnte die Gegenseite nicht unberührt lassen. Der Bezug wurde prägend. Und der ist weg!

Zurück in den Sandwich-Modus: was rückt nach? Die Kohorten der Jungen – also nichts einfacher, als die <u>Schule</u> fürs Leben erneut zu durchstreifen, aus der sie ja kommen – hier einige Traumvolten aus den Ankerzentren dieser Menschwerdung. Drei Felder bieten Meßpunkte für Qualität: zum einen der Zustand von Mensch und Material in den Schulen und direkt ableitbare Folgen – sodann Zustand und Erfahrungen verschlissener Lehrer – und drittens die unverändert hochtourige Theoriedebatte unter dem Motto <obacht Mundart> *‚was könnemer denn noch anners mache!‘*

Frohen Muts ab ins erste Feld, auf der Skala von Licht bis Schatten zu den tiefroten Abschlüssen unter der politischen Aufsicht von ‚gleich und gerecht‘, vulgo: der Bildungspolitik. Da gibt's grade einen Brandbrief von <u>Neuköllner</u> Lehrern über den in hellen Flammen stehenden Schulbetrieb daselbst: ein inklusiver und bis zu 90 %-Migrantenschulbetrieb hat längst pure Sozialarbeit und massive Disziplinierung als Arbeitsschwerpunkt, in Sonderheit die Sonnen-Gesamtschule, umgeben von zwei Sozialbrandgebieten und einer Moschee, die als Salafisten-Brandstätte ausgezeichnet ist. Acht von dreißig Lehrern sind akut-krank bzw. überwiegend in Langzeit. Vorfälle des Tages decken relevante Teile des Strafgesetzbuchs ab. Was HEIKE SCHMOLL ausbreitet, hat Facetten eines Kriegszustands auf niedrigem Niveau.

Doch die Berliner Senatorin frohlockt: alles besetzt zum neuen Schuljahr: von 1240 seien 362 Grundschullehrer auch so ausgebildet, 389 kämen von quer, die meisten an die Brennpunktschulen – mit Brennpunktzulage 300. Die machen Ausbildung parallel zum Unterricht und 489 seien ‚Lovls‘, also ‚Leute ohne volle Lehrbefähigung‘. So wie es klingt, so isses. Die Quers kriegen Crashkurs von sieben Tagen, danach Pensionärsbegleitung. Das qualifizierte Personal bewirbt sich direkt in der ‚Oberstadt‘.

Zum Zustand von Mensch und Material im Schulwesen intonieren zwei Untersuchungen schließlich insgesamt zunehmenden Schul- und Leistungsabbruch, erstmals ‚auf ganzer Breite‘, vermerkt die eine. – Das Geld sei da, werde aber fürs Soziale gebraucht, siehe sogleich OLAF KÖLLER! 48.000.000.000 seien landesweit aufzubringen, 15 mehr als vor einem Jahr.

<u>Bremen</u> – erst die ‚B‘s, dann die ‚N‘s, gell – liefert gerade eine Qualitätsauswertung darüber, wie denn der Weg aus den Schulen der Hansestadt hin zum Bachelor-Abschluß verläuft, eine Anstrengung, die unter dem Bologna-Regime mit ‚gMv‘, – ??! gesundem Menschenverstand, die Abkürzung hat Zukunft, Leute, also einfach mal merken! – schnell von Erfolg gekrönt sein kann. Jedoch: von 1500 Abiturienten erreichten 26 % dieses Zertifikat, Studierende in Niedersachsen immerhin zu 44 %. Tröstlich, daß der univeritäre Apparat die zügige Anpassung ans Milieu einstweilen verweigert.

Daß von ‚Staat‘ und dessen Hauptarbeitsgebiet, dem Sozial-
staat, Studierende mehr Falsches als Zutreffendes äußern, kann
bei solch schulischer Grundlegung eher bestätigendes Nicken
als Überraschung auslösen. KLAUS SCHRÖDER stellt solchen
Schmalhans-Kenntnisstand auch vom Regime der DDR fest –
die Befragten seien ‚meinungsstark und kenntnisarm‘, gibt er
schon in der Überschrift kund.

INGRID FREIMUTH hat ihre vierzigjährige Lehrerschaft zu
Papier gebracht, ein Prozeß von Erosion und Scheitern mit allen
Facetten, welche das nationale Desaster von Bildung ausmachen,
gell Frau Bildungsrepublik. *Anm.: Schatz, ich bewundere dich.*
– Nennenswert darüber hinaus, daß sie keinen Raum, ja kaum
Zugänge im Bekannten- und Freundeskreis hat, wo die Misere
sich erörtern ließe.

SUSANNE DORENDORFF markiert die Etappen, in denen das
Unterrichten des Schreibens aus den Schulen verschwand. Da-
hinter stand in den 70er Jahren ein nicht genannter, nur soge-
nannter ‚grundschulpolitischer Interessenverband‘ ohne Leh-
rerbeteiligung, auf dessen Einfluß hin die ‚handschriftliche
Alphabetisierung der Kinder‘ beseitigt wurde, in den Schritten
‚Schönschreiben – Vereinfachte lateinische Ausgangsschrift
– Grundschrift – Druckschrift‘, zwischendurch gerne auch
‚schreib, wie du sprichst, Kind‘ <*Anm.*: ach, du sprichst nicht,
dann brauchst du auch nicht schreiben!> – alles in allem bahn-
brechende Pädagogik, die den Verlust von Orthografie, schrift-
lichem Ausdruck und reduziertes Denken garantierte. – Solche
Entscheidungen und Direktiven aus fachlich kompletter Igno-
ranz definieren die Aussichten dieses schönen Landes, Freunde
der Schönschrift.

Monate später begibt sich REINER BURGER ins ‚N‘-Gebiet, also
NRW, und verfolgt den Jahrzehnte währenden DNS-Strang der
Einheitsschul-Strategen von SPD und Grün daselbst. Dieser ab-
gründigen Unbeirrbarkeit von ‚gleich und gerecht‘ selbst ange-
sichts und gegen wiederholt vernichtende Urteile über das in den
Schulen Angerichtete konnte selbst ein ‚Schulkonsens‘ mit der

CDU vor sieben Jahren nicht zur Ruhe bringen. Die Sabotage der Vereinbarung ging am Tag drauf weiter. – Das muß somatisieren!

Auf solch verbrannter Erde, gegen solche flächendeckende, ja rasterfahndende schwarze Pädagogik wirkt jeder Widerstand erlösend: die Leiterin eines Bremer Gymnasiums klagt gegen die Anordnung der Stadt, eine Inklusionsklasse einzurichten. – Ei, die wollen doch nur die Bachelor-Quote sichern!

Jedoch gemach, die nächste Breitseite kommt, *subito*! Aus den wohldotierten rückwärtigen Diensten der staatstragenden Parteien, heute der Friedrich-Ebert-Stiftung, fliegt zur Frage der Bildungsqualität ins Haus: Privatschulen seien auch nicht besser – welch destruktives Weltbild treibt solche Auftraggeber! – Egal, zum Beleg wird ein Bewertungsraster gezimmert, welches die Schulen an ‚Kompetenzständen‘ aufhängt, womit ‚auf der Berichtsmetrik‘ nur ein paar bummelige ‚Punktwertdifferenzen‘ übrig bleiben. (ich machs knapp, die Vollversion versteht ihr noch weniger). – Also offen politische Auftragsarbeit, peinliches ‚R&S‘-Pamphlet. Futter für die Prediger von der ‚einen Schule für alle‘. Ja, Meister! Wer hätte das gedacht! (das ging an mich). Die Neigung auf der Bildungsachse wird bleiben, paßt ja zur allgemeinen Neigung, gell.

OLAF KÖLLERS detaillierte Zerlegung der Frage: wann, wo, wofür und weshalb hilfts Digitale, lasse ich hier – denn schöner ists, einfach abschließend die neue Bundesbildungsministerin zu hören, zu lesen – die sofort – also auch *subito*! – in sämtliche Kiesbetten, Fettnäpfchen und sonstige ausgelatschte Hypnosen & Hypothesen reintritt. ANJA KARLICZEK plädiert zum Einstieg dafür, die Schulen umzubauen – ei! <obacht> *des mache mer doch seit ferzzisch Jahrn, gute Frau!* Ein Blick auf die Zustände wäre ‚hilfreich‘ (Chefin), statt nur ein Blick auf den Packzettel, der ihr zugeschoben wurde.

Dann will sie auch noch die Verbundfächer in ein Gefach schütten, Sport, Religion und Musik in 90 Minuten oder so – auch noch Namenstanz vielleicht. Die werden grade eher aufgelöst, Frau Bildung! Die ganz überwiegende Ausprägung des Schulregimes beherzigt das Wort des ALAIN FIENKELKRAUT: nicht sehen, was ist. Daraus folgt zwingend: ,denn sie wissen nicht, was sie tun'. Andere wissen es. Tschuldigung, Frau Suchtbeauftragte, aber der Griff zur Flasche ist hier lebensverlängernd.

Soweit die eine Seite des Sandwich, doch ihr fehlt ein wesentlicher Anschluß: der Übergang ins nächste Feld von Bildung und Ausbildung – Bildung können wir nach ,Bologna' streichen: die Hochschulausbildung!

Hier liefert eine Analyse ihrer staatsrechtlichen und fiskalischen Grundlegung von WOLFGANG RENZSCH fallrohrmäßig Ernüchterung. Und ein Verständnis, warum es so ist – wie beim Abschiebungsrecht: wenn du das Wimmelbild an Regulatorik erstmal vor Augen hast, lehnst du dich zurück, weil gelernt ist: es kann gar nicht funktionieren.
Bei Schüttelfrost sollte gleichwohl der nächstbeste Arzt konsultiert werden.

Im System HS-Ausbildung ist es einfacher, mit dem gleichen Effekt. Die ,fiskalischen Anreize' für die zuständigen Länder, diese Mittel knapp zu halten, drücken jeden ambitionierten Impuls beiseite. – Zur Umsetzung bundesgesetzlicher Beschlüsse verpflichtet, dominieren in ihren Etats Ausgaben für Soziales, in 13 Jahren um 70 % auf 233.000.000.000 (2011) angewachsen, Bildung und Forschung um 20 % auf 105, damit weit hinter dem Steuereintrieb, weit hinter dem BIP-Wachstum verkümmernd. Weiteres aus diesem Jammertal erspare ich mir. – Es ist, wie im Migrationsrecht, eine völlig unangemessene Regulatorik, gemessen an allem, was auf das Land zukommt.

Das Sandwich neigt, wie vieles, zum Verbund, da kommt eins zum anderen, daher nur Pause bis zum nächsten.

PHILIP ROTH ging, 85. Dem Nachruf stellt die Zeitung seine Rede nach, die er 1992 anläßlich einer Preisverleihung hielt. Die widmet er seinem Vater, dem er sie verdanke. Der sei in vierzig Jahren als Versicherungsagent zum ‚Amateur-Urbanologen‘ geworden, zum Anthropologen ohne bestimmten Forschungsbereich, in seiner Tour durch Newark, von ‚Tür zu Tür, Diele zu Diele, Treppenhaus zu Treppenhaus, Heizungsraum zu Heizungsraum, Küche zu Küche‘ – Repräsentant jener ‚mittleren Generation zwischen den eingewanderten Großeltern um die Jahrhundertwende‘ und den Kindern, die den ‚typisch amerikanischen Kulturkampf eines permanenten Wandels der Verhältnisse‘ und der ‚Integration in das reale amerikanische Leben‘ geführt und vermittelt haben.

> ‚Aus historischer Perspektive gesehen, waren wir, dank irgendeiner ursprünglichen amerikanischen Antriebskraft, praktisch über Nacht zu nicht wiedererkennbaren neuen Wesen geworden.‘

Selten las ich Amerika so ausgemalt.

Dokumentarisch aus den 60er Jahren: ‚Der Staat gegen FRITZ BAUER‘ ... ‚Jude verrecke‘ im Briefkasten – EICHMANN in Argentinien – ich werde den Mossad kontaktieren – der Jude ist schwul? – fünf Monate Gefängnis wegen wechselseitiger Onanie – Anruf: wir haben ihn – Erpressung mit Homosexualität gegen BAUER – die Bundesregierung wird keinen Auslieferungsantrag stellen – Waffenkäufe gegen Prozeß in Israel.

FRITZ BAUER war Pfahl im Fleische, dem wieder wohlgenährten, einer Gesellschaft, deren Massengeschäft Verdrängung war. ‚KULENKAMPFFS Schuhe‘, ein Film der REGINA SCHILLING, illustriert die Fernseharbeit der sechziger und siebziger Jahre im ‚Goldenen Dreieck‘ des Unterhalters von ‚Einer wird gewinnen‘, dem ewig lachenden PETER ALEXANDER und HANS ROSENTHAL. Der überlebte in einer Berliner Laube, verlor seinen Bruder im KL – KULENKAMPFFS Butler und Produzent von ‚EWG‘, MARTIN JENTE, hatte Dienst im Führerhauptquartier als SS-Hauptscharführer und Adjutant hinter sich, HORST TAPPERT kam von der Waffen-SS, ROBERT LEMKES jüdischer Vater konnte emigrieren.

Der Himmel über Europa: das am schnellsten wachsende
<u>Schwarze Loch</u> ist in einem 12 Milliarden Jahre alten Umfeld entdeckt. Darin verschwindet in zwei Tagen die Masse der
Sonne. – Das finde ich übertrieben, wann kollabiert sowas! –
Gleichwohl, es gibt ganz unterschiedliche ‚Schwarze Löcher‘.
Europa ist das langsamste des Universums. Alle reden vom
Schwarzen Loch – das ist tatsächlich das Problem, denn es zieht
alle Energie. Solange noch was da ist. Im Weltall gibt's genug –
in Europa noch, Europa, genauer das angeschlossene Gebiet, ist
die Akkretionsscheibe, also der Ereignishorizont. Darauf sitzen,
wenn Sie so wollen, die Völker. Die drehen sich schwindelig. Das
ist nur auszuhalten, wenn du den Blick aufs gleißende Zentrum
fixierst. Sagen wir, die Leute siedeln darauf und bewundern das
Konzentrat, das ja selbst ein einziges Ereignis ist, das sich aus
jenen auf der Scheibe nährt, vulgo: ihnen das Geld aus der Tasche zieht. Wozu sie nie ihre Zustimmung gaben, nicht einmal
befragt wurden. Seit das mit miesen Ergebnissen nachgeholt
wurde, ist es unterbunden.

Es zeigen sich weitere Unterschiede zum Prozeß in den universalen Weiten mit seinen Variablen, seinen Gravitäten und Massen, von einigen Unschärfen abgesehen. Die Europavariante ist
reines Menschenwerk, nicht zu vergessen. Daran ist nichts natürlich, auch wenn die ins Werk gesetzten Bewegungen und
Kräfte irgendwann übermenschlichen Erscheinungen gleich
voreinanderstürzen mögen. Dann fällt manchem diese Einsicht,
diese Erinnerung schwer, daß solch Desaster auf kumulierenden menschlichen Entscheidungen und Handlungen basiert, der
Kollaps etwa auf dem Motto: ‚Faxen dicke!‘

Derzeit läuft ja der Austausch noch zwischen Zentrum und
Horizont – im Tausch gegen das Abziehen von Energien, vulgo
Geld, gibt's etliches zurück, für einige viel, andere wenig. Einige
streiten über den Charakter der Rückflüsse, mancher nennt es
Bestechungs-, gar Schweigegeld. Schlimmer ist der Abzug von
Regelungen aus dem nationalen Staats- und Verfassungsrecht,
ich nenne es die Enteignung des Souveräns, seis das Volk oder
seine Repräsentanz. Zurück kommt dafür ein Flechtwerk von

Regulatorik, dessen Verstehen neue Studiengänge gebiert und im Einzelfall direkt in den Tinitus führt. Das aber folgt aus dieser immensen Attraktion des Zentrums, was heillose Überbesetzung und entsprechende Beschäftigungsstrategien nach sich zieht. Ein Studium der Stellenbeschreibungen klärt auf, ist aber nichts für den gemeinen Europäer.

Beispiele solchen Unfugs sind monatlich, aktuell die DSGVO – was nach draußen geht, hat meist mehr als drei Buchstaben und signalisiert bereits Überforderung des Endverbrauchers. Der überlebt unter den Fangnetzen nur in der Voll-Betreuung. Denn ein Durcharbeiten der elf Kapitel mit 99 Paragraphen auf so zweihundert Seiten ist nicht denkmöglich, wird auch nicht erwartet, die Mühe ist Leuten mit Geschäftsmodell vorbehalten, etwa der Abmahnindustrie.

Das Machwerk hat häufig das Format einer riesigen Blase, bedeutet, rund um seinen Regelungszweck, den es selten trifft, tritt es eine Kette von Mangelfolgeschäden los, welche die Regelungsflächen in Atem hält. Millionen kleine und mittlere Unternehmen werden sich wegducken. Die eigentlich angepeilten Großen werden das Spiel mitmachen und gar Profiteure des Regelwerks sein, vermutet CONSTANTIN VAN LIJNDEN. Kern bleibt das Geschäftsmodell im Verbraucher-Handwerk: die Abmahnflotille, gell Herr RESCH *(der is vonde DUH)*, wird weiteren Aufschwung nehmen und mit Bußgeldkatalog durchs Gelände heizen, der Verstöße auch ohne Schaden sanktioniert, die Beweislast umkehrt – also Aufruf genügt für die Verfolgungsjagd – und mit seinen auslegungsbedürftigen Formeln zur Abmahn- auch gleich die Prozeßlawine durch Berg und Tal gewährleistet.

Jetzt, also DSGVO-mäßig, ist eine überreichte Visitenkarte kein Einverständnis zur Kontaktaufnahme mehr, Freundchen. Das ist fortan wie in unserem Baurecht, also Voranfrage, darf ich anklopfen! Und Schweigen ist keine Zustimmung, beim Sex ist das ja auch vorbei, gell. Also wie jetzt! Das Sicherste: gar nichts. Wenn nichts passiert, kann auch nichts passieren. – Das Stück muß auf die Bühne.

Eine echte Brüsseler Wichtigtuerei mit Massenbelastung bei tollen Geschäftsaussichten für die Hüteindustrie <kommt von Hütehund, ihr Vierbeiner!>. Ist wie EEG, verstehst Du? – Nix! Ei, wer Grünstrom produziert, kassiert, auch wenn keiner seinen Kram will! Zahlt ja der Zaunkönig Verbraucher, der Tag und Nacht umnebelte. Isso!

Aber Südeuropa in diesen Spielsalon aufnehmen. Die gründen gleich 1000 Abmahnvereine wegen 100 %-Garantie. Postmortale Dekadenz vom Feinsten – schreibt hundertmal ‚E-K=G‘, ihr Gesandten grobmotorischer Inkompetenz.

Überhaupt, mein Pulskühler streikt, vergleiche dieses DSGVO-Getöse mal mit den flotten Durchmärschen des Herrn Rechtsstaat im weiten Feld der Eingriffsverwaltung! Vom Staatstrojaner, diesem Einnister, wo es ihm gefällt, war schon die Rede. Die Ausstattung der Halbseidenen, sorry, Halbstaatlichen mit Durchgriff bis in die Unterwäsche kann sich mit jedem Hacker-Trio messen – worum geht's, ihr Schnösel! Na um die gute Tante GEZ: da veranlassen diese Anstalten die kommunalen Behörden, sämtliche Melde-Pflicht-Daten der Unterworfenen aufgeschlüsselt nach Vor- +Zunamen, Familienstand, Geburtsdatum, Wohnadresse – ohne Kenntnis und deren Einwilligung an den ‚Beitragsservice‘, diese Wortspeichelei, zu übermitteln. – Das sei, so ein Leserbrief, nur mit digitaler Rasterfahndung nach Schwerstkriminalität zu vergleichen – mit dem Ziel dieser Milliardengeier, ein paar Nichtzahler aufzustöbern. – Feine staatsmonopolistische Überwachung, Herrschaften. Im Leistungsbereich Innere Sicherheit hingegen dominiert das ‚*multiple choice*‘-Verfahren, das kommt in Kürze dran.

Also auch CHRISTIAN KRACHT als Kind mißbraucht – die Folgsamkeit bis ins Mannsein noch heute im Schrank, zwischen Hemd und Hose. Gibt der Mißbrauch mehr Kraft zum Wiederaufstehen? KRACHT sagt, das Parodieren seiner und aller Verhältnisse helfe – wohl weil die Erfahrung in allem steckt, was er mit Worten anfaßt.

Ich habe ausgeführt, mich selbst mißbraucht, wohl mich selbst mißachtet – auf Ansage hin, also mit 7 in meine Blechtasse gepinkelt, wo sonst Buttermilch drin war. Habe mich hinter die Sessellehne gestellt und den Becher mit meiner Pisse geleert, fraglos. Habe mir später, in Wiesbaden, abends, meine Scheiße zwischen Nase und Oberlippe schmieren lassen, wegen rückwärtiger Spuren in der Unterhose. Das machten sie 1934 mit den Juden, zur Demütigung. Ich Verfügbarer hatte da schon alle Achtung verloren. Ist da immer noch was, sorry, das mußte jetzt sein, es ist ja vielleicht noch was, aber es geht. Das liegt so unliterarisch auf dem Boden des Innenraums, es verrottet einfach.

Zurück zum <u>Sandwich</u>! Weit weg waren wir garnicht und, wie schon gesagt, ein Sandwich reicht nicht, wir brauchen drei, um die Welt zu verstehen!
Also im Sandwich 1 steckt die Zukunft zwischen schulisch grob vernachlässigtem Nachwuchs und wohlgenährtem Plus-Minus-Sechziger mit sozialpolitisch korrigiertem Blickwinkel. Dazu Folgendes unter der Sandwichhälfte ‚Was geht ab?‘

Millionen gut ausgebildeter, gut verdienender Werktätiger lange vor den gesetzlichen 65 gehen ab. Da in der linken Regierung sozialdemokratisches ‚gleich und gerecht‘ freie Hand hat, folgt seit wohl sechs Jahren ein Rentenpaket aufs andere. Es verfehlt in der Regel sein Schönwetterziel, beschleunigt so die demografische Tendenz und eskaliert die Abdrift produktiver Arbeitskraft. Die Klagen über fehlende Qualifizierte zählen inzwischen nach Hunderttausenden.

Schrille Illustration bieten Zahlen der ‚DRV‘ von KECK / KRICKL zur Inanspruchnahme der ‚Rente ab 63‘, unterfüttert durch eine Reihe weiterer Vergünstigungen. Die Inanspruchnahme dieser Frührente stieg von 13.000 in 2013 auf 274.000 zwei Jahre drauf. Ergebnis ist,

„daß vor allem am Arbeitsmarkt langfristig und gut integrierten Personen der abschlagsfreie und vorgezogene Eintritt über diese Altersrente zugute kommt.“

Muß wohl heißen ‚Austritt‘, wenns ums Sandwich geht, und um die Sicht der Unternehmen.

Soweit nicht das Ziel verfehlt wird, sei der enorme Ressourcenverbrauch erwähnt, sprich die kurzfristig steigenden Überweisungen des OLLI SCHOLZ in die Rentensilos. Bei den Mütterrenten sinds jährlich eine Milliarde mehr, im Moment 14. Ein echter Magnet übrigens.

Zur Strapazierung der lebenden kommt die der materiellen Ressourcen des Landes, das sei nur genannt: die Absorptionen durch die Energiewende, die gleich einer Windhose übers Land kam, immerhin CO^2-neutral. Dazu noch der Sturm von Einwanderung, der alle Systeme belegt, von den mentalen Zuständen und Schnittstellen ganz abgesehen.

Es gibt eine zweite Sandwichposition, in der das Land steckt, zwischen dem ausufernden ‚System Brüssel‘ und den Berliner Ministergärten, die – ebenfalls ausgeufert – in der Auszehrung durch das Schwarze Loch stehen, das teils aktiv betreiben, teils es gern noch doller treiben als Vorgaben es gebieten, so nach Typ kleiner Junge im Matrosenanzug, stolz.

Nun Sandwich 3, wo andere Kräfte im Ring stehen, rein geografisch von links kommend aktuell und auf mittlere Sicht MR. TRUMP – und von rechts? Ei XI, sprich ‚Schi‘! Das wird *proof of the pudding*, guten Appetit!

Über Herrn Trump weiß ja nach zwei Jahren des Jammerns und Pöbelns jeder Bescheid. Und an ihm scheitert selbst JCJ!, guxdu:

JCJ working on Trump: vorher!   *nachher!*

Daher *conzentratione* auf die Sandwichhälfte rechts! (nicht vergessen: das Würstchen liegt in der Mitte) <u>China</u> trifft bei seinem Ausbau quer über den Globus auf einen kleinen Erdteil, der ein Zentrum ausgebildet hat, aber wegen defizitärer Aufbauorganisation heillos zerstritten ist. Es ist ein Landstrich mit glanzvollen Marken, Landmarken und maßstabsetzenden Produktionsprozessen. Hier möchte er das beste abschöpfen, wofür er über Zugriff auf Billionen verfügt. Denn er diktiert.

ANGELA MERKEL reist aus zahlreichen Gründen häufig dorthin. ‚Da-ten-schutz-grund-ver-ord-nung hämmert die Übersetzerin in die Kopfhörer ... wie Schläge ins Gesicht', so die Wahrnehmung von HENDRIK ANKENBRAND, denn der chinesische Ministerpräsident kennt das Wort nicht. Die Kanzlerin kann dem abmarschierenden Diktator kaum folgen, als wolle der nichts hören. – Alles bildet dort eine Einheit, der Staat, die großen IT's wie Alibaba, Tencent, Baidu, iCarboux mit ihren monströsen Apps ‚Meum', ‚Wechat' und täglich werden es neue. Wer ins Land kommt, muß sich offenbaren.

China möchte das System von Greenwich ablösen, den Null-Meridian neu justieren und empfiehlt seinen Besuchern die Unterschrift unter sein ‚Memorandum of Understanding' – *the World*, ist wohl zu ergänzen. So frech war ewig keiner! Das Dokument behandelt die Zukunft der Menschheit und hat pdf-Format – wenn Sie verstehen, was das bedeutet. Auch der Staatschef hat pdf-Format! Achtzig hätten schon gegengezeichnet, von den Philippinen bis zur Dominikanischen Republik.

Chefe sagt, wir machen Computer-Revolution, dann kauft Küchenbauer ‚Midea‘ den Roboterbauer ‚Kuka‘, mit Staatszuschuß von 3,700.000.000. Das reicht für mehr als Küchenbauen, freut sich Xi! Einer hilft dem Andern, ist chinesische Philosophie! – Angela meint, ist nicht systemrelevant, woanders gibt's richtig auf die Fresse: Ein- und Verkaufsverbot für ‚Zhongxing‘ in USA und GB. Schon der Name gebietet Vorsicht, ist auch Liebling von Xi! – Hier geht's an ‚Grammer‘, etwas vorsichtiger über Aktienpaket.

Das sind Details, neues Koordinatensystem heißt ‚One Belt – One Road‘. One Way ist noch was Anderes! – Aber nah dran ist es, Autobauer haben die Wahl zwischen zwei Varianten von Abschöpfung: Produktion im Land mit Partner, Parteizelle und – Hosen runter! Alles auf Xi's Server! Oder Import mit 25 % Zoll. – Beim Programmieren frönt Xi dem ‚System 996‘ <lies: an sechs Tagen von 9 bis 9>.

China-Gürtel hat Landweg und Seeweg. Seeweg fängt im Südchinesischen Meer an, also in chinesisches Staatsmeergebiet, fließt dann in Südpazifik und direkt in Indischen Ozean – alles gleiches Wasser! Fischt dort die Anrainer ab, Geld ist knapp, daher begehrt. China kommt mit Dschunke oder Hänger, alles voller Geld. Denn China macht zugleich Landgang rings um Indien: Tibet ist Wasserhahn für Indien – drehst du zu, durstet der Inder! Nepal ist schon auf Xi gebucht, auch Burma ist voll der Ehrfurcht, bis hin zur Börse, beobachtet CHRISTOPH HEIN, Bangladesh steht bekanntlich Wasser bis zum Hals, teils regelmäßig, teils dauerhaft – ist also positiv kreditgestimmt. Thailand läßt sich grade ‚östlichen Wirtschaftskorridor‘ vollbauen, freut die *generals,* und erst Pakistan – vollgefahren mit fünf Containern Barem, 50, vielleicht 60 Milliarden, China bringt gleich Brigade mit und baut sofort Seehafen Gwadar. Kannst du nix machen, machen die!

Aber ‚Chinas Trumpf‘ heißt Kambodscha, sagt TILL FÄHNDERS. Da machen die SWZ –?, nix Brüssel – Son-der-wirt-schafts-zone! So! – und schon 110 Xi-Unternehmen drauf, wieviele Chinesen, weiß keiner 15.000 oder auch 185.000. Daneben, in Sihanouk-ville, machen sie ‚Chinesenstadt‘, sogar mit Umsiedlung vonde Ureinwohner in die Berge – Glanzprojekt von Chefe HUN SEN, regiert schon 33 Jahre und hat einfach alle 125 Sitze wiederge-wonnen von Parlament. EU hat kritisiert, Xi finanziert. Starke Anlehnung an China hilft, 3 Milliarden *debit* ist natürlich Stiel frei von Pappe! Grund & Boden sowie aufstehende Immobilien weitgehend in Chinas Hand.

Sri Lanka, Stützpunkt mit Blick auf Indien, ist schon erstickt am Xi-Kredit, hat den Hafen Hambantota gleich überschrieben für 99 Jahre, wie Piräus, kommt noch. Handel bis übernächstes Jahr auf 20 Milliarden, mit Handelsüberschuß ist zu rechnen – Zahl der Chinesen soll auf Millionen gehen, als Touristen, mit Tar-nung ist zu rechnen – Malediven ist Start- und Landebahn, also Kopf einziehen, ihr Urlaubsspezis.

Das war ‚Rund um Indien‘ in fünf Minuten, jetzt geht’s sprung-fix nach Djibouti auf die *One Road* – Marinebasis. Das Geld ist noch nicht zusammengezählt, was hier bereits kreditiert und verbuddelt ist.

Deshalb ein bißchen Landweg, ihr Wandervögel. Den hat CHRIS-TOPH HEIN auch schon abgelaufen – und? Alles voll Geld, so viele Milliarden, kurz vor Billion. Alles noch Wüste, aber staubt schon! Taklamahan – kennst du nicht! Khorgos! Weißt du nicht, du Oberurlauber, das kommt vom stumpfsinnigen Baller-mann-Brettern oder Chiemsee mit Pommes, oder was! – Aber da hinten so mitten in Asien, gibt’s plötzlich Fernseher, Zentral-heizung und mietfrei. Dort ist der chinesische Teufel los, Xi kam an die Uni von Astana, vor fünf Jahre, und rief ‚One Belt – One Road‘ – hat er gleich danach in seine Verfassung geschrieben, ist ja alles seins! Die ist aber nur für China. Vorerst. – Dann macht er dort 49 % fest, sein Anteil am Trockenhafen und containert das Land dicht – dröhn, rumpel! Von wegen Seidenstraße – 5000 Frachtzüge nach Westen auf drei Strängen bis 2020, dazu noch 50 Projekte mit sonstwas. Nix mehr mit ‚waschen, schneiden, legen‘, ihr *undercutties*, nix reziprozi, Frau Merkel.

Drachen aus China, Teufel kommt gleich danach ... auch zu zweit!

Letzter Halt im Xi-Projekt ist – Ziel großen Strebens – Europa!
Also auch dort: *,mer brauche mehr Eurohba'*, nur nicht in Mund-
art, sondern chinesisch – und am liebsten gleich im pdf-Format,
gell! Dagegen stemmt noch die EU. Aber Xi's Ankerplatz Piräus
ist guter Startpunkt für die nächsten Stabil-Baukästen, also ein
oder zehn Infrastrukturis, die werden ja überall gebraucht, quer
durch den Balkan, wie immer Schotter ,blau gebündelt' (Redens-
art aus der Vorzeit) und mit dem Radlader reingefahren, Zinsen
wie bei Goldfinger, Rückzahlung irgendwann, wie bei Targets.
Wenns dann fällig gestellt wird, gibt's Kompensation, Umschrei-
bung, weil der Laden so pleite ist wie zuvor.

Xi macht aber auch im Wettbewerb gute Figur: Kroatiens teuers-
tes Projekt ist eine Brücke, so 500.000.000 kostet der Bügel, zu
85 % EU-gefördert. Wer hats gemacht? Ei Xi! Der lacht sich tot,
wie immer. Und zack, sind die Baubrigaden aus dem Steh-Con-
tainer!

Aber nun erst Deutschland. Da ist Xi hell begeistert. Da werkelt
neben großer Industrie ein Riesenfeld kleiner und mittlerer Un-
ternehmen, darunter 1600 Weltmarktführer, zum Teil im Wald
versteckt, findest du ohne Ortskundige nicht! – Und eine Re-
gentschaft im An- und Abmahnmodus, die in den Wirkungen

ihrer Vermeidungspolitik nur ihre Feinde sieht und anklagt – und die Flügel beständig bestärkt, rechts die AfD, ANNEGRET KRAMP-KARRENBAUER wie Rohrspatz, links die Linke, was sonst, die in Berlin gegen den SPD-Stillstand die Bürgermeisterpartei bereits mit 22 % überrundet, in Bremen das gleiche Dilemma, die Linkspartei bei 15 %, die CDU im Schattenbereich, auch nach 73 Jahren SPD-Bürgermeisterei.

Also konturlos und konzeptionslos und im Schrumpfmodus, das Koalitionsmenü, mit wollen, sollen, müssen befaßt, und natürlich Sozialstaat, und über die DSGVO aus der Zentrale schwärmt und übers Plastikverbot jubelt. Das ist so effektiv wie die Energiewende, ein Prozent des Plastiks fällt in Europa an bzw. ins Meer, das Verarbeiten liegt zwischen 40 und 90 %. 80 % des Abfalls schwimmt in Asien, wo nix rizaikelt wird, alles hahnebüchen und tumbe Wahlpropaganda fürs ökosozialistische Publikum.

Du hinterläßt immer einen Eindruck – und welchen hat Xi wohl? Natürlich den, daß hier weder Strategie noch ein Handeln zu erkennen ist, vielmehr – bevors dazu kommt – auf die gute Tante EU verwiesen wird. Da hat aber Onkel Xi längst den Fuß in der Tür! – Und GABRIEL FELBERMAYR zeigt in seinem planetaren Rundlauf so richtig den Xi-Fußabdruck. Der franst an den Rändern aus, liegt in der Natur von Xi, gell.

Onkel Xis Fußabdruck, sieht mehr aus wie der Ausbreitungsgrad einer Seuche, soll aber Fakt sein.

Da geht es nicht nur in den Armutsgürteln ringsum prächtig voran, den Durstigen freut schon der erste Schluck Wasser, das fängt im Westen Chinas an, geht zum befreundeten Tadschiken, Usbeken und Kirgisen, weiter südwestlich darbt der Afghane, der Pakistani steht vorm freien Fall. Towarisch Putinski freut sich übers fernöstliche Gegengewicht und Partizipierski an Infrastrukturskowski, wenn Du verstehst! Er hat ein bißchen Agenda, paßt unter Xi-Pläne.

Wieder Europa, mit Xis Füßen in den Türen, hat er sich Extraplatz im Konvent der 16 eingekauft, heißt deshalb ‚16+1‘, einfach in EU reingekeilt, dazu noch ein bißchen Umland. Macht ersten Boxenstopp in Bulgarien und dort mit Chefe alles klar. EU sei bald Fremdkörper dort, meint CHRISTIAN GEINITZ. GABRIEL F. meint, das werde so wie Afrika unter dem weißen Mann, so ein bißchen Kolonialisierung der weiten Flächen mit Geld-Container, Infrastruktur, am liebsten Marke Eigenbau und politische Anbindung bis zur Umschreibung auf Xi.

Wenn Europa, vergiß es, Deutschland einen auf erhobenen Zeigefinger macht, wird’s echt knapp mit Einfluß, mit *defend your territory* – wahrscheinlich einer dieser Folgeschäden: wenn Du immer nur am Erobern warst, verlernst Du es, nein, verlierst Du das Eigene und natürlich, es zu verteidigen. Der Europa-Wahn ist aktueller Ausdruck dieses Verlernens, gell Frau Grün-ROTH-Rot-MERKEL. Hat irgendwie was Kommunistisches, das kann Xi aber besser, ihr Euriten!

Und CLEMENS FUEST vom IfO macht aus der Kerbe einen veritablen (Axt-) Schlag ins Kontor. Den aus historischer Sicht dritten Systemwettbewerb werde ‚Europa‘ mit seinen derzeitigen Schwerpunktsetzungen nicht gewinnen. Das ist wohl um Aspekte zu erweitern. Näher liegen Vorschläge wie neulich zum BER: abreißen und neu bauen, es wäre die preiswerteste Lösung, und die funktionalste. *Weil dann soviel Loid, wo fliesche wolle, auch reinbasse.*

Auf den Kollaps des Giganten zu setzen, sei es infolge der Schulden-Hochgebirge, infolge des Übermaßes an Korruption in den

Staatswirtschaften oder politischer Aufstände gegen gnadenlose Überwachung und Sozialkontrolle, könnte vergeudete Zeit sein. Das Land ist, wie SIGNORE DRAGHI, erfahren im Abwenden ökonomischer Kahlschläge. Es baut die Flächen seiner Unterstützer in der Not beständig aus.

Ach ja, einer muß noch: die Schweiz! Gehört ja zu Europa und will den Güterverkehr unter die Erde bringen, berichtet JOHANNES RITTER. Denkt hier jemand sowas überhaupt? Volumen auf 30 Milliarden gerechnet, privat finanziert – reduziert den Planungszeitraum um 110 %! Sorry, um 90. – Und wer macht mit? Richtig, Xi! Hat gleich Beitrag angeboten, über seinen Vertreter ‚Dagong-Gruppe‘, Staats-Konglomerat von Xis Gnaden.

Soweit, ihr Schnitten, jetzt kommt mal China-Pause. Die ist aber begrenzt. Denn Xi als China-Sandwich, rechte Seite, für Europa, bleibt am Ball – und es wird dir schlecht werden, du willst es nicht mehr hören, sorry lesen, ist ja kein Hörbuch. Kannst du auch vorlesen, schon hast du Hörbuch! Aber will ja keiner hören, klappst du Hörbuch einfach zu. Lieber bißchen Perlwein und Schnittchen, Stößchen!

24.5. Marion ist weg – HEINZ BECKER läuft – unverändert belastend. Nach dem 3. Gassigang Elvis vor den Bildschirm gesetzt und mit dem Elektro zum Chor. Dort fragt mich Pamela, ob ich die Puffer auch gegessen habe. Das ist mir doppelt unpäßlich: wie detailliert ist die informiert! Und: glatt vergessen über meiner feinen Ei-Gemüse-Pfanne. Weiß sie noch mehr?! Im Tenor wieder single – und gefordert in diesen synkopischen – oder panoptischen? – Gesängen. Leute!

HORST SEEHOFER legt die Außenstelle Bremen still. Das ist ein grober Anfang. Er sollte alle milieugezeichneten Organisationen durchprüfen.

Der Beirat des Kassiers, Berlin, formuliert salbungsvoll: die neuen EZB-Schuldtitel seien ‚besonders anfällig für politische Einflüsse‘ und drohende Zahlungsausfälle würden ‚aus Reputationsgründen‘ vermieden. – Ei, das passiert doch seit zehn Jahren! *Standard & Poor* sieht das auch so und winkt mit der Ramschbewertung, also in der Gegend von – CCC, warum nicht *triple zero*! Späßchen des Tages.

Halt – da ist noch einer: OLLI SCHOLZ findet, ganz in der Tradition des Granden, 6 % auf Steuerschulden ganz ok. – Das Verfassungsgericht sieht in der ‚realitätsfernen Bemessung der Zinshöhe ... einen sanktionierenden, rechtsgrundlosen Zuschlag auf die Steuerfestsetzung‘. – Da deutet sich so eine Klaviatur von Zivilgesetz → Ordnungswidrigkeitenrecht → Strafrecht an. Wenns ums Eintreiben geht, zieht so ein Finanzer eben alle Register, da hat Verfassung das Nachsehen, gell. Reiner Plünderermodus, Leute – seit vier Jahren wird Verfassungswidrigkeit adressiert, da steht der Kassier aber drauf wie auf der Zeitung von gestern. Sie schwimmen nicht nur im Geld, der Koalitionär nutzt es für seine Milliarden-Sozial-Spektakel – und, es stinkt ja ned, gell! – Wenn selbst so treue Institute wie der IWF bemerken, der ‚große Steuerkeil zwischen brutto und netto mindere den Anreiz zur Arbeit‘, dann perlt das am Kassier ab wie Wasser an der Ente. Über diesen elenden Soli diskutieren die Kunstturner seit drei Jahren.

Der griechische Kassier bemerkt: *Kredite brauche mer ned mehr*, ab jetzt bitte nur noch Schulden streichen. Als hätte ers abgeguckt. Afrikanische Despoten reden auch so. – Europa im Weltbild ‚spätrömischer Dekadenz‘, vollgefressen, behäbig, bewegungsunlustig, veränderungsunwillig.

TOM WOLFE ist tot, 87 wurde er. Den New Yorker im weißen Anzug lernte ich erst kennen, als ich im sechsten Jahr mit Schlips und Anzug in den Personalbereich nach Bremen fuhr – beim Ausräumen einer der 38 Garagen, die ich glaubte, zum Geschäftsmodell machen zu können. In achtzehn Jahren habe ich eines gelernt: der Einkauf entscheidet über den Erfolg.

Je nun, was hat TOM WOLFE, zumal der rororo-Titel aus 1968 ‚Das bonbonfarbene tangerinrot-gespritzte Stromlinienbaby‘ in der Garage zu suchen! Es gehörte zum zurückgelassenen Buch- und Aktenbestand eines verarmten Rechtsanwalts, der seine Wohnung räumen und vielleicht fluchtartig den Ort, das Land verlassen mußte, um aus Sichtweite der Gläubiger zu gelangen. Die Aktenkartons betrachtete ich als Dereliktion und ging an die Vernichtung, es hat sich nie jemand beschwert. TOM WOLFE blieb ich verbunden, denn er öffnete mir die Welt der ‚Merry Pranksters‘ und des ‚The Electric Kool-Aid Acid Test‘ – alles Theorie, aber schöne Geschichten, durchzogen von meiner gestreiften Sehnsucht. Über ein paar Hasch-Zigis in Amsterdam kam ich ja nie hinaus, ich Schisser. Aber es ist auch so genug passiert. CLAUDIUS SEIDL macht einen schönen Abgesang auf den Dandy.

Firmenkredite weltweit bei 65.000.000.000.000, in China allein 20, Zinsanstieg gebiert den Knall, oder? Vorher Finanzmanipulationen vom Feinsten, alles reiner Staat, bis zum *big boost,* wie neulich. – GABRIEL GARCIA MÁRQUEZ sprach angesichts des Drogenhandels in Kolumbien von der ‚Narcokultur oder Kultur des leichten Geldes‘, der am Ende alles im Weg steht. Das ‚leichte Geld‘ sei zur perversesten aller Drogen geworden. – Diese Politik betreibt Sr. Goldfinger seit zehn Jahren, Zeit für Ernte.

Noch heute berufen sich die Hamas und der Bundestagsabgeordnete WOLFGANG GEDEON zur Stütze ihres Antisemitismus auf die ‚Protokolle der Weisen von Zion‘, einer Fälschung, wie die ‚Times‘ 1921 und das Amtsgericht Bern 1935 ausführlich dargelegt haben.

Auf dem Flughafen Colombo fielen dem Zoll zwei Männer mit seltsamem Gang auf. Rausgewunken, wurden ihnen rektal je tausend Gramm Gold entnommen, in starker Stückelung. Die neue Mehrwertsteuer behagte den Goldjungen nicht. – Mir auch nicht 1980, doch vermied ich rektale Befüllung des Leibes und packte die Krügers in die Manteltaschen auf dem Weg hinters Hamburger Rathaus, fiel kaum auf.

Die Doktorandin bemerkte widerlichen Gestank in ihrer Wohnung. Das organisierte Verbrechen hatte den Müllcontainer vor dem Haus mit Säure gefüllt, um zwei Leichen aufzulösen.

> Um 6 satteln wir die Elektros und ab nach Vegesack zu Dagmar und Martin *op* Schiff. Als Mitbringsel kommt Marion sofort auf den Rostocker Doppelkorn – zum Bier komfortabel – hoch zum Italiener für Pizza – zurück auf dem Schiff, zieht Martin Rum in Varianten. Bevor das ausufert, so um halb elf, machen wir Abschied und fahren wie der Wind durchs Dunkel, den jetzt schwarzen Weg am Villensaum entlang. Das Sperrwerk ist bereits hochgezogen.

Die Lösch-Industrie für Schmutz im Netz hat ihr Zentrum in Manila. Dort sortieren Zehntausende ‚Content-Moderatoren‘ für kleines Geld den Müll, entscheiden über Kinderpornographie und Enthauptungen. Maßgeblich bleibe, so OLIVER JUNGEN, die Ethik des neopuritanischen Amerika, die Grotesken am Band hervorbrächten. Der Häppchen-Informationsmodus, welche *facts* ohne Vorder- und Hintergrund zu *fakes* macht, gebe ‚den Menschen das Gefühl, etwas verstanden zu haben‘.

EVA GREEN ist ‚Elle‘ in ROMAN POLANSKIS ‚Nach einer wahren Geschichte‘. Schwer, ihrem Blick standzuhalten. Schnell fühle ich mich ausgesetzt. Die Akademie in LA schloß den Regisseur grade aus, Verhaftung droht ihm ohnehin, sofern er amerikanischen Boden betritt. – Das Interview mit GREGORY PORTER hat es auch in sich, unter dem Titel ,*Body is Bass*'. Als spräche das Instrument aus ihm, so antwortet er.

GRACE JONES, 70, gekommen aus Spanish Town auf Jamaika, geworden zur Frau-Mann-Maschine, gerührt und geschüttelt als Windsbraut, furios bis zur animalischen Killer-Frau, so ROSE-MARIA GROPP.

Alle 34 Bischöfe bieten dem Papst Amtsverzicht an. Wie überall hatten Kindes- und Amtsmißbrauch unvorstellbar weltliches Ausmaß angenommen. Es könnte eine Selbst-Schutzmaßnahme sein. Obs hilft, erscheint zweifelhaft im System Kirche ,mit seinen männerbündisch-klerikalen Mentalitäten', also einer ,Ermöglichungsstruktur', so DD.

Monate später benennt CHRISTIAN GEYER ,verheerende Wirkungen ... des päpstlichen Schweigens' zum allfälligen Kindesmißbrauch, nicht zuletzt in seinem Herkunftsland Argentinien zu Zeiten des BERGOGLIO. – Die Fortsetzung dieser *omertà* aus jenen Zeiten schützt die Täter und die Taten.

27.5. Als die Damen zum Doppelkopf frohlockend im sommerlichen Abend sich auf der linken Terrasse niederließen, das neue Tischchen mit schwerem Steinzeug und beschädigten Intarsien nebst Gestühl von zweifelhafter Leichtigkeit rechts des Wintergartens plaziert hatten, allerliebst zum Tee unter der Krüppelbirke, und als dann die erste Literflasche trockenen Rieslings wieder einen aufgeräumten Abend ankündigte, da packte ich mein Notfallhandy und schwang mich aufs Elektro nach Walle.

Dort saßen bereits Jonas und Freunde in der 20. Minute vor der wandgroßen Aufführung des Pokalendspiels KLOPP (Großbritannien) gegen Real Madrid. Und er ging geschlagen vom Platz, ausgeführt von seinen Leuten – früh

begann das Desaster und kumulierte in zwei geschenkten
Toren an Madrilenens Combo, die wohl den dritten, nein
ihr Chef, Sieg in dieser Klasse davon trugen. Der in den
erdnahen Raum auf den hereinkommenden Ball gedrehte
Fallrückzieher krönte früh das Ergebnis. – Gegen Mitter-
nacht zurück aufs Land.

WOLFGANG HEGEWALDS ‚Lexikon des Lebens‘ zu Ende ge-
bracht. Welch feines Formulieren, das gerne ins Fabulieren aus-
schweift, dabei viel des realsozialistischen Lebens einbringt,
nach einem A-Z-Register sortiert, bisweilen vom Fluß der Worte
aber auch ignoriert. Anstrengend das Ganze, doch konnt’ ichs
nicht weglegen.

Wohl die fünfte Woche unter freiem Himmel, sprich Son-
ne ohne Regen. Nach den Brötchen wieder einmal zur
Tankstelle für die Sonntagszeitung bei gedrängtem *small
talk*. – Die Antwort auf die Frage, was gibt’s Neues, lautet
ja immer auch, na das Alte, das nicht vergeht. Das finde
ich im ersten Teil gleich dreimal.

FREDDY LANGER erwischt in New York eine Deutsche, GUN-
DULA SCHULZE ELDOWY, Fotografin seit DDR-Zeiten. Ihre
Verhaftung stand bevor, da fiel die Mauer. NY sei die Auffor-
derung, das ‚deutsche lineare Denken abzulegen‘, denn NY sei
‚bestimmt von Gleichzeitigkeit‘, so FL. Die fängt sie ein mit Dop-
pelbelichtungen. – Das waren, nein, wurden auch meine inter-
essantesten Motive, entstanden, weil der Film schlecht eingelegt
war und die Perforierung riß.

Die Gleichzeitigkeit ist Normalzustand, die Flucht in lineare
Ent- und Abwicklung gebiert regelmäßig ‚böses Erwachen‘. Das
ging schon dem Duo HONEY / MIELKE so. Grade drängt es sich
son bißchen global auf: ANGELA MERKEL weiß kaum mehr,
wie salomonisch sie noch formulieren soll bei Xi. ‚Man weiß nie,
wie die Reise geht‘, daher das ‚Halt die Ohren steif‘ in Erfurt,
wo die Fotografin und der Kollege ROBERT FRANK New York
ausstellen.

29.5. Um 9 läuft im 4. Stock ‚Management Plus‘ an. Externe Begut-
achtung deckt einiges auf an defizitärer Führungskunst und der
VV findet klare Worte. Nach dem Sushi mit Uwe wird die Netz-
werkorganisation des Hauses angekündigt. Das ist kaum zu fas-
sen und folgt doch den Prozessen digitaler Logik. Die Spreizung
könnte nicht größer sein – und dennoch. Das Ergebnis des Vor-
mittags ist Ausgangspunkt des Nachmittags. TIM N. vermag es,
dieser Zukunft Attraktion zu verleihen. Unglaubliches Schwei-
gen, ohne Ablehnung, liegt im Raum.

Später biete ich die Tagebücher in der Unibuchhandlung an. Sie
guckt drauf, faßt eines kurz an und schiebt es mir zurück. Es ist
so eng hier, dafür habe ich keinen Platz. – Fassungslos verlasse
ich die Butze. Ich war im Buchladen – der Universität. – Hundert
Tropfen und ein Blitz, das wars. Im Süden schießt das Wasser
wieder meterhoch durch die Straßen.

Du guckst so, was is! Marion wittert – ich küsse dich auf
den Hals, weißt du was, Schatz, manchmal könnte ich
dich einfach und so weiter. Das wars dann.

30.5. REINHARD MÜLLER schlägt eine Bresche zum Wohl der EU. Es
sei doch alles gewählt, was da über uns kommt an Öko-Verbrau-
cher-Kram. Manchmal wird die Zeitung komisch. Kein Wunder,
daß Xi aus dem Schmunzeln nicht rauskommt bei seiner Ein-
kaufstour. Hat die Regierung eine Strategie gegen die Nutzung
ökonomischer Freiheiten hier durch den Diktator? – Sie ist ab-
sorbiert, so scheint es. Horschti S. hat alle Hände voll zu tun. Der
Wirtschaftsminister war selten stark in den letzten Kabinetten,
im Schatten lärmigen Sozialauftriebs.

Anderen fällt das auf – ‚Gute Leute seien schnell über alle Berge‘,
ruft Stefan Heumann ins Land – ‚action‘! ruft AMRITA NAR-
LIKAR vom Giga-Hertz-Institut, Deutschland sei zu passiv. Es
ist zum Steinerweichen, und dann so ein Artikel auf Seite 1
zum Frühstück. – Und nun noch Ötti, unser Mann in Brüssel
– GÜNTHER haut mal einen raus: die Märkte würden schon da-
für sorgen, daß die ‚Populis‘ von links und rechts draußen blie-

ben. Selten genug, daß ein Deutscher den Markt anspricht, aber dann auch genau im falschen Moment – MATTEO SALVINI springt im Dreieck und zieht ein Deutschen-Battle vom Leder: wer mein Volk beleidigt, muß sofort zurücktreten! Wie RECIP. JEAN CLAUDE distanziert sich, der Ratspräsi auch. Nur die Italiener hätten über ihr Land zu entscheiden! Also DRAGOBERT mit seinem Schwarzen Gürtel fiskalischer *Honkey Tonks*.

Prompt winkt VITOR CONSTANCI mit der EZB-Keule, nämlich einem, von Europa (sic!) überwachten (Sic!) Sanierungs – (Sic!) programm. Mit jedem Satz machen sie die *Italian Pop's* stärker. Daß auch Mr. MACRON die Europa-Schmelze der Banken für ganz wichtig hält, erklärt sich freihändig: das Engagement französischer Banken in *bella Italia* liegt bei 311.000.000.000, echt Miese, davon 63 an den Staat. Da droht Fleutschepiepen größten Umfangs, wenn Sie verstehen, was das ist. – Warum schließlich ‚diese Krise völlig unnötig' sein soll, so ein Kommentar, erschließt sich dem gemeinen Betrachter solcher Tatsachen nicht. Die AfD kann man auch für unnötig halten, die Gammastrahlen auch. Es ist doch da, weils nötig ist, offensichtlich anders nicht geht, oder!

Aber Hilfe droht ja von allen Seiten, die Brüsseler Leute mit der Akkordschaufel sind dabei, unter dem Akronym ‚Strukturfonds' den Geldfluß von den rebellischen Ostländern in den Süden umzuleiten. Nur die Angst vorm Russen wird sie dann noch am Platz halten – oder sie machen eine Ost-Union.

Überhaupt: <u>Geld und Leben</u> bilden seit je eine besondere Legierung. Gar oft gelingt es nicht, Beides in fröhlicher Synchronisation zu genießen, bis eins davon ans Ende kommt. Häufig verschleißt letzteres unter einer der vertrauten Todsünden, sei es Geiz, Eitelkeit oder schnöde Raffgier.

Die EAV stellt dieses Verhältnis bekanntlich alternativlos, à la,

> der eine spart, kriegt graue Haare,
> der andere erbt nach seinem Tod!

Aber das kanns nicht sein, es muß auch anders gehen, aber hier gings schief: unter der Sonne <u>Spaniens</u> und den Strömen des Brüsseler Mammons gerieten diese Elemente in eine zauberhafte Euphorie, in der es schließlich kein Halten mehr gab, guxdu, Bd. 7, 8.2.2013, demnächst! Und es kam zur Abrechnung, worin die Elemente Geld und Leben in eine dritte Variante gebracht wurden: Geld minus Lebenszeit ist der Preis. Denn den wohl 500 Millionen abgezweigter Gemeinschaftswährung stehen nunmehr 500 Jahre schweren Kerkers zur Seite, verkürzt allenfalls durch vorzeitig ausgehauchtes Leben oder sonstigen Gnadenerweis seitens befreundeter Überlebender.

Von den 500 nahmen allein die Organisatoren jenes ‚authentischen und effizienten Systems institutioneller Korruption' 85 zur Kenntnis und in Empfang. LUIS BÁRCENAS (61), ex-Schatz-Meister (eben!) des Partido Popular verbuchte 33 auf seine Restlaufzeit, FRANCISCO CORREA SANCHEZ (62) nahm 52 Jahre entgegen. Beide werden Teile dieses Budgets an anderer Stelle absitzen – wo ihnen denn Vergebung zuteil werden mag. Letzterer gab dem ganzen Regime den griffigen Namen ‚Gürtel'. ‚Luis, sei stark', gab RAJOY dem tapferen Schatzmeister mit, der wohl auch in den Augen des immer noch Aktuellen und Ministerpräsidenten, sagen wir, ganze Arbeit geleistet hat (guxdu, Bd. 7, 22.9.2013, ganz hinten). LUIS' Ehefrau und ein Dutzend weiterer Partizipanten erwarten ihre Sitzzeiten noch. Über dem Komplex halten die Festnahmen an, dem Ex-Arbeitsminister und ordensreichen Multifunktionär EDUARDO ZAPLANA werden 10 Millionen Beteiligung vorgehalten, im ‚Lezo'-Verfahren – bitte auf Wiedervorlage legen, Sie Ordnungshengst – geht's um 20, in der ‚Punica'-Affäre um 250 Millionen Geschmierte mit saalfüllender Prominenz. JORDI PUJOL, auch ein Regierungschef, wird als ‚einflußreicher Clan' geführt mit 26 und 30 Millionen kanalisierter Währung. Seine Familie steht ihm auf der Anklagebank bei. Nachfolger im Amt, CARLOS PUIGDEMONT steht mit einem Dutzend Helfer unter Anklage. – Soweit das Gröbste spanischen Wohlseins.

13.00 Gassi! In leichtem Trab über den Gassiweg quert doch glatt das Häschen, Elvis sofort im Sprungmodus, nachdem er einmal Häschen geschmeckt hat, doch ohne Ergebnis. Es spricht sich einfach rum und so findet das Häschen blitzschnell das Schlupfloch durch den Zaun. Dahinter ist der Friedhof und da ist ja Ruhe.

HANS ASPERGER war Leitender Arzt am Kinderspital der Uni Wien, als 1938 die Wehrmacht das Land anschloß. Seine Kollegen folgten der neuen Einteilung der Menschen, ‚teilten die Kinder ..., pflegten die einen und ermordeten die anderen‘, so YVONNE STAAT. Asperger war kein Nazi, wollte jedoch Karriere machen und bemühte sich, ‚einen verläßlichen Eindruck zu machen‘. Irgendwann schickte er Kinder zur Ermordung in den ‚Spiegelgrund‘, wurde Gutachter in der Frage ‚lebenswert oder unwert‘.

Nach Ende der Kampfhandlungen wurde er Klinikleiter, Professor – alles blieb, wie es war: die Kinder, die Ärzte und Pfleger und die Greuel der Mißhandlungen. Bis in die ACHTZIGER Jahre. Unter der Ägide der Stadt Wien. Die Kinder wurden sortiert, sediert, nackt ohne Bettzeug, im eigenen Kot und Erbrochenem, geschlagen, mit nassen Tüchern ausgepeitscht, ohne Wasser, sodaß sie aus der Kloschüssel tranken, in die Zwangsjacke geschnürt bis zur Todesangst und ins Käfigbett gepackt, gerne auch in die Badewanne in eiskaltes Wasser getaucht, mit Valium versetzter Brei in den Mund gekippt, Nase und Mund zugehalten, damit sies nicht erbrachen, an Lungenentzündung verendet – wie vor dem Ende der Kampfhandlungen.

Bis in die achtziger Jahre hatte der Selbsthaß Freigang, von den Nazis freigesetzt, danach vom demokratischen Regime freigelassen. Schließlich waren Fachleute an der Arbeit. – Wie anderenorts in den Heimen. Wie in den Kirchen. – Liebe Deinen Nächsten wie Dich selbst. Gell!

HANS ASPERGER erinnert an MANFRED VON ARDENNE (guxdu, Bd. 9, S. 152).

31.5. SWETLANA ALEXIJEWITSCH wird 70. Die von den Partisanen, den Zinkjungen aus Afghanistan und den Liquidatoren von Tschernobyl schreibt.

BAMF-Bremen, PS, das 8.: die Oberregierungsrätin erklärt, ihr sei es stets darum gegangen, ,daß Menschen in Not zählten, nicht blanke Zahlen'. Und sie stehe zu allem, was sie getan habe. Das ist ein Geständnis vor der Anklage. Solch Maß an Uneinsichtigkeit hat etwas Dreistes, es kann nur in gefälligem Klima gedeihen.

WOLFGANG SCHÄUBLE zum Euro: ,wir können Europa nicht beherrschen – Pause – wir dürfen es auch gar nicht'. – Also ein förmliches Verbot gibt's nach wie vor nicht. Und Größenwahn kennt keine Berechnung.

1.6. Der Euro wurde schließlich gegen die wirtschaftliche Dominanz unseres schönen Landes eingeführt, gell MONSIEUR MITTERAND. Und HELMUT KOHL machte mit aus gutem Grund, wird schon nicht so schlimm werden, von Wirtschaft verstand er mäßig, nur die Förderseiten, seit BASF. Und vom Wesen der Spende wußte er viel (guxdu, Bd. 9, S. 332 ff.). Da hatte er was Italienisches. Deren Akutpöbeleien in Richtung Norden stellt CARSTEN SCHULLER die braven teutonischen Investments ins Schwarze Loch bis zur Stunde gegenüber: 22.000.000.000 in diesen ESM (vgl. zum Abkürzungszirkus Bd. 9, S. 132 ff.), dazu als Garantiezusage 170.000.000.000, für den EFSF garantiert das Land & sein Völkchen mit mehr als 200, naja und diese bummeligen Target-Miesen um die 900, was kommt nach Milliarde? Ei Billion! Damits im Süden sonnig bleibt – hallo! Und wer bescheint uns Miesepeter?

MR. CHURCH, auf DNS-Ebene (mal kein EU-Ausschuß!) bekannt (guxdu, Bd. 9, Seite 66), ist weiter auf Montage, genauer, sitzt an der Petri-Schale, diesem harmlosen Gefäß zum Umrühren des Menschen. Dessen Leib möchte er umgehen, ja einsparen, nur das Zentrum nachbauen. Mit Hilfe von Hirn-Organoiden, chimären Gehirnen und gar Hirn-Assembloiden, auch Hirn-Chimären, also Gehirnen lebender Tiere, wie HILDEGARD KAULEN es ausbreitet, möchte man dem Spuk menschlichen Herumlaufens dessen automotives Zentrum gegenüberstellen, aktuell noch umfänglich beschränkt auf ein embrionales Stück Würfelzucker.

Bevor nun das Zeug die menschliche Versammlung aufmischt – was denkt sich so ein Ganglien-Glia-Gewebehaufen eigentlich!, geht die Debatte ums Anrecht, ums Eigentumsrecht, ja um Erbrechtliches los. Für das chimäre Gehirn gebe es eine Unschärfe bei der Zuordnung, Mensch oder Tier, sei hier die Frage. Und ob ein Beistand zu stellen sei, wird gegrübelt, weiter: Entsorgung oder schon Bestattung? – Ihr merkt, auf die Erscheinung des Menschen kommts längst nicht mehr an, sein Hirn hat den Leib verlassen und meandert seiner Wege. Wenns zu blöd ist, wird's aufprogrammiert auf die 2.0-Version. Das wurde bei Frankenstein bekanntlich versäumt. Daß künftige Flurschäden geringer ausfallen, ist gleichwohl nicht gesagt.

Bei den meisten sitzt, wie ein Blick auf die Straße zeigt, der Kopf weiterhin auf dem Leib – stopp! Ob Gehirn drin ist, zeigt sich nicht auf Anhieb, es gilt aber die Vermutung, wie bei der Unschuld. In diesen doch überzähligen Fällen steuert es brav Darm, Herz und den Außenauftritt der Krone der Schöpfung. Und ihm widmen sich Fachleute der Sensonik allerorten, zeigt JOACHIM MÜLLER-JUNGS Überblick. Da ist der MARTIN FÜSENEGGER mit seinem ,synthetischen Gen-Netzwerk' in Zürich. Das kommt in die Haut und ab geht's, alles fürs Gesundsein. In Massachusetts installieren Ingenieure grade einen Chip am Gebiss, der erfaßt und speichert bis zur Auslesung, meine Alkoholmoleküle eingeschlossen. Nichts schmeckt mehr! Es ist Schluß mit der Privatsphäre, auch im Mund. Oder der Silikonstopfen im Nasenloch, der den Geruchssinn auf Null fährt. Das MIT kommt noch mit einer ,Kapsel für die Darmüberwachung' rüber fürs drahtlose Mikroflora-Monitoring durch die Bauchdecke aufs Smartphone, im Vorübergehen. Und olle SPAHN flötet, alles fürs Wohlsein! Also son bißchen Datenschutzgrundwasser wäre mir in diesen Transparenzregistern schon päßlich. – Das Vorsorgeprogramm wird zum Lebenszweck, das Auslesen meine Lebensäußerung, jaja, ihr Wunderheiler, isja gut!

PAUL SIMON ging 1985 nach Südafrika, Johannesburg, gegen
den Kulturboykott der UN, um ‚graceland‘ aufzunehmen. – ‚Go
home, Yankee‘, skandierten sie in den Straßen – nach 25 Jahren
kam er noch einmal und verstand. – Ich arbeitete als Mecha-
niker, da rief mich Pt an und sagte, Paul Simon ist in der Stadt
– Kolai Labona – für das Graceland-Reunion-Projekt – Forere
arbeitete in den Minen, als er dazu kam – General Shirinda, Ray
Phiri schlachtete eine Eule, ein Huhn haben wir, schneide ihr
den Kopf ab, dann sieht sie aus wie ein Huhn und im Zug essen
wir sie – die Bojojo Boys, ich hatte die rassistische Bemerkung
fast geglaubt, konnten es nicht, next da ./. – ein Toningenieur, da
siehst du, von was wir reden.

Beim Konzert schossen sie in die Zuschauer – Joseph Shaba-
lala – Ladysmith Black Mombaza – zurück in NY – ins Studio
und PAUL MC CARTNEY getroffen – ‚Homeless‘ in den Abbey
Road Studios – wir wollen in den Hydepark, wo gibt es einen
Passierschein – ihr braucht keinen – ‚Diamonds on the soles of
her shoes‘ – danach zu ‚Saturday Night Life‘ – der Applaus im
Studio war so laut, ich war völlig überrascht.

Jeder Künstler gerät im Laufe seiner Karriere in eine Sackgasse
– um da herauszukommen, muß er wieder zum Kind werden
– beim Boykott darf es keine Ausnahmen geben, MIRIAM MA-
KEBA – ich bin hier, ein Afrikaner im Schnee, und all die Men-
schen sind gekommen, uns zu hören, RAY PHIRI – *this train car-
ries many* – Konzert in Zimbabwe 1987 mit MIRIAM MAKEBA
– viele kamen aus Südafrika – die Nationalhymne ‚Hosee‘ – als
MANDELA freikam, lud uns der ANC ein zu spielen, auf seinen
Wunsch hin.

2.6.   Zügiger Einstand in den Tag, rechtzeitig in der Kapelle um die
Ecke zu sein. Abschied vom Nachbarn, der bereits zu Asche wur-
de. Der Sprecher schwer erträglich, schmierig, meint Sonja spä-
ter, er gibt der Mutter des Toten keinen Trost. Kein Gesang der
Anwesenden, JOHN MAYALL vom Band. Da ist kirchlich drei-
mal besser, meint Marion. Treffen zur Auswertung bei Marita. –
Abends in die Stadt zur ‚Langen Museumsnacht‘, wir beteiligen

uns am CINDY SHERMAN *outfit* und folgen ihrem körperlichen
Leiden an der Welt.

Europa werde gestärkt aus der Krise hervorgehen, intoniert die
Kanzlerin. Sofern die ans Ende kommt, sei ergänzt. – Im Mo-
ment steht in Italien die Parole im Raum: Geld her oder Aus-
tritt, na gut, Schulden streichen geht auch! Sonst machen wir
Zweitwährung. – Das glaubt auch HW SINN, eins von beiden sei
unvermeidlich. – JCJ murmelt nach Ötti, ‚etwas mehr arbeiten
und weniger Korruption‘, auch dafür gibt's umgehend aufs Maul.
Wenigstens wars kein Deutscher.

3.6.   Um 10 Uhr ist Gottesdienst – und wir müssen hin, nach der ges-
trigen Aufführung. Birgit steht im Ornat vor dem Eingang – und
führt durch einen Taufgottesdienst in einem vielseitig und viel-
fältig gestaffelten Programm, das ist eine Freude. Als wollte sie
es uns mal zeigen, summa cum laude. Schon ihr zuzuhören, ist
es wert, da sie laut und konsonantenreich spricht. Das Publikum
macht mit.

Nachmittags mit Marions feinem Erdbeerkuchen und den
Freunden aus dem Kuckucksnest auf den Hochsitz. Muß ja nicht
jeder sehen.

ANGELA MERKEL
wird ikonisch.

Wie lange läuft die BAMF-Affaire mit der Bremen-Ausprägung?
Bis alles raus ist, sechs Wochen. Dann erweist sich dieses Groß-
ereignis als Perle der Normalausprägung von öffentlicher Ver-
waltung <guxdu GERALD WAGNER, 5.1.>. Er habe noch nie
eine Behörde in so schlechtem Zustand erlebt, ließ bereits 2015
FJ WEISE in die fachaufsichts-zuständige Ministeriumsspitze
verlauten.

> Weder strukturierte Organisationsentwicklung,
> weder Personalbedarfsberechnung,
> weder Prioritätensetzung,
> noch Risikomanagement,
> noch Kontrollsystem,
> noch eine arbeitsfähige interne Revision

habe er vorgefunden. Führungskräfte seien Vollzugsbeamte ohne
Ergebnisverantwortung, weil ohne Zielvorgaben gewesen, also
jeder ‚wie es euch gefällt‘.

Das ist die Erweiterung des Trägheitsmodus hin zum wabern-
den Corionzottenhaufen, wo immerhin die genetische Matrix
das Sagen hat. MR. CHURCH könnte das näher erläutern. Motto
also: es interessiert nicht – die Chefin hats angeordnet – Offen-
bach: am Arsch die Räuber! – wenns auffliegt, schwurbeln wir
sie schwindelig – Vorbild JCJ. Daß die Außenstellen irgendwann
Blasen werfen, ist zwingend.

Bremen: der planmäßige Verfall des Straßennetzes läuft, Sanie-
rungsstau bei 240.000.000. – Akut-Budget bei 9 plus 4 Millionen.
– Dabei geht’s in der Bürgerschaft entspannt zu: die Grünen-Ab-
geordnete für Queer, Jugend- und Subkultur nimmt dort barfuß
Platz. So ist sie ganz in ihrem Element. Parlamentarische Sitten
& Bräuche müssen da zurückstehen. Vorrang fürs Milieu, wel-
ches der ‚Genderdebatte‘ jeden Respekt zollt: auf Beschluß der
Bürgerschaft wird das Studentenwerk in Studierendenwerk um-
benannt.

Das Wetter im ZDF gehört zu den Un(v)erträglichkeiten des Le-
bens, die Intonation der Dame gleicht der in den chinesischen

Nachrichten. In heilloser Aufregung werden Temperaturen und übliche Details von Wind & Wetter gefeuert, jeder Spielfilm fällt dagegen ab.

Abends erneut EDGAR SELGE in der ‚Unterwerfung‘, das großartige Stück aus dem Hamburger Schauspielhaus mit Filmintervallen verbunden. Darin der MATTHIAS BRANDT als geschmeidiger neuer Hochschulpräsident. – Daß es so kommt, diese islamische Dominanz durch Wahlakt, ist nicht das Thema – Überzeugung transportiert der bodenbrechende Realismus, den ES in den Stoff seiner Rolle legt, dem Autor direkt auf den Fersen. Da erscheint plötzlich alles möglich. Und ist nicht so weit entfernt.

Es ist Reflex einer ‚Lebensmüdigkeit‘, Folge, Ausgeburt eines puren, schnöden Konsumismus, der auf allen Kanälen, den tausend neuen, geradezu injiziert wird, so der Schauspieler im Interview. – Da kann der Islam in seiner patriarchalischen Grundierung und der Bereithaltung von Frauen zur letzten Orientierung des infantil reduzierten und depressiven François werden.

Eine Frau stand wegen der Anzüglichkeiten auf und ging – die große Mehrheit konnte lachen, ergänzt TITUS SELGE. – Weil der Mann sich lächerlich macht, wenn ihm Frauen nach Maßgabe seines Einkommens ‚zugeführt‘ werden. Dann hat der Konsumismus den Eros und seinen letzten Antrieb erreicht und besetzt. Es kann nur lebensmüde werden. – A propos, wer waren die ‚Zuführer‘? Die Vopos, die führten die Widerständigen der Stasi zu.

Per Elektro zum Chor.

8.6. Der blaue Himmel in der 5. oder 6. Woche, es ist nicht zu fassen, 150 km südlich Hannover überschwemmt, 250 km südlich die Straßen in Hessen mit Eis zugeschüttet. Sehr ungerecht alles, müßte sich mal eine der zuständigen Organisationen drum kümmern.

TIM NESEMANN warf einen Titel zur Digitalisierung und neuer Führung in den Raum voller Führungskräfte. Das kommt wie der Blitz über sie – ich gewinne erneut den Eindruck, daß solche Unternehmen mehr Beitrag zu erträglichem, die Rede ist von glücklichem, Miteinander beitragen als tausend vom Wahren, Schönen, Guten getränkte Aufführungen im politischen Raum.

Dort ists grad wieder frivol: die Verliererpartei 1 geht auf Beschaffung, die 2 mags ihr nicht abschlagen, die übrigen bekommens per Kurznachricht: 18 % Aufstockung – das Gesetz sagt: Dotierung nach Maßgabe des Wahlergebnisses – heißt: weniger Stimmen = weniger Geld, gell! – Die Akteure meinen, das sei aber fad und finden ausgerechnet die Digitalisierung als Begründung für Zuschlag. Die 1, SPD, verfüge über beträchtlichen Immobilienbestand, notieren CARSTENS / LOHSE, über Beteiligungen an 80 Unternehmen, über Einnahmen aus Beiträgen und zuletzt 157.000.000 aus ‚Staatszuschlag‘, von der schicken Stiftung mit 175.000.000-Etat nicht zu reden. Aus diesen Europa-Wahlen gibt's auch Geld, vielleicht der tiefere Sinn der Übung? 5,6.000.000 *per anno* mal Wahlperiode, = mal 5, ihr Absacker! = 28.000.000! Zusammenzählen können sie, aber wirtschaften nicht. Daß sie für mehr Europa sind, verstehe ich nach dieser feinen Belehrung. – Leider ändert das nichts am Neigungswinkel, Frau NAHLES. Da ist mehr Substanzverzehr, als reinkommt. Und es riecht komisch, meint PHILIP PLICKERT.

Beim Durchstimmen im Bundestag kriegen die Verteidiger ihres Coups keine logische Satzfolge zusammen. Ein Leserbrief nennt Flurschaden für, ja was, da isses wieder, das Ansehen der Parteien in ihrem Verlierer-Dasein – Ignoranz der Wähler – Mißachtung des Reglements – Verachtung des Publikums. Das liegt näher.

Auch sonst sind die Akteure dieser Sphären eher agil im R & S-Syndrom, (obacht: ©), dieser Extremform des Posierens. Der Anwaltstag gefällt sich im populistischen Fingerzeig auf den rechten Rand, um Themen der eigenen Bruderschaft zu übergehen. REINHARD MÜLLER faßt die Debatte über Fehlerkultur als echten R&S-Schlager zusammen. Dabei gibts dunkle Ecken im eigenen Gestühl, die auszuleuchten wären, ok, einfach mal benannt werden könnten, etwa die kungeligen Bundes- und Verfassungsrichterwahlen und den Parteischlüssel dabei mit dreifacher Prorogation der SPD – oder das Geschäftsmodell werter Kollegen im Abmahn- und Asylsystem.

Auch die geladene Bundesjustizministerin beläßt es bei frommer Ansage ohne Substanz. Das erinnert an biblische Pharisäerregime und markiert eher einen Baustein in der politischen Schickeria, ein bißchen ‚speiübel'.

Ach du liebes bißchen, zu allem Übel auch noch der ‚Rat für deutsche Rechtschreibung'. Die Hohepriester deutscher Sprache ziehen bereits eine Spur der Verwüstung hinter sich her und treffen sich in Wien zu ‚gendergerechter Sprache'. Den Draht hält es nicht in der Mütze!

Heute wollen sie das ‚Gender-Sternchen' von allen Seiten betrachten, wie es im Berliner Milieu Kreuzberg und befreundeten Bezirken bereits offizialisiert ist. – Das bringt – wacker! – PETER EISENBERG erneut in Stellung und zur Stellungnahme: ‚eine solche Unterwerfung unter eine ideologisch begründete Konzeption von Geschlecht gibt es in keiner Sprache der Erde'. – Tut nichts, KATARINA BARLEY wirft sich im Amt der Bundesjustizministerin für den Stern in die Bresche. ‚Sie überschreitet, PE weiter, in mehrfacher Hinsicht nicht nur ihre Zuständigkeit, sondern auch ihre Kompetenz'. – Das ist so bei Amtsinhabern, die sich missionarischem Elan anheimgeben. Das wiederum ist folgenlos möglich.

9.6. Der Mißbrauch durch Unterlassen prägt weite Flächen der Inneren Sicherheit, in Sonderheit des Asylregimes, überdeckt durch verzweifeltes und orchestriertes R&S zwischen Staatsanwaltschaft und Justiz, zwischen Polizei und Politik, zwischen Anwälten und ... – ‚Starrköpfige Untätigkeit' wie auch systematische Hintertreibung von Abschiebungen produziere politische Radikalisierung, so JASPER VON ALTENBOCKUM. Alle mit dem Thema konfrontierten Systeme sind überfordert.

Zwei weitere Betrachtungen ziehen den Horizont hoch! LYDIA ROSENFELDER geht zurück in die Amtszeit des CSU-Granden HANS-PETER FRIEDRICH, der ab 2011 unter AM als Innenminister auch das Migrationsamt hatte – in einem erbärmlichen Zustand, was Personal und technische Ausstattung betraf, seit SCHÄUBLES Amtsinhaberschaft fortlaufend. Asylanträge wurden in Jahresfrist entschieden, eine Eingabe nahm 10 Minuten in Anspruch – trotz ansteigender Flüchtlingszahlen personelle Aufstockung in knappster Form, ‚Abbaubehörde‘ nennt er es.

Weil D kein Einwanderungsland sein sollte? Das wäre Politik durch Obstruktion, also ein System an die Wand fahren, als eine Million im Land stehen. Die Kanzlerin war informiert.

Dann spannte sich ein Bogen von Vereitelung eines rechtsstaatlich-effektiven Asylregimes vom konservativen CSU-Standpunkt über die Billigung und Duldung katastrophaler und inkompetenter Organisation durch die CDU-Amtierenden bis hin zur ideologischen Flüchtlingsfreundlichkeit im Linksblock, welche das Unterlaufen eines effektiven Verfahrens vom Bescheid bis zur Abschiebung professionalisierte. – Das ist der gesamte parlamentarische Bogen in einem Boot. Ja wo auch sonst!

Diese Zustände über ein Jahrzehnt – beständig am Rande des Systeminfarktes – hin zieht STEFAN LUFT zusammen,

    1. im ‚fehlenden politischen Willen‘, ein Asylrecht nach der Genfer Konvention ein- und durchzusetzen,

    2. in einem ‚hochkomplexen und überregulierten Asyl- und Aufenthaltsrecht‘, also der hochdeutschen Verwaltungssklerose, mit zum Beispiel 390 Seiten an Vorschriften allein für das Aufenthaltsgesetz,

    3. in völlig unangemessener personeller Ausstattung bei fachlich hoher An- und Überforderung der Entscheider mit mäßigem Gehalt.

In diese Zustände hinein erging der Ruf der Kanzlerin: wir schaffen das! – Alles, was seither passierte, erklärt sich, vieles ist zwingend.

Nach Kandel und Freiburg jetzt Wiesbaden: die Ermordung der Susanna F. (14) füllt den Raum der Zeitung über Tage. AB, mit Familie wegen Verfolgung im Irak hergeflohen, so die Rede, vergewaltigt und ermordet am 22.5. nachts die Jugendliche. Als die Fahndung am 4.6. einsetzt, ist er mit der Familie, ausgestattet mit Paßersatzpapieren, obwohl alle im Besitz von Pässen sind, bereits in den Irak, das Land seiner Verfolgung, zurückgeflogen.

Seit Ablehnung seines Asylantrags im Dezember 2016 läuft seine Klage dagegen, bis zur Stunde ohne Termin. Eine Reihe strafrechtlicher Verfahren sind anhängig, darunter schwerer Raub, Messerangriff und Angriff auf eine Polizistin. U-Haft ist nicht beantragt, Ermittlungen wegen sexuellen Mißbrauchs einer 11-Jährigen wurden nach zehn Tagen eingestellt.

Die Regierung KURZ in Wien läßt sieben Moscheen schließen und weist Imane aus, die auf RECIPS *pay roll* stehen.

Das Leerlaufen der Abschiebungsregeln wird von zwei Seiten befördert. Zum einen vom großen politischen ‚Block der offenen Grenzen‘. Zum anderen von einem davor gestellten Procedere des Verfassungsgerichts, das kaum einzuhalten ist. – Dem hat sich erstmals ein Verwaltungsgericht entgegengestellt, nach Rückverweisung des vors Verfassungsgericht gebrachten Falls an die Kammer: die Karlsruher Logik bewirke, daß ‚Deutsche in Gefahr gebracht werden, um die Grundrechte eines Terroristen zu schützen‘, zitiert HELENE BUBROWSKI. – Der Betroffene stelle sich ‚außerhalb der westlichen Wertordnung‘, berufe sich aber auf sie, um zu bleiben, als Gefährder, als Täter.

Das Gericht wird durchaus frech:

> ‚am deutschen Wesen soll die Welt genesen‘, scheine das Motto
> in Karlsruhe zu sein‘ – und: ‚Jedem Terroristen eine Schutzver-

heißung zu Gute kommen zu lassen, liefe aber darauf hinaus, alle Terroristen weltweit in Deutschland zu sammeln mit den Folgen, die auf der Hand liegen – eine ‚schöne‘ Zukunftsperspektive gedeihlichen Zusammenwirkens.‘

Vulgo: der Senat habe wohl den Schuß nicht gehört in seiner elfenbeinernen Abgeschiedenheit.

Abends kommen ‚die Kinder‘, um den Wein abzuholen. Das bleibt nicht ohne Ausschank.

10.6.   SONNTAG. Der Wecker klingelt – gassi – Brötchen – Zeitung – Marion treibt auf die Elektros – in fünfzehn Minuten sitzen wir im Festzelt – 800-Jahrfeier von Scharmbeckstotel, wenn Sie sich da auskennen. Neben dem Heiligen Geist kommt nach bald sechs Wochen ein wenig Regen auf uns. – Der Prediger fragt, was wir antworten, wenn die Kinder fragen. – Im Chor machen wir vier Lieder, die hundert klatschen. – Am langen Tisch wird's fröhlich zu Wurst und Bier – spurtreu schaffen wir es zurück.

Über deutsche Höchstpreise, europaweit: von den abgebuchten Stromentgelten gingen 54 % an den Kassier & seine Helfer. Das sind 35.000.000.000, wenn Sie bitte den Nullen folgen. Alle erklären was dazu.

Targetsaldo der Bundesbank bei einsamen 956.000.000.000. Das aus Italien fliehende Kapital ‚wird durch Target-Kredite ersetzt‘, sagt IfO-Chefe, der römische Target-Spiegel daher bei 465.000.000.000 Miesen. – Bei Austritt gäbs keinen Cent, stellt PAOLO SAVONA mal fix klar. – Paßt zu HW SINN, der den Forderungsberg für ‚wertlos‘ hält. FRATZSCHER schwurbelt, sein Stil, seine Haltung.

Rettung: RUTH MOSCHNER, unerträglich, läuft zwischen zwei Köchen herum, Rose in der Hand, von einem zum anderen, Afrika, NELSON MÜLLER, der rennt zum Kühlfach, holt Chicoré

raus, spießt ihn auf und übergibt – so, kann ich jetzt kochen!
– sie: und, wie geht's? – er: läuft – sie: und bei dir?, lächelt – der
Daniel läßt ja auch nichts anbrennen – sie rennt die ganze Sen-
dung schwindelig. Isso.

11.6. 3.29   Mr. Trumps information service
… And add to that the fact that the U.S. pays close to the en-
tire cost of NATO-protecting many of these same countries
that rip us off on Trade (they pay only a fraction of the cost
– and laugh!). The European Union had a \$151 Billion Surplus
– should pay much more for Military!

11.6. 3.42   … Germany pays 1 % (slowly) of GDP towards NATO, while we
pay 4 % of a MUCH larger GDP. Does anybody believe that ma-
kes sense? We protect Europe (which is good) at great financial
loss, and then get unfairly clobbered on Trade. Change is co-
ming!

Im Güterhandel sind es tatsächlich miese 153 Milliarden Dollar,
einschließlich Dienstleistungen sind es bereits gute 51. Allein
die Saldierung im Tourismus der USA, also Einreisen zu 204
und Ausreisen zu 136 gegeneinandergestellt, machte 2017 einen
Überschuß von 68 Milliarden Dollar. Und seine elf Schuppen
im Land waren kräftig dabei, beim *funny deal maker*. Unter Be-
trachtung der Primäreinkommen, der Unternehmensgewinne,
sei ein Überschuß von 106.000.000.000 anzusetzen, gibt die Zei-
tung zu bedenken. Und: Kapitalexport sei immer Finanzierung
des Konsums im Zielland. Wer also wen hier zum Tango einlade
… – Bleibt nur eins: wo er recht hat, hadderrecht, Mr. *Ducktail*.

MACRON macht selbst verführerische Angebote, um seinen Eu-
ropa-Schuldenwaschkessel fertig zu stellen. Italien würde mit-
machen, ‚die Regierung ist dafür, alle Risiken zu teilen', heißt es
kurze Zeit später.

13.6.   Mittags zum Brill, Kurzeinsatz in der Filiale Habenhausen, vier
Stunden vor 20 Mitarbeitern intonieren wir die Kerne von L.earn.
Sie werden es nutzen müssen im Netzwerkmodus. – Abends
macht Vlady meinen totstehenden Laptop flott, bei mir ist Re-

launch vergebens, ich lebe ja. Wers wieder war, bleibt ungewiß,
die Tante McAffee hats nicht gemerkt.

14.6. HENRY KISSINGER, deutsch, jüdisch, aus Fürth, wird 95.
‚Schwermütige Verneigung‘ nach den Großtaten aus dem letzten
Jahrhundert.

Die Zeitung ist voll vom Morden und vom Terror, von getöteten
Mädchen und den Tätern, die Flüchtlinge sind – und dem, was
sich in den Ereignissen spiegelt.

Da ist es gut, daß HORSCHDI S. die Landtagswahl im Nacken
sitzt. So hält er seine Absicht, an der Grenze zurückzuweisen,
auch in Berlin durch. Die Kanzlerin bleibt im Modus der Ver-
meidung, genannt EU-Lösung – Dabei weist REINHARD MÜL-
LER mit zahlreichen Stellungnahmen der Regierung MERKEL
nach, daß nationale Abschiebungen stets für europarechtskon-
form gehalten wurden. Jetzt dreht AM das um. – Die Frakti-
onsgemeinschaft kriselt. Aus dem inneren Spektrum höhnt es:
der bayrische Löwe habe oft gebrüllt, passiert ist nichts, CHRIS-
TIAN LINDNER – vom ‚Theaterstück im Dienste der LT-Wahlen‘
feixt ANDREA NAHLES. – Auf das Zaudern im Berliner Betrieb
scheint Verlaß.

Ein 17-Jähriger aus Bulgarien ersticht eine 15-Jährige im Park
von Viersen. – Sechs 14–16-Jährige aus Bulgarien zerren eine
12-Jährige in den Wald bei Velbert und vergewaltigen sie der
Reihe nach, am 21.4.

15.6. ANNABELLE HIRSCH bricht die ‚King Kong Theorie‘ am Pari-
ser Théatre de l’Atelier so ‚krass‘ auf, wie sie dort gerade von der
VALÉRIE DE DIETRICH in die wahrscheinlich roten Plüschses-
sel mit dem darein gedrückten Publikum offenbart wird. Denn
sie kriegt es nicht hin, mit ‚dieser verdammten Weiblichkeit‘ –
vielleicht besonders seit ihrer Vergewaltigung, natürlich wur-
de auch sie vergewaltigt – und die Erwartung, von wem? – von
allen, vom Pack, von den Schreibern, den Richtern – war nicht
einvernehmlich! – Von den Analysten, ‚daß sie nach so einem

Erlebnis den Anstand besitze, sich als defekte, beschmutzte Ware zu erkennen zu geben.'

Weil ‚die Integrität des Körpers des Mannes mehr wert ist als die des Körpers der Frau', sagt sie und hat schon 2006 dieses Büchlein geschrieben mit dem goldenen Titel ‚*Baise-moi*', das jetzt wiederholt zur Aufführung kommt – ‚für die Häßlichen, ... die Schlechtgefickten, die Unfickbaren, Hysterikerinnen, Verrückten, all jene die aus dem Markt der geilen Tanten ausgeschlossen sind.' – Ja und, sagen wir, wir können sogar gucken – ticket Paris, kein Thema – King Kong sitzt, paßt und kriegt Luft, Karte 33 Euro. – Die Sache endet mit der gleichen Frage, wie sie ... formuliert.

Fllip Charts für die Heide.

16.6. ‚Wer sich den Gesetzen nicht fügen will, muß die Gegend verlassen, wo sie gelten', so JW VON GOETHE und: ‚Im Privaten zeigt sich der Weltzustand', titelte DIETER WELLERSHOFF über RUDOLF BORCHARDT. Welch große Brücke, von der ich seit 30 Jahren weiß, an der ich seither arbeite, unsicher, ob sie tragfähig bleibt. So schreibe ich mich an der Welt fest, von der ich wenig weiß. Gestern starb DW, 92-jährig. Ich weiß von ihm, kenne ihn nicht.

> Verabredung auf halb sieben, an der Ampel B 74 und zu viert ins Stadtfest in OHZ, wo ein Dutzend dieser 2000 deutschen Lokalbrauer ausschenken, ab 7 % aufwärts. Sehr geschmackvoll so von Stand zu Stand zu GOETHES Osterspaziergang ... ‚hier bin ich Mensch, hier darf ichs sein' ... Rechtzeitig gehen wir in geordnete Rückfahrt durch die Felder ohne hinzuschlagen. Ein Lob dem Elektro.

17.6. JOYCE CAROL OATES' wurde 80. Irgendwann, irgendwas, las ich. Nur noch der Name. Und zum Lobgesang auf ihre 40 Erzählungen und 50 Romane schlägt PATRICK BAHNERS die Brücke zur ‚*Thérèse rêvant*' des BALTHUS, die im NY Metropolitan Museum hängt, weiterhin. Denn an dem Bild nahm, im *#metoo*-Rausch, eine ‚Petition‘ Anstoß dahingehend, das könne so da nicht hängen, kommentarlos. Das Museum beharrte und JC OATES mehr als das. In ihrem neuen Werk geht sie über jenen gouvernantenhaft-naiven Vorhalt, so PB, weit hinaus und führt aus, was Phantasien anderen Kalibers sich beim Betrachten dieses und anderer Bilder des BALTHUS ausmalen. Was soll Kunst tun angesichts von Pädophilie, von Kindesmord – ein kommentierendes Schildchen daneben hängen?

Balthus, Balthaszar Klossowski 1908–2001 – Thérèse rêvant, 1938

227

Beim Gottesdienst saßen vor mir drei Kinder, davon zwei Mäd-
chen von vier oder sechs Jahren, kleinste Grazien – und mir
kam der Gedanke, mein Gott, hoffentlich passiert ihnen nichts.
– Denn Frauen haben Kindheit und Jugend, es sind gefährdete
Aufenthalte. – Und, sprich es ja nicht aus, sofort untergräbst du
die Leichtigkeit des Seins. Die bleibt, bis Anpassung erzwungen
wird. Das auszuhalten ist zumutbar, statt vorauseilend zu zer-
stören.

Nachmittags mit dem Elektro in die Stadt zu Jonas, Deutschland
findet nicht ins Spiel, Mexiko geht mit einem Tor vom Platz.

Seit Stalingrad wurde die Kriegsverwendung und -vernutzung
der Jugend geplant. Wie er Truppen von der Ost- an die Westfront
‚warf‘, entzog dieser Gröfaz bereits im September 1942 120.000
Mann der Luftwaffe, um die verlustgezeichneten Verbände im
Osten aufzufüllen. Die Lücken in der Flugabwehr hatten Jugend-
verbände der Jahrgänge 1926 und 1927, also 15- und 16-Jährige
zu füllen. Dazu gehörte Hasso Pacyna, von den Eltern als ‚Wehr-
bauer‘ im eroberten Ostgebiet vorgesehen. 200.000 standen und
starben im Bombenhagel an 8,8- und 12,8-cm-Kanonen. Über-
lebende Flakhelfer waren HD GENSCHER, ERHARD EPPLER,
GÜNTER GRASS und MARTIN WALSER.

Die Rolle von Morphium, Kokain, von Opiaten und Met-Am-
phetaminen (Perritin) ist von größtem Gewicht im Nazivor-
marsch vom ersten Tag an – während die Nazihetze daheim he-
rumbläst ‚Der Jude ist von Natur ein Drogenabhängiger‘ – und
der Führer an der Nadel hängt. – Für Hausfrauen speziell wurde
gar eine Perritin-haltige Schokolade hergestellt, damits Kriegs-
erleben leichter von der Hand ging.

Erster starker Anstieg des Konsums von Perritin im September
39 – Untersuchung und Zahlen bei RANKE – Soldaten mar-
schierten danach bis zu vier Tage am Stück – Erhöhung der
P-Produktion für Lkw-Fahrer und Panzerbesatzungen – 1940
Heeresauftrag über 38.000.000 Tabletten – im Frankreich-Feld-
zug 35 Millionen Tabletten für 3 Millionen Mann – Standard-

ausrüstung 1 Tablette/Tag, 2 nachts – systematisches Doping der Truppen – daher erstmals in 3 Tagen an die Maas, am 4. Tag Überquerung – GUDERIAN, für den Blitzkrieg Panzerschokolade – ‚überlegene Technik und überlegene Menschen siegten über eine minderwertige Spezies‘.

Die Fliegerausrüstung im Medizinischen Museum Heidelberg – substanzinduzierte Psychosen traten auf – für die Zivilbevölkerung 1940 1 Mio. Tabletten/Monat, Leonardi Conti – ab 1.7.1941 rezeptpflichtig – Aufnahme in das Opiumgesetz – anders im OKW für den Rußlandfeldzug – Plan: 45 Millionen Slawen zu töten – ab 1942 radikaler Rückgang in Opiaten ...

Wieder wendet sich eine Stimme gegen die Berliner Politik im Komfortzonenmodus. Der Historiker GREGOR SCHÖLLGEN konfrontiert das elitäre <u>EU-Projekt</u> seinem ‚inneren Nichts‘. – Unwillig und unfähig, die Konsequenzen aus dem Zerfall der bipolaren Weltordnung zu ziehen, werden den supranationalen Apparaten Inhalte und Eigenschaften appliziert, die sich in Sprechblasen erschöpfen.

Daß Deutschland der Treiber dieser Hypnose ist, liegt an seinem Jahrhunderttrauma, also einer nach der Selbstvernichtung bald 50-jährigen ‚begrenzten Souveränität‘.

Ringsum festigen alle anderen Staaten daher die Nation. ‚In ihrer heutigen Verfassung ist die EU ... aus der Zeit gefallen.‘ Dem alten Westen, seit 25 Jahren am Ende, stehe ‚die politische Kündigung ins Haus‘, seitens MR. TRUMP wie im Westen, Süden und Osten des Kontinents. Das als Populismus zu diffamieren, sei dumm, es so zu beschreiben, sei angemessen, denn diese Bewegungen seien populär.

Jedoch ‚das Schwerste am Vormarsch ist der Rückmarsch zur Vernunft‘, zitiert ein LB (?) den BERTOLD BRECHT, wobei Vormarsch ‚im Sinne HENRYK M BRODERS ... als wahnhafter Idealismus zu verstehen‘ sei.

Daß eine Kanzlerin in der Grenzfrage des Migrationsthemas auf die EU setzt, die hierbei so zerstritten ist wie in wenigem Anderen, zeigt den Starrsinn, der das Format politischen Kontrollverlustes annimmt.

18.6. 7 Uhr – packen – packen – packen, Workshop in der Heide – mittags Suppe – Gassi – Autopacken – Arzt – nach Walle zum Frisör, guxdu – nach Hamburg, entspannt – zu Heinrich Heine alt abrechnen und ‚2017‘ deponieren, gegen leichten Widerstand – um die Häuser gelaufen, Abaton-Kino – es hat mich wieder, das Bild vor 30 Jahren, das ich suche – und sehe nur Alte, alte Paare gucken in die Filmankündigungen wie vorzeiten – nur ich kriege keinen Kontakt, komme schwer ran ans Heute, da braucht es keinen Slomann und keinen Woermann – wie schwer es ist zu akzeptieren, was ist.

Abends mit Nic um die Häuser – Admiralitätsstraße – Marinehof – später Thaikompott, sehr gut – weiter in den Hafen – Treppen bis zur Philharmonie: Toilette, Störtebecker, Strandkorb, Phantasie – Blick in den Wechsel des Wetters – zurück an die Anlage bei Rosé aus Österreich, Käse, den du suchst – die Musik von Holger Czukay von ‚Can‘ (1970, der aus Psycho und Deli und Rium, kennst Du mit seinen Einlagen).

‚*On the Way to the Peak of Normal*‘ (1982), zu Biomutanten und Menetekel, welch ein Ekel, gerne führ’ ich zu de Gaulles Jagdschloß, träte ins Zimmer, wo Psycho den Raum füllt und von der Wand perlt – sodann *Cool in the Pool, you fool in the cool of pool* – und am Frisiertisch, heute Dirigentenpult – morgen der ‚*Witches Multiplication Table*‘ – das Craft Beer ist alle, wir sind nicht in Walle – die Weltmeisterschaft verlieren, auf allen Vieren – mein Mann schläft bereits, ich mach keine Beine breit! Sie Sau, gehen Sie baden! – was hier steht, ist wahr, mir Gott helfe.

19.6. Apo-Kalypso-Now! – um 7.00 fahre ich aus der Stadt – hinter den Elbbrücken fällt mir ein (wie kommt das, grandios!), daß ich die Fragebögen liegen ließ – kein Ersatz – den Wagen auf 200 gestellt und rechts ab nach Ritterhude – 8.30 zurück – 9.46 an

Gut Bardenhagen – ich bin ein Held, in der Verzweiflung. Mit einem Vertriebsteam durch den Tag, erst zaghaft, abends brachial – nach dem 3:1 der Russen gegen Ägypten pflücke ich mich aus dem Sofa.

Prima Klima – in Deutschland kein Plan – in EU Chaos – in den Straßburger Einsitzern ziehen sie das ZehOh![2] beständig nach oben, jetzt 32 % runter bis 2030 – dafür sind 35 Programme unterwegs – koordinationsfrei, eins gegen das andere – Musterschüler Bundesregierung, wie ADAC (besser wäre ACDC!), verschärfts noch ein bisserl.

Der 2. Tag bindet mit Anstrengung die Kernthesen ab – bei alledem, es war doch schön – um 5 Uhr raus aus der grandiosen Anlage, 175 km bis Ritterhude, erschöpft.

21.6. In die Handelskammer zum Digital-Forum der ‚FOM‘. ‚abap‘ ist ein Technologieladen, der von 13 auf 550 Leute ansteigt, hierarchiefrei. Die Geschäftsleiter plädieren für die Wieder-Anwendung des ‚gMv‘. – der Digitalrums wird prozessierende Befreiung der dem Menschen eigenen aber gefesselten Kreativität. Mag aber nicht jeder.

Zu Hause kumulieren, ja kollabieren die politischen Tage- und Trägelöhner. Das Bild der Kanzlerin ist erbarmungswürdig, sie häuft eine Spaltung auf die andere. HOLGER STELTZNER: ‚Der Innenminister will geltendes deutsches Recht anwenden, weshalb ihm die Kanzlerin mit Entlassung droht.‘ Der Kreis derer wächst, die sich mit Schaudern abwenden. – Jetzt bittet sie bei MACRON um Stütze und stimmt diesen Brandbeschleunigern von ‚Euro-Töpfen‘ zu, ohne daß Sinn und Zweck geklärt sind. Nur Zauberer MARIO freut sich über solche ‚Leerverkäufe‘: ‚Endlich haben wir etwas, womit wir arbeiten können‘. – Der Turm liebt solche Pauschalermächtigungen, aus denen nach Belieben gestopft oder verbrannt werden kann.

In Jordanien sagt AM: ‚Wir müssen ein offenes Land sein‘, Migration müsse aber ‚geordnet und gesteuert‘ werden – Botschaft, Bekenntnis oder Suche nach Aussicht. – JCJ macht Sondergipfel für ausgewählte Eurospieler – VICTOR ORBAN: pure Rechtsverletzung, das Pack beim Gräben aufreißen. – Ins prima Klima liefert FRANK RÖVEKAMP Impressionen aus Japan unter dem Titel ‚Deutschland führt uns in den Abgrund‘. Dort sieht ein Novihide Miyoshi das ‚Deutschlandrisiko ... einer traumtänzerischen Politik‘ voll moralischer Arroganz, die er anhand der drei ‚K‘s beschreibt: Eurokrise, Energiewende, Flüchtlingskrise. Der Euro sei für Deutschland von Anbeginn ein ‚Vergangenheitsbewältigungsprojekt‘ wider besseres ökonomisches Wissen gewesen, so FR. – Bei elf China-Visiten sei die Kanzlerin auch ein-zweimal in Japan gewesen, wo sie nichts Besseres gewußt habe, als die nationale Nuklearpolitik zu kritisieren – bei größter Naivität und Willfährigkeit China gegenüber.

WERNER MUSSLER geht ebenfalls durch AM's Mehrfrontenkrieg. Hier ist der Reflex ‚Flucht aus nationaler Verantwortung‘, das ist weitere Enteignung des Volkes von seiner Verfassung (vielleicht einfach: seinen Erwartungen nach den letzten Wahlen – obwohl, besser nicht) noch grober.

HW SINN setzt nach, die Kanzlerin legt in Brüssel Milliarden ein für Stütze bei ihren internen Schwierigkeiten, für Reglements, die geltendes Recht sind. – HANS-JÜRGEN PAPIER, ex-Verfassungsrichter, habe das Dublin-Abkommen grade erläutert – und bestätigt! – Was ist noch drin, im Berliner erweiterten Ratschlagssortiment? – Für ‚schlechterdings nicht akzeptabel‘ hält HWS diese Politik der Trennungsgräben, jetzt auch gegen Teilnehmer des östlichen Europa (Remember Xi? Was macht der? Ei, er freut sich!).

PETER HUBER, Richter im 2. Senat des Verfassungsgerichts, gibt das Dublin-Abkommen offener Groteske anheim, im Gefolge auch die Monteure solch abwegiger Vereinbarungen – weiterhin deutsche Politiker und ihre juristischen *adlati*, die sich solchen Schwund bieten lassen. ‚Dublin war darauf angelegt, nicht angewendet zu werden‘ und: ‚vergeßt die Verträge‘, zitiert er CHRISTINE LAGARDE. Zum ‚sicheren Hafen für Verbrecher aus aller Welt‘ werde das Land, wenn es solche nicht mehr ... abschieben dürfe, weils im Zielland nicht menschenwürdig sei. Noch eins drauf: in den Knast gehörten die ‚Makker solchen Rechtsschrotts‘ *(Anm.: Eigenformulierung)*, denn sie sollten sich da mal umsehen, empfiehlt der Verfassungsrichter! Das EU-Mehrheitsregime überrumpele Deutschland am stärksten.

Das verwundert nicht, sehe ich mir den Katarakt von nationalem Asylrecht, also Grundgesetz plus gesetzlicher und Verordnungsausführungen – jetzt kommts – im Licht des europäischen und planetaren Rechts an, dann springt die Unanwendbarkeit direkt ins Auge, und natürlich der Draht ... Da kommt zur ‚Genfer Flüchtlingskonvention‘ nämlich die ‚Europäische Menschenrechtskonvention‘ in ‚exzessiver Handhabung durch den Straßburger Gerichtshof‘ (so ULRICH FOERSTER), schließlich ein ausfransendes Flüchtlingsrecht, wie oben beispielhaft in die Tonne getreten. Eine Dröhnland-Symphonie vom Feinsten. Manchmal gehört das Kind einfach mit dem Bade ausgeschüttet, es kann auch mal auf dem Trockenen sitzen, ihr Feinwäsche-Yogis. – Summa summarum: erneutes Totlachen der Welt ist unvermeidlich.

In allem Ernst angesichts dieses Ansturms von Einwänden, in

welchem Rang steht Politikberatung in der Hauptstadt? Oder sitzen bereits alle an der Shisha-Pfeife.

Rizinusspezi' Sief Allah H. aus Tunesien heiratete eine deutsche Frau, um mittels des Instrumentes ‚Familiennachzug' unbehelligt einzureisen. Hier ging das ‚Schwert Gottes' an die Materialbeschaffung für eine Rizin-Bombe mit 250 Geschoßprojektilen, der Massenwirkung wegen. Drei ausländische Geheimdienste informierten Deutschland, sodaß er in seinen Vorbereitungen unterbrochen werden konnte.

KLAUS VON DOHNANYI wird 90. – Und er schreibt – von den ‚alten Vasallen', mit Blick auf Europa, mehr noch mit Rückblick auf das Jahrhundert. Worin die Haltung der Vereinigten Staaten seit WOODROW WILSONS ‚America first' 1916 reichlich konstantes Format hatte. Den hegemonialen Anspruch formulierte – bekanntlich! – ZBIGNIEW BRZEZINSKI mit größter Klarheit – und: ‚Ein Kontinent, der weder Herr über seine Verteidigung noch über die Außenpolitik gegenüber seiner unmittelbaren Nachbarschaft ist, verfügt nicht über wirkliche Souveränität.' – Sondern agiert aus dem Vasallenstatus heraus.

Wie dieser Status verändert werden kann, bleibt gerade hinter den vielfältigen Disruptionen zwischen Nordkap und Sizilien verborgen. Eine sehr schöne Handreichung an den europäischen Kleingeist, der die großen Bewegungen kaum realistisch wahrzunehmen in der Lage ist, weil er unentwegt am Korsett schnürt.

23.6. Nach diesem wunderbaren Workshop, nach einigen Gesprächen über L.earn und das Leben hatte ich einen Traum: mein Kollege trat zu mir, legte die Hand auf die Schulter und sprach: so, das wars, Schluß! Ich fügte mich und suchte meinen Bademantel, solche Irritationen der Traumarbeit – Aber das Komplementärprogramm des Unbewußten funktioniert!

STEPHEN SMITH hat den kommenden ‚Ansturm auf Europa' beschrieben, er grundiert die Projektionen eines GUNNAR HEINSOHN. Ob es 10, 50 oder 100 Millionen werden, weiß er nicht – nur daß Entwicklungshilfe ein großer Förderer der Migration ist, scheint ihm gewiß. Denn die Migranten kommen aus der Mittelschicht. Wenn sie hier sind, haben sie schon einmal bezahlt. Das ist ja bekannt. Ihr Abwandern ist der ‚reale Verlust‘ für Afrika. Das Sozialversorgungswesen des alten Europa ist der Magnet. Nirgends sonst finden sie diese Versorgungssysteme, in höchster Ausbildung in Deutschland.

Dafür hats unser TONI in der letzten Nachspielminute gerissen, mit einem Bogen ins lange Eck wie Ronaldo.

24.6. Zur Abrechnung Griechenlands erklärt Währungskommissar PIERRE MOSCOVICI, ‚die Griechenland-Krise endet hier‘ – Er verwechselt Form und Inhalt. Die Krise steht und wird gehebelt, d. h. in eine bis zu 40-jährige Zukunft geliftet. Die Eskalation des Risikos bringt Zeit. Zeit zu kaufen, gehört zu den Grundtugenden im öffentlichen Raum, sie ist Kernkompetenz des Kommissariats.

In der Kreide stehen 278.000.000.000 – die Staatsschuld bei 180 % – von den zuletzt ausgezahlten 15 gehen 5 in den Schuldendienst, zum Buchstabieren: Kreditaufnahme für die Schuldentilgung. Hier die Krisenhebel:

- Stundung von Zins + Tilgung auf 96.000.000.000 bis 2032 – da steht China in der Bretagne!
- Laufzeitverlängerung 10 Jahre
- Zinsaufschläge nach EFSF gestrichen
- Zinsgewinne aus EZB-Erträgen an Athen.

Pure Konkursverschleppung zur Verschiebung des Schuldenschnitts in weite Zukunft, Abschreibungen Deutschlands im mittleren zweistelligen Milliardenbereich. Später Lohn auf die Erpressung der EU durch TSIPRAS, meint WERNER MUSSLER. – Nur euro-verstrahlte Gremien nicken das ab. – Und dann die Eurobudget-Aufstockung – 12 Länder haben schon abgelehnt – Und die gemeinsame Einlagensicherung. Die EZB-Luzy erklärt in Straßburg, von verbindlichen Vorgaben für den Müllkreditabbau solle abgesehen werden. MME. DANIÈLE NONC (?) war so frei, man wolle von Fall zu Fall entscheiden. Also keine Verfahrensverbindlichkeit, alles in die politischen ‚dark rooms‘ verlagert.

Immerhin kommt da eine weitere Arbeit unter dem Titel ‚Neugestaltung durch Rückbau‘ auf den Markt. WEBER und OTTMANN erinnern daran, daß die Mitgliedstaaten einst ‚Herren der Verträge‘ waren – und es wieder werden müssen, daß der *Oigeha* als Abräumer an der Front in den Ofen gehöre, daß es dem Straßburger Haufen an Legitimation mangele und – die ‚Reden zur Lage der Union‘ des JCJ einzustellen seien, weil der dazu gar kein Recht habe. Wo alles hinführe und ob das alles zu irgendwas führe, bleibe offen. – Immerhin, die Richtung ist die einzige Alternative, daher stimmt sie. – Doch die – inzwischen nachwachsenden – Alt-Eliten ziehen die Flucht in *mehr Eurohba* vor und arbeiten so am maximalen Desaster weiter – vor der Flucht in die Pension.

27.6. Maschinenintelligenz auf der Basis von Big Data kommt lediglich auf eine ‚Simulation von Intelligenz‘, der ‚keine Spur von Verstehen‘ eigne – OLIVER JUNGE über DOUGLAS R HOFSTADTER. Beispiele literarischer Übersetzungen zeigten, daß erfolgreiche auf ‚unendlich vielen Entscheidungen im emotionalen Bewußtsein‘ basierten. – Das jedoch schließe nicht aus, daß ein auf ‚Effizienz statt auf Sinn‘ setzendes und getriebenes Maschinenlernen den Menschen samt seinem Denken zügig hinter sich lassen könne. Nun, genügend Geschäftsmodelle dafür stehen bereit, von fernost bis hautnah.

Und wie immer kommts knüppeldick – STEPHEN FINSTERBUSCH und THIEMO HEEG – besser ‚Knüppel aus dem Sack‘ (WOLFRAM HENN). Die ersteren texten, Höchstleistungsrechner sollen die größten Probleme der Menschheit lösen, sofern der davor sitzende Mensch mit den ‚Quantengattern‘ zurechtkommt. Gatter kommt ja aus der Landwirtschaft, genauer der Viehhaltung, da könnte ich noch mithalten. Beim Quantengatter solls noch haken. Wenn dann als prioritäre Kundschaft Rüstungskonzerne und Geheimdienste genannt werden, dann möchte ich bei der Lösung dieser größten Menschheitsprobleme lieber nicht dabei sein. Sie vielleicht?

Und WOLFRAM HENN setzt – nach ELON MUSK und STEPHEN HAWKING – noch einen drauf: wenn der Computer mal ‚ich‘ sage, sei es Schluß mit lustig. Wir (?, wer bitte?) sollten diesen Viechern, also selbstlernenden Systemen, nicht diese Autonomie ‚anerziehen‘. Als seis am Ende eine Frage der Erziehung – seh ich doch an den Kinnern! Und wenn, wie eigentlich, Walldorf-Schule oder Napola? – Also, ein Jahr in so eine Gemeinschaftsschule und die Kiste ist tot, Leute! Das ist die Chance. Ich habe eher das Gefühl, daß ‚selbstlernende Systeme‘ auf Erziehung verzichten, gemäß Offenbacher Zitat.

Abends: Fest zum 150. Geburtstag von VERDI – in einem italienischen Dorf; Spoleto mit Namen – das vor Jahrzehnten ein Opernbegeisterter wieder herrichtete – und wo jetzt jährlich die ausuferndsten Festspiele stattfinden – sodaß Kreti und Pleti sich einfinden, pardon GIANCARLO MENOTTI – INGRID BERGMANN – CLAUDIA CARDINALE – BRIGITTE BARDOT – MARCELLO MASTROIANI – ‚La Traviata‘ steht auf dem Programm – das ganze Dorf ist ‚corso‘, vulgo: flaniert – LUCINO VISCONTI und THOMAS SCHÜPPERS stehen am Pult – über drei Wochen hinweg stehen die vier Hauptkünste auf vier Bühnen in Arbeit: Oper – Musik – Tanz – Schauspiel – LUCA RONCONI, ROBERT WILSON *sono stati*, kamen sofort, mit ‚Lulu‘ von ALBAN BERG – *interruzione, prego!*

Ach ja, ALBAN BERG, der, so lese ich, ein Leben unter dem ARNOLD SCHÖNBERG hatte, welcher sich irgendwie an ihm ausließ, so als Inbegriff des ‚autoritären Charakters‘, wie es JAN BRACHMANN formuliert, die Biographie der BARBARA MEIER vor sich. Die eine sehr schöne sei. – Der BERG also machte die ‚Lulu‘, nach der Zusammensetzung durch FRANK WEDEKIND, alles nicht so recht vollendet – wie ja auch ihr Gegenstand: der Mann als Grenzgänger, nachdem ihm der Herr Gott eine Gespielin gab. Die überfordert ihn vom ersten Tag, so wie sie seine vernachlässigte Hälfte spiegelt und ihn unentwegt provoziert, in der Passivität ihrer Verführung, ich sage nur Apfel & Co. – Als stecke der Teufel darin – was vielleicht die Jahrtausende währende Verfolgung erklärt? Nur so Vermutung.

Das alles bringt die Oper Leipzig auf die Bühne, nicht allein als vollendete Verführung, sondern natürlich den Mann im Schizzo-Modus ‚Jekyll & Hyde'. Denn jener Dr. Schön, der Lulu von der Straße ins Private als Konkubine holt, sie später jedoch mangels standesgemäßer Herkunft verstößt, der also kehrt als *Jack the Ripper* und als letzter Kunde bei ihr ein.

Zivilisation heißt das Programm, welches dem Mann auferlegt ist mit diesen Parolen von der Gleichberechtigung, schlimmer noch dem *gender fake* – als seis soziales Konstrukt, was ihn treibt. Da waren die Leute vor 100 Jahren weiter, in ihrer Verzweiflung. – Trotzdem, es muß sein, weils sonst nur noch um Leib & Leben geht.

Aktuell steht in diesem Thema THOMSON-REUTERS zufolge Indien an erster Stelle weltweit, vor allen Kriegsgebieten, was Vergewaltigungen, Versklavung und Frauenmorde betrifft, dazu kommen Zwangsverheiratung und bei Widerspruch oder gar Widerstand Steinigung, alles eingebettet in die Archaik des Kastensystems. In zweiter Reihe der islamische Kreis, wo die Frau eher sachenrechtlich durchgewirtschaftet wird, im islamischen Mantel – Ägypten an der Spitze – und früh dann die Vereinigten Staaten auf Platz 10. Äußerste Form des kaputten Mannes der Faschismus ... ARNO GRÜN, ick hör dir ...

Zurück ins paradiesische Italien, jedenfalls in Spoleto – wo es sogar einen Elefanten und einen Tiger auf der Bühne gibt, bei ALBERT ROUSSEL, bei ‚Bollywood' – ‚ich nehme Stücke ins Programm, die ich nicht mag, um sie lieben zu lernen – oder weiterhin hassen zu können', großartig – La dernière bande, BECKET; Jeremy coul..? – *Bamboo Blues* – PINA BAUSCH – GIOGIO FERRARA – WOODY ALLEN – EUGÈNE ONÉGUINE – ich habe sie alle angerufen!

La Chiesa San Simone – EMMA DANTE – TIM ROBBINS – JOHN VALKOVITCH – ISABELLE HUPPERT – die Gemeinde mit ausgeglichenem Haushalt, also Perle des Gebietes – der Herzog von Alba – Boris Godunov – RUDOLF NUREJEW – The Dance Theatre of Harlem – Ballet National de Prague – Carmen.

Alles eine anarchische Produktivität frei von Auflagen und vom Genehmigungsregime – Pop gegen versnobtes Publikum – ELEONORA ABBAGNATO – die Orchester der Finanzpolizei – WALDEMAR NELSON 1987 – strömender Regen … – ‚meine weiße Kleidung soll die Elemente herausfordern!‘

Darüber ‚Men & Chicken‘ verpaßt.

Ich möchte weg von diesen ewig lachenden Gesichtern, ich lösche sie aus den tausend Bildern im Laptop, raus aus diesem Sozialstaats-Humor und den Wohlstandsreden über Gott & die Welt, in denen die Geschichte ‚neu bewertet‘ – und einem HÖLDERLIN vorgeworfen wird, auf seinem Fußmarsch von wohl tausend Kilometern die Reise ‚ersichtlich nicht genossen zu haben‘. – Was soll der Mann dazu sagen, er hatte kein Schuhwerk, du Sohn gepflegter Unterhaltung! – Ja am liebsten nach Süden, wenns steil bergan geht ins Gebirge zum Österreicher und dessen groben Klötzen.

28.6.   Zum Frühstück Jonas & Chrissi und alles auf den Tisch, die packen Elvis ins Auto nach Travemünde. – Wir packen auch, für Hochzeit und Urlaub.

29.6.   Um halb zehn auf den Weg ins Schloß Neuhaus bei Sinsheim – durchs schöne Hessen, vor Frankfurt in die Vollsperrung – 60 Minuten, 31 Grad – das rote Herz, aufgeblasen, über dem Geschenk auf dem Rücksitz hält – vorbei am Henninger Turm, inzwischen der kleinste – der Dragonaut sollte den Turm wechseln – auf den Bierdeckeln standen Sprüche à la *Schorsch, ach Schorsch, ach Schorsch, jetzt bisde bei de Weiber unne dorsch*. Ich sags, wies war. – Um halb fünf erreichen wir den Schloßteich, wo die Schwestern die Füße baden. Wir beziehen Zimmer

6 ‚Baronin Pauline‘, so. Die Schwager schleppen seit Stunden, oben ist fein gedeckt, Moni, Mutter der Braut, zeigt mir den Garten, die Kapelle, eine veritable kleine Kirche. Roger mit Claudia und Emma abends. Abends werden Flammkuchen serviert, *en marche*! 14 Sorten, von Fisch bis Birne, allerfeinst auf drei mal fünf Platten. – Chablis und vielfältige Unterhaltung bis 23 Uhr, echt Familie.

Moni ist sichtlich entlastet, daß die bald einjährige Suche nach der angemessenen *location* zum Ende kam. Seit 1971 verheiratet, da war sie 21, stehen die Beiden kurz vor der Goldenen, ich fasse es nicht. – Zwölf Jahre drauf Regina mit Hansjörg mit großer Rheinfahrt. – Mit den Fehlstarts komme ich aber auch auf Dezenien, ja! – Nun hier auf Schloß & Grund derer von Gemmingen, ersichtlich mit jährlichem Millionenetat für Erhalt und Unterhalt.

30.6.   Start bei 30 Grad – Klaus wird auch noch 70! In meiner Not ziehe ich Band 1 aus dem Kofferraum, mache Kurztext rein – Band 9 hat er schon, Freude – schon wieder hats einen erwischt – mit dem Erwerb geht die Gefahr des Untergangs auf den Erwerber über, isso! Bei Schenkung auch. – Der Hof des Schlosses füllt sich mit Gästen, der Geschenkeraum mit selbigen. – Um halb eins steigen wir in das Trauungs-Set, Regina kommt im rechten Moment Marion zu Hilfe, wie neulich bei unserer Hochzeit 1992. Wie gut das gehalten hat.

Dann bewegt sich der Zug der an die Siebzig treppab zur Kapelle, in die eng stehenden Stuhlreihen. Die Traupastorin, eine hübsche, beginnt einen langen Lauf, der vom Leben der Beiden berichtet, dem Verhaken ihrer Lebensläufe in Zuneigung, Gemeinsamkeit, ja Liebe. Dazu machen ein reifer Vater und seine Tochter einige *Songs* zur Gitarre, *American Folk Songs*.

Zum Höhepunkt stehen wir und hören das wechselseitige Versprechen von Liebe, Achtung und dem Willen, das Leben gemeinsam zu durchmessen – komme und geschehe, was da wolle. Ich bin beeindruckt, zu verdrückten Tränen gerührt ob solcher Entschlossenheit, rückhaltlosem Bekenntnis zueinander – und diesen Worten, in denen sie sich binden – vor allen. Das ist Kontrakt, eben Verbindlichkeit über den Tag hinaus. Wunderschöner Kern dieser ja unkirchlichen Trauung. Die Traufrau in ihren schönen Worten schlecht zu verstehen – keine bewußte Artikulation, die der Stimme Sitz und Ausdruck gibt, vor allem auch Tragweite in den Raum. Dann besser Mikro.

Jenun,dasPaarverläßtdengeweihtenRaumundaufdemweiten Rasen entsteht eine Welt von Bildern. Es ist weitläufig eingedeckt für Kaffee und Kuchen, zur Musik der Beiden an ihren Gitarren und leichter Brise durch die 30 Grad. Nach drei Stücken ist mir schlecht. – Zum Abend hin in den zweiten Stock des hohen Schloß-Blocks an 8er-Rundtische zu Speis & Trank. Zusammen mit Regina und Hansjörg ziehen wir zügig ein Gespräch hoch über Gott & die Welt, das wird lebendig, freudig und produktiv. Denn wir ändern weder Gott noch die Welt, müssen nehmen, was ist und können nur für festen Stand sorgen. Schließlich ist die Zeit begrenzt, Herrschaften. Das sollte sich rumgesprochen haben.

Sodann das Paar, Michael zur Eröffnung dieser Sitzung – danach Klaus, Vater von Winnie, im offenen Bogen und starken Worten, mit zunehmend offenem Mund lausche ich seinen sortierten, klaren und festen Worten – ohne Schleifen – über 5 oder 10 Minuten. So habe ich ihn in vierzig Jahren nicht erlebt, dieses fast *summa summarum* seines Lebens mit Monika. Eine druckreife ‚Entlassung‘ der schönen Tochter.

Alsdann zur Sache, sorry, feine Weine zum Buffett, zu später Stunde abwärts durch den Jahrhunderte alten Treppenturm ins große Rundzelt, das gegen den Abendwind geschlossen wird. An der Schießbude reguliert ein

Bekannter des Paares die *Sounds* an den Hörsturz ran. Regina zieht mich vom Stuhl, recht so. So geht ein gut geführter Tag an Mitternacht, Hansjörg geht früh, nach Indien gerufen wie häufiger, das Flugwerk ab Frankfurt geht um 6. Sabine immer noch unter der Last des Abschieds, nun allein im Schneckenhaus auf Amrum. – Ein Aschenbecher muß mit, der Gastgeber werde belastet, informiert eine Notiz und nennt den reichlichen Preis. Es muß und er bekommt sein Geld.

Ein PS zum Abschluß – weißt Du noch KERIMOW, SULEJMAN? Aus Asien (guxdu, Band 9, 325 f.). Da hat französisches Gericht jetzt den Deckel zugeklappt. Großer Sonderfall – Geldwäsche geht nicht, da mußt du schon vorher Verbrechen machen, so Steuerhinterziehung, Mord & Totschlag und so. Das war nicht nachweisbar. Und der ‚Riegel von Bercy‘, Fachausdruck für berühmte Leute, hat das Gericht einfach überzeugend gebremst. Und Chefe MACRON hat mit Chefe PUTIN gesprochen, ausdrücklich – ist einfach zu viel Elite. Und Geld, mein Gott, hat K schon dreiviertel Milliarde eingeführt, alles Häuser! Bißchen illegal, meint Staatsanwalt.

Zusammenfassung nicht einfach – Tendenz unverändert – Leben ohne Tendenz geht nicht.

Küßchen

Namensverzeichnis

Themenverzeichnis